回到地球
BACK TO

What Life in Space Taught Me About Our Home Planet—And Our Mission to Protect It

EARTH

妮可·斯托特Nicole Stott 著　蔡承志 譯

推薦序

斯托特以太空人的智識和藝術家的眼光，傳達了太空探險的重要性。
她的獨特視角能幫助我們所有人更好地領略我們的家園之美，也激發
照顧它所需要的熱情。

——麥克・馬西米諾 Mike Massimino
太空人、《紐約時報》暢銷書《Spaceman》作者

一部機敏、詼諧的指南，介紹我們家園星球上的生活，由世上少數曾
在太空和海底生活的人士之一來導覽，斯托特了解我們的世界，從海
藻到星塵，現在她向我們透露箇中的神妙魔力。購買、閱讀、行動！

——琳恩・謝爾 Lynn Sherr
ABC 新聞特派員、《Sally Ride》作者

我曾與斯托特遠離地球，在國際太空站上共進一頓美味咖哩餐，那裡
感覺就像家。當我們著陸後又一次共餐，我對家園的意義有了一種新
的視角和體悟。經由《回到地球》，斯托特幫助我們所有人找到那個
視角，也尋得我們與我們家園星球的密切關聯。

——利蘭・梅爾文 Leland Melvin
太空人、《Chasing Space》作者

斯托特這本精彩的書描繪了她從地球到太空再返回的非凡旅程。她教
導我們，如何依照實情把我們的世界看成太空船，還有，照顧好我們
所有人乘坐的那台渾圓藍色載具是多麼重要。

——彼特・蓋伯瑞 Peter Gabriel
音樂家、人道主義者

只要你曾經問過：人類為什麼上太空？《回到地球》都應該是必讀的
讀物。我從沒有見過哪部著述能更妥善權衡我們這顆星球當前的風
險，以及地表生命之美。斯托特成功將太空人的經歷帶入了讀者的內

心，而且她分享的不只是她的故事，還包括她對地表生命美好未來所抱持的樂觀態度。

——艾琳・科林斯 Eileen Collins
美國空軍退役上校太空梭指令長及機師

一段發人深省的激昂召喚，呼籲採取行動，正確對待我們的環境，還有更要善待彼此。

——斯科特・哈里森 Scott Harrison
《紐約時報》暢銷書《Thirst》作者

妮可激勵我們不要只當個乘客，而是要成為這艘最重要的太空船：地球行星上的乘員。

——西蒙娜・耶茨 Simone Giertz
發明家、YouTuber

透過太空站的窗口，身旁有來自全世界的乘員一道飄浮，妮可・斯托特和我一起觀看地球升起，也明白了我們這個充滿水的家園是多麼脆弱。斯托特將她的旅程化為一部文筆優美的藝術創作，並以極少人辦得到的方式採取行動。她的書正符眼前的迫切需求。

——蓋伊・拉里貝代 Guy Laliberté
世界上第七名太空旅客；太陽馬戲團、
Lune Rouge 集團及 ONE DROP 基金會創辦人

我們的行星是一艘太空船，而且我們都是它的乘員！這是一位腳踏實地的太空人的故事，她深深關切我們的星球和共享這處家園的所有生命。有時候你必須離開一個地方，才能真正領略它的美好——這段故事沒有人能比妮可・斯托特講得更好。

——李維麟醫師 William W. Li
《紐約時報》暢銷書《Eat to Beat Disease》作者

在《回到地球》書中，妮可‧斯托特帶給我們一份寶貴的禮物，那就是看待人類生命的視角。憑藉她獨特經驗的智慧，斯托特串連起天地之間的點點滴滴，為如何與大自然和諧共處、活出豐富生命創造出一幅優雅的模板。《回到地球》是對「他們應該派一位詩人」的回應。

——布萊恩‧斯凱瑞 Brian Skerry
《國家地理》野生生物攝影師及製片人

有時你必須離開那顆星球才能愛那顆星球——當然也才能完全領略它的美好。那項觀點（加上其他眾多理念）就是這本睿智、機敏的書籍的核心信息。斯托特把她太空之旅教導她的事項，有關生存、解決問題和我們自身的人性等，轉而教給我們——讓我們不再只是這顆行星的乘客，而是乘員。讀完這本書，我也成為了比剛開始讀它時更好的地球人。

——傑弗里‧克魯格 Jeffrey Kluger
《時代》雜誌特約編輯、美國暢銷書《Apollo 13》協同作者、
《Holdout》作者

《回到地球》應該成為所有人的家庭藏書！斯托特捕捉了地球儷人的美，它的脆弱和相互連結性，她以卡爾‧薩根鼓舞人心的敏銳筆觸，號召讀者全心接納他們身為未來守護人的角色。一段非常人性化的故事……這是寫給地球號太空船乘員的書。

——麥克‧穆萊恩 Mike Mullane
太空人、《Riding Rockets》作者

《回到地球》讓我們秉持多數人永遠無法親身體驗的視角，對地球看上非比尋常的一瞥。妮可‧斯托特強調人類迫切需要採取行動，同時為我們帶來希望，只要通力合作，追求更大益處，我們就可以解決我們最艱難的問題。

——萊拉妮‧穆特 Leilani Münter
環保行動者、製片人、退休賽車駕駛

斯托特帶著一項新的使命回到地球：敦促我們所有人保護我們唯一僅有的「家園」。身為藝術家，她在畫作中傳達了她的太空飛行經驗，而在她精彩的書中，她字斟句酌來與我們分享她深刻又動人的旅程，並以此呼籲我們所有人採取行動。

——弗蘭克・懷特 Frank White

《The Overview Effect》作者

給我的兒子羅曼。
你是我最大的祝福（也是我最喜愛的地球人），
我等不及要看到你為世界所做的善，
你就是我寫這本書的原因。

因為我們地球人——我們人類——是我們所知唯一能夢想，接著做規劃並共同努力來實現那個夢想的生命形式。我們在宇宙中是非凡的，因為我們唯一的限制，就是我們對自己的設限。

——艾倫‧賓 Alan Bean（1932–2018）
藝術家、阿波羅計劃登月者

目錄

緒論

比爾・安德斯（Bill Anders）和他的兩名阿波羅（Apollo）八號乘員，吉姆・洛維爾（Jim Lovell）和弗蘭克・博爾曼（Frank Borman），成為第一批離開相對安全的低地球軌道的人類，他們向外飛行三十八萬公里，深入太空環繞月球。他們也是第一批親眼目睹我們這顆繽紛星球壯麗美景的人，地球充滿生命，映襯著看似無止境的荒涼太空背景黑幕，並從死寂月面冉冉升起。

安德斯拍下一幅照片，成為最早為這一事件攝得影像的第一人，如今那幅標誌性的照片被適切地冠上了「地球升起」的著名稱號。我們很幸運，太空人並沒有把這幅美景私藏起來。一九六八年的聖誕夜，當他們仍在繞月軌道上時，便與我們地球老家上的所有人分享。這一幅影像，永遠改變了人類對於我們是誰，以及我們在宇宙中的位置的看法──這是個簡單、有力的記號，提醒我們一個不可否認的現實，那就是我們相互連結與相互依存的終極關係。

我們全都是地球人。

二〇一九年，我們慶祝阿波羅太空任務五十週年紀念，那項計劃把人類帶離我們的星球並送往月球。此外，二〇一九年也標記了兩個四十九週年慶，分別是第一個世界地球日和美國國家環境保護局（US Environmental Protection Agency, EPA）

之成立，我相信這並非巧合。〈地球升起〉（*Earthrise*）這幅美麗影像呈現了我們的家園星球，它先天擁有完整的生命保障系統，並由大氣層的一條細藍線保護起來，自從阿波羅八號乘員第一次對外分享這幅照片時，它就成為了環保運動的象徵符號，不過如今我們仍能領略它的重要意義嗎？

曾經我和家人一起看著我們那台黑白電視，播映阿波羅十一號太空人在月面漫步。而在二〇〇九年，四十年過去了，我第一次飛向太空，體驗我自己的地球升起時刻。

身為太空人，我們盡最大努力作好準備，來執行我們任務的規劃活動，也應付一路上可能發生的意外事件。準備工作包括與我們的太空人同事交流，儘可能從他們的太空飛行經驗中學習——包含當他們從太空看向地球時的感受。基於某些原因，我以為自己只需要看看照片和影片，就可以為那種上了太空才有的特殊經驗作好準備。但我錯了。

就讓我這樣說吧，從航天器窗口眺望所見，是如此震撼又如此美麗，令人難以抵擋，遠遠超出了我的最高期望。任何圖片、任何影片，還有與其他飛行老手的任何對話，都完全無法讓我為親眼所見以及親身心靈感受作好準備。

那幅景象晶瑩剔透、熠熠生輝。我能向你解釋的最簡單方式，也就是當初我第一次從太空打電話給我的七歲兒子，向他解釋的做法。我告訴他，想像他有最亮最亮的燈泡，上面潑灑了就我們所知地球上的所有色彩，然後當他打開電燈，燈光亮得令人幾乎無法正視。地球的所有色彩，都綻放出一種我從沒

見過的虹彩和半透明的光芒。

從太空梭和國際太空站的窗口向外眺望，我的地球升起時刻也來了。沉浸在半透明地球景象當中，我意識到一件自己其實由始至終都知道的事情，我大概在幼稚園時期就得知了，那是在一九六八年，正是阿波羅八號出任務的那一年——**我們住在一顆星球上！**

我覺得很奇怪，這麼簡單的真相，怎麼會帶來這樣的啟示。不過話說回來，我們又是多久才思考一次它的深邃意義？如今幾乎所有人每天都能看到地球升起，這確實很酷，但缺點是我們對它的重要意義的感受，似乎也變得不那麼敏銳了。自從安德斯拍下第一幅照片——〈地球升起〉，從太空看地球的影像，就變得隨處可見。藉由技術奇蹟，我們每天都在許多地方看到這類影像——在廣告中、搭飛機時在飛航追蹤螢幕上，還有藉由我們智慧型手機上谷歌地球等應用程式觀看。

儘管技術讓我們的連結緊密得勝似既往的任何時刻，我們卻因故不能領略我們共享的相互連結關係。我們似乎忘了，我們彼此連結，讓我們所有人相互依存。將地球視作統一的整體，這個理念並非只適用於太空人，而是個有力的現實。這是個來自宇宙的訊息，不只針對飛上太空的人，更是向全體人類發送。要了解地球升起的重要意義，我們必須與這三個簡單教訓連結在一起：我們住在一顆星球上；我們都是地球人；而且唯一重要的邊界，就是大氣層中那條細藍線，它保護了所有人，我們才免受太空致命真空的危害。

　　太空人希望分享這個觀點，因為我們相信它有能力提高所有人的覺知，體認我們身為地球號太空船上乘員的角色。這是全人類和平共處、成功合作的關鍵，也是未來地球上所有生命不僅能夠繼續生存，還能興盛茁壯的關鍵。

　　現在的問題是：如何讓更多人接收到這則訊息並銘記在心？我相信我們每個人都必須找到自己的地球升起時刻，而且你不必上太空也能做到。地球升起時刻是指任何能讓你留下鮮明印象、引發敬畏和驚奇讚歎，並以讓生活改頭換面的方式來激勵你的那種時刻。在地球上，只要對它敞開心胸，我們身邊每天都有機會，能夠體驗讓生活改頭換面的敬畏和驚奇感受。有種十分簡單的做法可以讓你獲得這種視角，那就是觀看太陽在西方地平線上落下，同時見證月球從東方天際升起。哇！你是在一顆星球上！

　　此外，我們還必須肩負起責任，承認我們對地球的影響——地球是我們唯一的生命保障系統——也得為我們如何照顧它負責。抱持這種情操的人不只我一人：所有太空人，包括阿波羅計劃的先驅人物，都表達了他們自己對地球升起的深邃敬畏，也道出了對我們彼此之間，以及對我們與地球之間，那種至關重要的深刻關係的感受。

　　身為美國航太總署（NASA）太空人和潛水員，我有幸能

站在某些非比尋常的優越位置來感受我們的家園星球。在兩趟太空飛行任務期間，我待在外太空的國際太空站（ISS）上生活、工作了三個多月。執行第一趟任務時，我以STS-128任務成員的身分，搭乘發現號太空梭（*Discovery*）飛往國際太空站，並以遠征20和21（Expeditions 20 and 21）隊員的身分，在太空站上逗留了三個月，隨後才以STS-129任務成員的身分，搭乘亞特蘭提斯太空梭（*Atlantis*）回家。執行第二趟任務時，我是STS-133任務的成員，我們駕駛發現號太空梭完成它的最後一趟飛行，在國際太空站上待了兩個星期（還不夠久！）。為太空飛行作準備時，我在位於水下的水瓶座礁岩基地（Aquarius Reef Base）生活了十八天，那處實驗室是位於佛羅里達礁島群（Florida Keys）的海底棲息處所。正是在經歷這些活動期間，有關於我們的星球就是我們的家園、我們的生命保障系統的實情，在我眼中變得清楚分明：我們住在一顆星球上；我們都是地球人；而且唯一重要的邊界，就是大氣層中的那條細藍線，它保護了我們所有人。

這三則簡單的真相，闡明了萬物的相互連結，闡明了我們彼此之間的關係以及我們與地球之間的關係的重要意義，也闡明了我們每個人都有必要專注於我們的共通點。只要接納這些實情並奉為圭臬，我們就能完成看似不可能的事——逆轉氣候變遷並保住我們在地球上的生命保障系統。最重要的是，這些實情驅使我們必須接受，我們在這裡身為地球號乘員的角色——對彼此負責，讓我們得以在唯一的共有家園裡共同生存。

　　我們有能力挑戰海底與外太空環境並取得成功，取決於「我們能做到」的信念。若是待在只想著「我們為什麼辦不到」的悲觀世界中，太空旅行是不可能實現的。事實上，太空旅行是基於一項信念，那就是——就算最複雜的問題，也有解決辦法，還有，對於由形形色色不同群體共組而成的合作團隊所開啟的種種可能性，我們要抱持高度敬重。「這樣做我們就能辦到，別去想為什麼我們辦不到」，我們就是該採取這樣的策略，如此來共同合作，拯救我們星球的生命保障系統。

　　身為航太總署的太空人，我學到的最重要教訓並不是關於科學，而是關於人。

　　我之所以覺得有必要寫這本書，理由在於，我相信所有人都應該有機會從我們在國際太空站共同生活學到的經驗中獲得裨益，在太空站上，由十五個不同國家建立起並延續數十年的夥伴關係，而且能夠和平共存、成功共事。這是個楷模，揭示我們該如何當好地球號的乘員，並能共同生活和通力合作。

　　為本書做研究時，我投入部分功夫讀了許多書籍和文章，有些談的是我們環境的當前處境，有些則論述我們星球上所有生命（從最渺小的昆蟲到浩瀚無垠的宇宙）相互連結與相互依存的關係，另有些則是關於迄今為止我們如何處理氣候變遷的歷史，警鐘響起，對我們生存的威脅迫在眉睫，還有被我們濫用和可以更妥善運用的技術。

　　我讀得愈多，對這個問題就愈感到困擾：究竟我該怎麼做，才能讓生活變得更好？我讀過的許多材料，都讓我感到愁

雲慘霧、厄運難逃，也覺得拯救地球上的生命為時已晚，還有這都是我的錯。

好幾次我想過，乾脆關掉電腦，別再寫這本書，而是多花點時間陪陪我的家人，還有趁大自然還在時，也陪陪外面大自然中的朋友。我應該緊抱我的兒子，為他將來要繼承的未來向他道歉。

這始終是一道危險滑坡，不過每次開始陷入絕望，我總是能夠恢復神智，大喊：「見鬼了，不行！」

我拒絕相信貪婪支配一切，也不認為我們沒辦法為自己選擇正確的道路，而那也就決定了人類是否能長期存續，還有我們會留給未來世世代代什麼樣的世界。

誠然，我們的氣候變遷歷史可不是什麼輝煌典範，並不能印證我們在面對全球挑戰之時如何團結一心。溫室效應基礎科學，還有就人類對環境的衝擊方面的認識，已經存在我們身邊幾十年。我們已經知道，我們燃燒愈多煤、石油和瓦斯，地球就變得愈暖，我們對自己的生命保障系統造成的破壞也就愈嚴重，這不是火箭科學。然而，我們已經目睹這一情況，卻幾乎沒有採取任何大規模行動來逆轉這種態勢。

我們不能改變過去，但我們能創造出更美好的未來，不過得先了解我們的過去──我們已經做的、我們還沒做的、我們可能採行的不同做法，還有我們該怎樣做得更好。

我來這裡並不只是要悲歎迄今為止都未見的行動，我在這裡也不是要淡化我們所處情況的嚴重程度。本書並不打算提供

所有解答，儘管如此，我確實相信，我們在國際太空站上的成功是個典範，顯示人類全體仍有指望。因為在我的研究中，還有根據我自己的經驗，我發現了一些鼓舞人心的故事，有些人克服了看似不可逾越的障礙，終身致力讓地球上的生活變得更美好，為現在以及未來世代作出貢獻。我為本書而採訪的那群人都是很好的例子，顯示一個人可以做出什麼樣的舉動，來彎轉歷史的弧線，好讓我們繼續生存下去。

我得知有些倡議措施和發明，現在就能大幅降低我們的碳足跡，而且不必回復到前工業時代的生活條件。

我親眼目睹，只要我們下定決心，人類就能共同完成的事情。三十多年來，我擔任航太總署工程師和太空人所完成的工作，都著眼為最具挑戰性的問題找出以事實為根據的解決方案並導入施行，這樣才逐步累積起來。身為太空人，成功的核心就是當我們執行每項任務，都接受我們身為乘員的角色。每名乘員的角色都很重要。我們每個人都能對任務作出某些貢獻，也使在國際太空站上與其他地方的生活變得更美好。一旦我們承認自己是乘員，我們就有義務擔當守護者的角色，來保障太空船和我們所有同僚平安。

做好地球號的乘員，或許就是人類所能習得最有價值的新技能，現在就只需要更多人上船。

我待在國際太空站上的時間，還有我從太空飛行中養成的眼界，大大彰顯了我身為地球號乘員之角色的重要性，在地球上，我最重要無比的任務，就是當個母親，我孩子的監護人和

保護者。我希望當我的兒子夢想並努力實現他的未來時，不管到哪裡都能秉持我們存在於地球上的現實，奉守寄身於那三則簡單真相中的那股力量。我的願望是，身為讀者，你也能自行連結這三則真相：我們**真的**住在一顆在外太空自轉的星球上；還有我們確實全都是地球人；而且唯一重要的邊界，就是大氣層中那條細藍線，它保護了我們，讓我們免受太空致命真空的危害。

你不必成為父母就能了解這些真相，它們適用於全人類。我們全都是未來的守護者。身為守護者，我們知道我們最重要的工作，就是確保人類的子女能擁有更好的未來。我們如何像維護生命保障系統般照料我們的星球，與我們照顧自己孩子的責任息息相關。我為這本書預作準備時訪談過的人士，每一位都以他們自己的方式，分享了這一相同的想法。大自然保護協會（Nature Conservancy）的前任執行長馬克‧特瑟克（Mark Tercek）以最直接的方式，分享了這個觀點，他說：「我希望能直視我孩子的眼睛，並告訴他們，我盡了全力為他們留下更美好的世界。」

我開始權衡該怎樣呈現，才最能把國際太空站的經驗刻劃成一種楷模，告訴我們該如何在地球上共同達成擔任乘員的使命，這時我決定，不要列出一張待辦事項清單，只專注論述「存在之道」（ways of being）──就「我們必須成為什麼樣的人」提出我的看法，好讓我們在地球號上，也能像我的同事和我在國際太空站上那般，秉持乘員身分成功運作。

　　我為書中七章所下的標題，分別代表這種存在之道的一項準則。這些標題都根據國際太空站計劃歷經多年持久成功的關鍵要項來刻意選定，因為它們也同樣適用於地球上的生活。我分享我在太空飛行時經歷的趣聞軼事，來協助闡明每項準則。我提出能闡明國際合作之人為因素的故事，還有蒐羅自國際太空站計劃全期所執行並帶回造福地球的成功科學案例。各章也分別刻劃了一位在地球生活並擔任乘員的人士，他們運用自己的熱情、專業知識和經驗，為改善我們在這顆星球上的生活而努力。

　　我邀請各位秉持守護者的角色來閱讀我的書。我希望，在發出行動呼籲之同時，它也提供指引和啟示，讓你投入發現如何能擴充身為乘員的角色，善盡保護地球生命保障系統與人類未來的使命。

太空人安德斯率先成為拍攝我們
星球從月面升起的第一人。他在
一九六八年阿波羅八號任務期間
（第一趟繞月軌道載人任務）拍
下了這幅標誌性照片——〈地球
升起〉。

第一章　將一切視為地方事務來行動
（因為本來就是）

我們一路跋涉前來探月，結果最重要的事情是，我們
發現了地球。

——阿波羅八號太空人安德斯

回顧從阿波羅八號任務以來這五十年間，安德斯表示：
「『地球升起』——我們任務永續留存的印記——仍在堅守崗
位。它依然提醒我們，距離、邊界與區隔，不過是個觀點的問
題。我們全都在一個聯合的人類事業體中彼此相連，我們都束
縛在一顆必須一體共享的星球上，我們所有人都一起擔任這顆
脆弱珍寶的管家。」[1]

然而，從第一張〈地球升起〉照片以來的半個世紀裡，我
們的環境持續惡化，根據二〇一九年聯合國生物多樣性報告
（2019 UN Report on Biodiversity），處境已經到了「大自然正
以人類史上前所未見的速率在全球範圍持續衰頹」的地步。
「生物多樣性和生態系統服務政府間科學政策平台」（Inter-
governmental Science-Policy Platform on Biodiversity and Eco-
system Services）主席，羅伯特・華生（Robert Watson）爵士
警告：「我們和其他所有物種賴以存續的生態系統的健康狀
況，正以前所未有的速率逐漸惡化。我們正在侵蝕全球經濟、
生計、糧食保障、健康和生活品質的根基。」他又說，「那份
報告還告訴我們，現在改變為時未晚，不過我們必須現在就開
始，而且兼及從局域到全球等所有層面。」[2]

儘管如此，我們仍沒有因應局勢所顯示的急迫性來作出反

應。我們仍繼續放言高論，頭痛醫頭，腳痛醫腳，然而能確保我們生存的環境狀況，卻依然持續劣化。

聯合國報告說明，如今人類已經「大幅改變了我們這顆星球上四分之三的陸地環境，以及約66%的海洋環境」。由於企業農耕和工業畜牧生產等活動，致使排入大氣的甲烷量提增，也導致施肥逕流進入水道，於是農藥使用也變得廣泛。環境劣化的其他長期起因還包括都市擴張、過度捕撈、資源開發以及塑膠與毒性化學物品所造成的污染。聯合國報告還指出：「現在約有一百萬種動、植物正面臨滅絕威脅，許多都會在幾十年內發生」。據估計，全球性滅絕速率比人類歷史上的任何時刻都快上幾十倍到幾百倍，而且可悲的是，據信它還在加速。

滅絕，一百萬個物種，因為我們。牢牢記住這點。

這種威脅危及所有生物，無論大小。不管我們能不能領略箇中道理，**牠們**的生存，對**我們**的生存至關重要。[3]氣候變遷、海水溫度升高和珊瑚礁死亡，對我們的呼吸能力構成迫在眉睫的威脅，因為海洋植物負責生產我們大氣中所含氧氣的50%到80%。[4]

然而人類似乎對一項事實置若罔聞，那就是發生在我的海洋中的事，也正發生在你的海洋中。我們一直太專注維護人為邊界，追逐短期收益，要求立即滿足和便利，卻推遲長期、有效維繫的解決方案，結果迄今我們仍未接受〈地球升起〉照片最重要的一則教訓——在地球上，我們是一個社區。我們呼吸相同的空氣，曬著同一個太陽取暖。談到我們所有人的一個共

同點時，我們沒有**你的**和**我的**之別，而是：我們全都（包括所有動、植物）一起在太空中共享同一顆星球。再沒有什麼能比這項事實更單純、坦誠地說明，一切都是地方事務，那就是我們住在一顆星球上。你的街坊，和我的街坊，就是地球。

身為太空人讓我有很多機會來體驗不同的角度。為太空飛行作準備時，我完成了一項海底任務，期間我的團隊和我在佛羅里達州拉戈礁（Key Largo）外海，浸沒在水中約十八公尺深處。那次經驗給了我一種「內太空」觀點，星球似乎把我吞沒了，而從外太空來看之時，我感覺自己是把它包圍起來的。從這兩個有利位置，我對我們相互連結的關係，分別發展出了一種即刻的，且在視覺上相當震撼的體認──那就是所有把我們連結在一起的事項，定義了我們的關係以及我們彼此的相互依存性。這種有關我們相互連結的認識，對於我是誰，以及我如何感受與地球眾生萬物──還有地球本身──之間的關係，已是不可或缺的一部分，我相信這會對我餘生所有行動和決策產生重大影響。浸沒在我們這顆星球海面下深處的機會，不只是對太空站生活會是如何的最好模擬，而且它還為我開啟了一種全新的體認，更深入了解了我們所共享的這顆星球。底下有著那麼多生命，而在日常生活中，我們卻一無所知。

我們這支六人小組，在一處稱為水瓶座的海底基地待了十

八天，執行一項任務。[5]這處校車般尺寸的基地，大小相當於國際太空站的一個模組，而且這類型的海底基地暨實驗室，全世界只有這一處。這裡和國際太空站有一點不同，我們生存所需的所有關鍵要項（例如：空氣、電、通訊設備）全都以電纜和管路從海面一座生命保障浮台供應給我們。不過對於我們這群乘員來講，在水瓶座裡面生活所體驗的一切事項，與我們往後在國際太空站上的生活和工作都很類似。

待在深處一小時之後，我們的身體就會充滿氮氣，因此一旦遇上緊急事故，也不能即刻浮上海面，果真迅速「逃」上海面，就會罹患潛水夫病，造成嚴重的傷害，並有可能喪命。我們在水瓶座裡面以及在附近地帶的所有任務活動，全都與我們在太空中會進行的工作相仿，包括我們要執行的科學實驗，以及對我們執行的部分項目，還有進行水肺潛水來測試我們的表面探勘技能，這些模擬太空漫步的活動，到未來上月球或火星時就能派上用場。就像我們在國際太空站上得應付的情況，我們都與世隔絕，並在極端環境下生活與工作，於是我們必須全員合作來確保我們能夠生存，同時還能享受窗外那令人屏息讚歎卻也難以言喻的壯麗景象。

我們的任務進入第十八天，也是最後一天，就在我們準備浮上海面時，我跟我的好朋友和太空人夥伴朗恩‧加蘭（Ron Garan）一起坐在廚房舷窗前。我們凝望窗外，心懷敬畏地回顧我們身處的這處海底世界和才剛度過的這段時間，我們兩人都同意，就算我們最後上不了太空，但能從這個視角來體驗我

們的星球，我們也十分幸運。結果我們一直沒有機會一起上太空，不過我們經常談起彼此共享的那次海底冒險經歷。

　　儘管海面下和外太空的極端環境，讓我有機會秉持全新的敬畏與驚奇感受來體驗我們的星球，它們也讓我得以領略與兩者都息息相關的基本挑戰──生存。在這兩種地方生活都是件困難的事情，不論是休閒的水肺潛水或是在海底基地待上十八天做研究並接受訓練，你都需要特殊裝備才能生存。外太空也是如此。這種體驗讓我得以領略，我們的星球設計得多麼完美，來為我們照料這一切。我們盡己所能來照料海底基地和太空船，來仿效地球自然而然為我們做的事情。當然，地球仍然做得最好。

　　太空中有顆星球是我們的共享家園，當我在一艘太空船上生活時，這項事實也就變得相當真實。我敏銳地意識到，不論我是在地球上或在太空船上，這兩處地方所具有的一個共同點就是，它們都是我們**在太空中的**生命保障系統。

　　沒錯，從一九六一年到現在是一段相當短的時期，那時人類才第一次離開我們在地表的家園，前往外太空並在類似國際太空站這樣的地方建立家園，而且在那時候，還只有極少數人有機會踏上那段旅程，前往我們星球大氣保護層之外的地方。（在曾經活過的約一千零八十億人當中，只有不到六百人曾經

上太空飛行。）[6]我覺得自己很幸運，能成為那少數人當中的一員。然而，不論我們是不是在太空站上生活，我們全都必須考量，我們該如何才能運用這種敬畏視角，領略我們這顆星球為我們提供安全、舒適家園的獨有特殊能力。

這個有利位置令人敬畏的特性，太空人也沒有把它遺忘，因為我們多數人閒暇時，都會從太空船的窗口向外眺望。所有人最好的消遣，就是為地球拍照。倘若你真的上外太空旅行，就算先前不是攝影師，你也會開始拍照。以每小時兩萬八千公里、或每秒八公里的速率繞行地球，我必須先把手練得很穩定，才能把底下看到的景象拍下來。倘若第一次嘗試沒能把某個畫面拍下來，那我就得起碼再等九十分鐘，才有機會再次看到它。

再沒有人比我的朋友唐・佩蒂特（Don Pettit）更適合拿來當太空人攝影師的榜樣。唐是太空人圈子裡的「馬蓋先」（譯註：美劇《百戰天龍》〔MacGyver〕中的主角），他擅長拼湊、修補東西，沒有多少狀況能讓唐束手。他在太空時藉著動手拍照來發揮這項技能，而且他與我們其他人分享他的獨門技能和搶眼的照片。唐最喜歡的兩個攝影題材是地球上的夜間城市燈光以及星跡。考慮到我們行進的速率，拍攝城市燈光特別需要穩定的手。唐第一次上太空時（國際太空站遠征6號任務，二〇〇二年十一月至二〇〇三年五月），他就「馬蓋先上身」，把一個牧田鑽頭改造成一個照相機追蹤架台，解決了清楚追蹤並拍攝底下城市燈光的問題。他的說法是：

我組裝了一台「旋門追蹤器」，其根本理念出自架設在命運號實驗艙（Destiny Lab）窗口上的IMAX攝影機的精密雲台運動。我想出了一種做法來安裝一組螺紋螺桿和螺帽（從一台進步火箭拆下來的），並用牧田電鑽上緊……所有改動組件都牢牢固定在IMAX雲台上，而且完全不改變它的原始功能……我用瞄準鏡觀察，同時啟動電鑽，並以手動補償座台運動。這需要一些練習，不過你確實能學會追蹤。[7]

　　唐總共飛了三趟太空任務，每次他都能設想出一種創新做法，發揮巧思來拍攝底下的地球和我們周遭太空中的星辰。他的星跡照片很能展現出宇宙之美，如今已經廣受歡迎，而且他樂於分享拍攝這些精彩鏡頭的訣竅，讓其他所有太空人都心懷感謝。至於我自己的太空攝影，雖然完全不能與唐的技術相提並論，卻也能與時俱進，讓我得以拍下相當好的照片，供我留作紀念，並在回到地球之後與其他人分享。從太空俯視，地球的景象就像幅藝術品——美不勝收，並啟發了我在那裡創作水彩畫。

　　其他乘員同樣開心地投入他們最喜愛的地球消遣，他們縫紉、演奏樂器，甚至還試驗烹飪。在休息時間，我們給親友打電話。我們還參與履行一些世俗職責，我的美國乘員夥伴傑夫·威廉斯（Jeff Williams）和我都投票了。我甚至還收到一張陪審團出席傳票，由我先生以電郵轉交給我。我回覆說明，

由於我在外太空，無法出席，最後我獲免除出席義務。

我的兩趟太空飛行，主要都在國際太空站度過，我在太空中總共待了一百零四天，其中八天花在搭乘太空梭往返國際太空站。

有關太空船的一切事項都必須考慮到乘員的生存——要在船上生活、工作的人類的性命。設計團隊必須考慮，如何讓在船上生活的這些人能呼吸到新鮮空氣、喝到乾淨的水、如何保護他們免受外太空輻射的傷害，還有他們該如何維持必要的氣壓來保障身體不受損傷。他們還必須考慮，乘員會吃哪些食物，還有食物該如何準備；他們該如何在微重力環境下保持身體強壯；溫度該如何控制；他們該如何與任務管制中心以及他們在地面的家人通訊；他們的廢棄物該如何收集、處置；還有一旦發生緊急狀況，又該如何應付。

單單為了生存，就有那麼多挑戰必須克服，更別提與施行科學實驗相關的挑戰，或者與國際太空站這種跨國計劃相關的政治考量。然而，自從二〇〇〇年以來，以及在五個國際太空機構所代表的十五個國家參與之下，國際太空站計劃一直和平、成功地運作，每次收容多達七名國際乘員上太空，而且在地球這邊還有成千上萬的任務團隊成員。

一個足球場大小的國際太空站是個自給自足、繞軌運行的棲息地暨實驗室，國際乘員在站上的居住區域共同生活並一起工作，那裡的大小約如一棟有六間臥房的住宅。當你考慮到你是在太空中生活、工作，那裡就顯得很寬敞，不過當你意識

到，在三個月間，那裡就是你的整個世界，也就不覺得那麼廣闊了。你不能走出門外，不能外出散步，也不能在一天工作結束之後，跳上你自己的太空船動身回家。

　　住在像國際太空站這樣的太空船上，還有住在地球號上的一項重要區別就是重力。重力是我們星球保障生命不可或缺的一環，這又是我們視若理所當然的另一件事情，不過有一點非常可信，那就是倘若沒有重力，我們就不會有大氣或海洋。這也就是為什麼，重力減弱對我們在外太空的生存會構成嚴峻的挑戰。國際太空站上，我們是在「微重力」環境下運作，有時這也稱為「零重力」。當我們回返月球以及往後前往火星，我們就會在減重力環境下運作（與地球相比分別只有六分之一和三分之一）；在往返旅程途中，我們很可能會遇上微重力和人工重力的混合情況。（人工重力是進行一種運動來創造出感覺像是重力的作用力，其中一種做法就是旋轉太空船。）

　　重力是嘗試拉動兩個物體彼此聚攏的力，不論你在太空中的哪處位置，至少都存有一種微弱水平的（微）重力。重力也是讓所有行星保持在繞日軌道上運行的力，而且在地球上，它也讓你保持在地面並讓物體墜落。就像我們在太空站上體驗的情況，微重力是種虛擬失重或者連續自由下落的狀態，這在我看來，似乎總是相當神秘。思考微重力時，我總喜歡拿它來與

投擲棒球比較。當你只用些許力氣投球，球就會直接掉在你面前，若是全力把它拋出去，球就會飛得非常遠，接著才會掉下來。我們在太空站上也有相同的情況，因為我們基本上就是處於一種環繞行星不斷墜落的狀況。我們輸入了充分推力，讓太空站環繞地球運行，因此我們只會不斷繞地墜落，卻不會落回地表。當你搭雲霄飛車翻越最高峰時，片刻間也會出現相同的現象，不過在太空中，我們就是不斷飄浮。

能飄能飛是在太空中生活所經歷的最特別、同時也是最有趣的事項之一，不過它也帶來了一些最大的挑戰。第一次上太空時，我的行動有點笨拙，設法習慣在三個維度中生活：我握東西握得太緊，推開時推得太用力，還嘗試調和某種不存在的上下關係。不過我們的腦袋和身體很不可思議，我們很快就會弄清楚該如何適應新的環境，甚至遇上極端狀況也能因應。在某些情況下，這種能力非常有幫助，不過在其他狀況下，就不會表現太好。身體會設想出如何在三維空間優雅移動；如何以輕巧的動作流暢地飄浮、移動；如何以一趾撐住身體，而不必用一手緊握；以及如何善用飄浮和飛行這種自由自在的感受。我們的脊椎會被拉長：在太空中，我「長高了」將近四公分。（有件事會讓矮子太空人感到沮喪，我們發現，回到地球時，你就會縮回原來的模樣。）這些都是好事。

不太好的事情是，我們的腦子和身體設想出，在微重力環境下，我們不必具備同等程度的骨密度或肌肉量也能生存，所以它們投入較少能量來維繫，結果就是骨質和肌肉迅速流失

（包括心肌）。另一項肉體挑戰是，體液會朝頭部轉移，你會注意到，太空人在太空時，臉龐看起來比在地球時圓潤。微重力經驗對你的身體是種很棒的整體「提昇」，然而它也會帶來一些棘手的生理影響。舉例來說，許多太空人在太空中都有視力減弱的現象，醫學界相信，這有可能是顱內壓力提高所造成的，而且有些人回家之後，視力也沒有恢復正常。[8]

　　人類太空飛行還另有一項潛在嚴重後果的風險，那是二〇一九年在國際太空站上進行超聲波研究時發現的：十一名太空人在飛航之前、飛行途中各個階段，以及返回地球之後都接受了頸靜脈血流評估。站上結果指出，十一名太空人當中，有六位出現令人驚訝的血流逆行現象，而且其中一人還有小團血栓形成，這點特別令人擔心。在太空中就如在地球上，血栓會導致心跳停止與中風的風險提高。在接下來的飛行行程中，出現血栓的乘員接受了抗凝劑治療，凝塊在回地球之前就已縮小，而且著陸後不到十天就消失了。為保護太空人的身分，站上研究的確切日期並未公佈，不過在二〇一九年發表了整體的研究結果。[9]另有些與微重力連帶的負面副作用包括免疫系統弱化，骨質流失導致腎臟受壓、細胞行為改變，還有傷口癒合變慢。隨著待在太空的時間愈來愈久，我們也不斷發現有關微重力如何影響我們身體的更多資訊。

　　就這方面，我們的重點是要盡可能認識並抵銷當中的多種影響，這樣我們才能在任務結束並返回地球之後，繼續過上健康的生活。我們在太空中會採取一些反制措施來應付這些作

用，好比每天結合阻力訓練和有氧訓練等項目來鍛鍊兩小時，以抵銷骨質和肌肉流失。這裡提供一點做參考，在微重力下，骨質流失率為每月1%至1.5%，約為老年人在地球上的十二倍，造成與年齡相關的改變加速，與骨質疏鬆症相仿。[10]所以在國際太空站上生活，除了學習如何處理太空人在太空中的骨質流失問題之外，我們還能學到許多相關歷程，並投入開發種種做法，來協助在地球上預防與治療骨質疏鬆症。

在太空站微重力環境下進行的研究相當重要，因為這讓我們得以把重力因素剔除，從而給予了我們機會，重新檢視自以為認識很深的事項，並進一步習得種種新知。幾乎所有事項在微重力下都有不同的表現，火燃燒時呈現不同的形狀——火焰較圓；我們也可以更深入認識，不同燃料混合物如何燃燒得更乾淨或者更具效能。蛋白質晶體是科學家用來研究藥用蛋白質之結構的材料，在微重力下比較容易研究，因為它們會增長得較大，而且更完美成形。我們不斷更深入學習微重力環境對我們身體的影響，不過從人類上太空的角度來看，能夠飄浮飛行（甚至以水彩作畫）是太空冒險的一個精彩環節。

我有幸能當個太空人，長時期待在太空中生活、工作，現在我非常開心能透過航太總署電視台、網站和社群媒體，持續關注其他任務的進展，看著其他太空人執行他們的飛行任務，

並在國際太空站上工作。我會永遠記得，在我進行第一次飛行之前，觀看太空人上太空是什麼滋味，還有我心中如何納悶，在三個維度中飄浮、飛行是什麼感受。現在，我看著我的朋友上太空，對這種經驗已經有了全面的認識，那看來就很正常、很自然。我也熱愛持續關注不同研究的執行狀況，我很驚奇地發現，乘員變得更像實驗室技師，他們實際動手操作並從事真正的科學工作。成功的國際夥伴關係依然讓我肅然起敬，這讓一切得以成真，並能長期延續以裨益地球上的生命。

有件事特別令人振奮，那就是看著我認識的人上太空執行她的第一趟飛行任務。二○一八年，我的朋友塞雷娜·奧尼翁－錢斯勒（Serena Auñón-Chancellor）醫師在國際太空站上待了一百九十七天。

塞雷娜和我最初相識於俄羅斯星城（Star City），我當時正在為我的第一趟太空飛行預作準備，她則是在那裡接受航太總署駐站飛航醫師訓練。（飛航醫師是精擅航空航太醫學的專科醫師，這門醫學與飛行專業人士，包括太空人相關。）太空人為太空站長期太空飛行的準備工作包含好幾年的特定任務培訓，而且至少有半數時間是待在美國境外，與我們全球各地的夥伴一起在他們的設施裡面受訓。除了德州休士頓之外，美國太空人的訓練時間大半待在星城，位於莫斯科城外約五十公里處。那裡的訓練中心以第一位上太空的人的姓名命名，稱為尤里·加加林宇航員培訓中心（Yuri Gagarin Cosmonaut Training Center, GCTC），一九六一年四月十二日，蘇聯宇航員加

加林完成了一次繞地軌道飛行。如今所有宇航員（cosmonaut，俄羅斯稱太空人為「宇航員」）都在那裡受訓，所有飛往國際太空站的國際太空人也都如此。當初訓練加加林的教練，有些到二○二○年也依然在加加林宇航員培訓中心工作。那是個歷史悠久的地方，有雕刻作品、塑像、彩繪玻璃和其他藝術品，來紀念多年來所發生的太空飛行重大事件。我很榮幸能夠來到這裡，協同我的宇航員同行以及來自全世界的太空人夥伴一道受訓，結識在那裡生活、工作的人員，我認識的許多人都會成為我終身的朋友。

星城的每次訓練課程一般都持續四個星期，我為太空站飛行所受的三年訓練大致就像這樣：四週待在星城、四週在家、兩週在德國、四週在家、四週在星城、四週在家⋯⋯東京⋯⋯蒙特婁⋯⋯四週在家、四週在星城⋯⋯所以我不免要在遠離家庭的地方度過一些假期。

我最美好的假期回憶之一，裡面就有塞雷娜。她和我與一群國際太空人，加上來自各國與各行各業的訓練人員，最後一起在俄羅斯度過了感恩節。在美國大使館商店購物，尋找脆洋蔥來料理奶醬烤四季豆，塞雷娜和我眼睜睜看一名女士從架上拿走最後一罐。我們四目對望，開玩笑說，我們可以邀請她⋯⋯不過最後決定還是不要。接下來我們前往當地一處街頭市場，找到了種在巨盆中的胡蘿蔔，盆中填滿了我們這輩子所見過最黝黑的土壤。菜販把那些胡蘿蔔從土壤中拔了出來，我們回到小屋還大費功夫洗刷一番，這才露出底下的漂亮橙色（非常好

吃）；我們還買了數量驚人的馬鈴薯，結果做出了看來就是感恩節大餐上所端出的最大盆馬鈴薯泥。當我們發現，火雞實在太大了，我們小屋裡的烤爐裝不下，塞雷娜和我只得重新改裝火爐烤架，這才能正常工作。

儘管我們做得有些過頭，不過我們希望能感覺就像在家中過節，要有所有的傳統裝飾，而且我們希望我們的國際友人，都能像我們家中的賓客那樣來體驗它。所有人都希望為這頓大餐貢獻菜色，所以我們擺出了形形色色的標準感恩節食物，還加上一些美味的俄羅斯菜餚。

到了當晚某時，我環顧四周，看著這群來自世界那麼多不同地方的美妙人士，因緣際會都加入了太空計劃，來到星城齊聚一堂，不禁湧現一股驚奇感受，我心懷感恩。

就我而言，有關太空人培訓最困難的事情就是學講俄語。太空站上的官方語言是英語（對這點我也滿心感恩），不過所有人也都必須能講俄語，因為俄羅斯聯盟號宇宙飛船（Russian Soyuz spacecraft）一直都是救援載具，它的操作事項全都使用俄語，從程序和儀表板到與地面任務管制人員的通訊都是。我感到十分自豪的一件事情是，我的俄語已經流利得能達到可支援任務要求的水準。（大大感謝具高度耐心的語言教師，也是我的好朋友，瓦克拉夫‧慕夏〔Waclaw Mucha〕！）不過我仍然擔心從我口中說出來的，是不是真的傳達出我心中所想。那次在星城的感恩節，我在用餐開始時舉杯致敬，並鼓勇以俄語祝賀。儘管我儘量講得簡單，同時也嘗試向房間裡面的人傳達

謝意，感謝他們在太空中成就的奇妙事項，都為地球上的每個
人帶來幸福，也謝謝他們付出友誼，創造出我們全體共享的這
個國際大家庭。

由於我是用俄語發言，得靠我的朋友和太空人夥伴麥克‧
芬客（Mike Fincke）提供英語翻譯。我很高興他能聽懂並把我
的話翻譯出來（而且確實說出了我想說的意思）。毫無疑問，
我們在太空中一起做的事情和科學研究都很重要，不過對我來
講，我們所依循的做法——以來自地球的人類社群投入——才
更重要。

國際太空站運作了約十四年之後，我的一位好朋友兼太空
人同學凱文‧福特（Kevin Ford）創制出了「離開地球，為了
地球」（Off the Earth, For the Earth）一語，作為他所屬乘員的
任務口號，由於那句話完美地傳達出國際太空站的整體任務，
從此它便成為了國際太空站計劃的座右銘。它說得十分貼切，
你不會只在本書中讀到一次，在國際太空站上進行的一切事
項，最終都是為了改善地球上的生活。

有關那些工作，最常向我提出的部分問題是：

- 為什麼要上太空？
- 為什麼我們不能在地球上做那些科學研究？

- 太空站最近完成的工作對我有什麼影響？
- 我們為什麼在太空上花這麼多錢？

這些全都是合理的問題，也是我認為應該回答的問題，特別是關於在太空中做的工作，對我們在地球上的生命保障系統有什麼好處。（我對於「我們為什麼在太空上花這麼多錢？」的回答就是，沒有錢是花在太空上──用於太空探勘的錢，全都花在地球上。）

二〇二〇年十一月二日是國際太空站連續載人二十週年紀念日，到那時候，該站已經接待了兩百三十九人，完成了超過兩千七百項科學實驗。太空站的研究區分為六大研究領域：生物學和生物科技、地球和太空科學、人類研究、物理科學、技術，以及教育。[11] 我發現，要認識國際太空站的繁複研究，可以採行一種比較簡單的方法，那就是從人類（個人）衛生的視角或者從整顆星球衛生的視角來設想。

我很高興有機會為本書採訪塞雷娜・奧尼翁－錢斯勒，她不只是個朋友和同事，還同樣是位太空人、醫師以及生命科學權威，曾在國際太空站上待了六個月。我分就個人與行星衛生的觀點來向她提問請教。我們用Skype交談，我是在佛羅里達州聖彼得堡（St. Petersburg）自家工作室，塞雷娜則在她的辦公室，位於路易斯安那州的巴頓魯治（Baton Rouge），也就是她任職的路易斯安那州立大學衛生科學中心（LSU Health Sciences Center）所在地。每有必要，她總是毫不保留地善加

運用本身的技能和專業知識，她在醫院懸壺行醫，在路易斯安那州立大學教學，而且依然為太空人辦公室的醫療相關課題提供支援。（特別是，她負責為太空人辦公室制定COVID-19的所有相關協定。）

「我很高興，因為我現在做的事，與三個我熱愛的工作領域息息相關：醫學、航空航太醫學和太空人辦公室，」塞雷娜說明，「若有人問我，未來會出現什麼樣的發展，那我只會說：『了不起的發展。』我不知道那是什麼。它們往往就這樣無中生有地冒出來，機會就是這樣出現的，看見它們時，我就嘗試穿過那扇門。我知道未來會發生很多事情，不過現在我就只喜歡待在地球上。」

我很高興塞雷娜也待在地球上，這樣我才能和她說話，也很高興在我的電腦螢幕上看到她。我們兩人長得很像，都有波浪狀的黑髮和黑眼珠，所以當我們見面時，我總感覺就像和我的一位姊妹說話。我們從國際太空站的座右銘「離開地球，為了地球」開始談起，她同意這完全能夠描述我們如何在國際太空站上共同生活與一起工作。

「不過，有趣的是，怎麼有那麼多人完全不明白『為了地球』這個部分是如何實現的。」接著塞雷娜分享了連我都不知道的事情，「儘管目前著手進行的多數科學研究，整體來講對地球上的生活以及進一步太空探勘都有好處，不過就生命科學領域方面，目前著手進行的研究，起碼有七成是為了造福地球老家上的人類健康。」

航太總署和我們的國際太空機構夥伴，始終兢兢業業設想該如何最妥當地傳達日常太空生活中所發生的奇妙事項。過去幾年間，這種傳達溝通已經出現長足進展，社交媒體和其他的創意機制，幫助航太總署觸及原本接觸不到的受眾，否則那些人連世界上有國際太空站都不知情，更別提在那裡有誰開創出哪些成果。

在太空時塞雷娜有許多事情都表現得很好，其中一項是使用YouTube影片來與一般大眾分享資訊，介紹她進行的科學研究以及為什麼它們那麼重要。

有一段她為一項實驗製作的影片，標題為〈安吉克斯癌症療法〉（Angiex Cancer Therapy），這是最讓我眼睛一亮的作品。[12]這項研究由一家名叫安吉克斯的公司設計，目的在鑽研內皮細胞（endothelial cell，這種細胞形成血管內壁，並負責把血液輸往全身）的成長，以及癌症治療藥物抑止為癌細胞與腫瘤供血的效能。塞雷娜向我解釋，個別細胞在太空微重力環境下的行為，與它們在我們充滿液體的體內時的自然行為表現大致相同。

「我們體內的細胞並不是扁平的，它們是三維度的，而且它們在我們體內是以一種懸浮狀態成長、飄浮與移動。就像我們在微重力下如何在太空船中四處移動。」她說明道。

「當我們在地球上做實驗，把細胞從自然懸浮的狀態移開，並嘗試在扁平碟子裡面研究它們，這時它們就會受到重力的影響，而且它們都被困住了，整體結構產生改變。在太空

中，我們能為細胞提供類似人體內部的相仿環境，於是它們就會長得比較好，而且那裡是遠遠更適合研究它們行為的地方。」

當然我們也談到，我們能在太空中飄浮、飛翔實在是太棒了，還有待在那裡的特殊經驗，以及從太空看我們家園星球的那種能改變一生的觀點。塞雷娜在這段嚴肅的哲學性談話期間輕聲笑了，因為這勾起了她在安吉克斯工作的另一段回憶。她向我解釋，這些實驗使用的細胞是多麼特別。

「它們是最渺小的生命形式——它們就像與我們共同生活的細小乘員。」聽到她這樣描述那些細胞，讓我起了雞皮疙瘩。她繼續說明，記憶中第一次把細胞收好，擺進儲藏櫃中時的情景。

她帶著微笑說：「我才剛完成一次培養基更換來餵飼細胞，然後地面任務管制告訴我，現在就該把它們擺回實驗室中專屬的儲物架上。我記得自己飄向儲物架，打開櫃門，就在我把細胞匣推進抽屜時，我感覺到一股熱氣，覺得相當美好，相當舒適。我仍帶著頭戴式耳機與任務管制通話，於是我說：『喔老天，這裡面感覺真好。』」

「於是他們回答：『因為那是體溫，所以感覺上就像它們的家。』」

「然後我說：『是這樣沒錯，感覺就像家。』地面所有人都笑我，不過感覺真的十分美好。」

塞雷娜還分享了更多她在站上支援生命科學（個人衛生）研究的經歷——多麼令人驚歎的體驗，自己得以親眼看到這些

內皮細胞和蛋白質晶體在太空中果真增長得比較好，還認識到，把重力因素剔除，如何給予了更深入了解疾病歷程的機會。順道一提，重要製藥公司如默克（Merck）、禮萊（Eli Lilly）、諾華（Novartis）和安吉克斯等都出資贊助太空站上的實驗，因為這些更深入的認識，能支持開發出更有效的藥物。

有一家小型初創公司名叫朗姆達視覺（LamdaVision），總公司設在康乃狄克州，他們投入研究細薄的蛋白質基生物膜，打算用來植入視網膜後側，取代受損細胞的功能。麥克·羅伯茨（Mike Roberts）博士便曾解釋，這些視網膜植入物，能幫助黃斑部病變和視網膜色素病變患者恢復視力。羅伯茨是太空科學勵進中心（Center for the Advancement of Science in Space, CASIS）的副主任科學家，這所機構負責管理國際太空站上的國家實驗室。誠如《生物資訊技術世界大會》（*BioIT World*）所稱，在太空中能製造出「更安定也更同質性的產品」，比在地球上能生產的製品都更好。[13]

類似米高·福克斯基金會（Michael J. Fox Foundation）這樣的組織，也正利用國際太空站的微重力環境，來研究多白胺酸重複激酶2（LRRK2）蛋白質，這是與帕金森氏症病程發展相關的成分。「在太空研究那些晶體，實際上就能大大裨益地球老家的科學家，」塞雷娜說，「因為極低重力環境，實際上得以讓晶體增長得更大，顯現出晶體構造中錯綜複雜的重要細節，而這也是訂定對策來抑制它們的關鍵。從事這項工作是希望它可以幫助推動帕金森氏症治療藥物的開發進程。」[14]

　　塞雷娜和我回顧，在國際太空站上當個太空人，還能支持地表科學家種種不同的研究是多麼奇妙的事。通常我們都不具備某些特殊研究領域的專業知識，因此我們便受訓學習當個執行者。我們成為地表科學家的雙手、眼睛和耳朵，他們設計實驗，並信任我們能妥善執行，我們非常重視這個角色。對多數科學家而言，我們在國際太空站上執行的研究，代表了他們的畢生心血，而且有可能是他們收集必要數據的唯一機會。

　　我們也談到了，我們自身為研究扮演了多麼良好的「受試者」。一旦我們上太空並在微重力環境下生活，我們身體的所有事項都會出現改變，而且這些改變也幾乎可以與我們身體在地球上的某些相仿特徵進行比對研究。所以在任務全程，我們都必須蒐集和對幾乎所有的排出物採樣——血、尿、唾液、皮膚、毛髮等等，準備好後便冷凍起來，然後送往地面做研究。太空中的太空人是很棒的載體，用於研究種種現象產生的影響，好比骨質流失和肌肉流失、輻射暴露、免疫反應、老化、視力，甚至還包括認知改變，肇因於我們的身體對微重力環境之反應方式。

　　就生物醫學研究和人類衛生領域，科學家明瞭疾病同時受到遺傳和環境的影響。在地球上，我們發現了種種做法，藉由人類基因體計劃（Human Genome Project, HGP）等計劃成果，開始破解這個方程式的遺傳部分；在太空中，科學家能接觸到劇烈的環境變動，所以他們能研究我們的基因在微重力、強烈輻射，還有其他極端環境狀況下所受的影響。

　　美國航太總署和國家衛生研究院（National Institutes of Health, NIH）的夥伴關係由來已久，從載人太空飛行計劃成立之初，雙方就已開始合作，因為他們體認到太空環境在研究上的價值，還有在太空中我們能學習來造福地球生活的事項，具有何等的雷同特性與協作效用。航太總署與國家衛生研究院的夥伴關係，在國際太空站計劃期間重新啟動並延續至今，兩家機構具有共同的創新理念，投入合作研究以應付科學與技術挑戰，循此便讓我們得以擴充人類探索太空的範圍，同時改善在地球上的生活。

　　克里斯托弗・奧斯汀（Christopher Austin）醫師呼應塞雷娜就微重力研究之效益的相關敘述，他在一篇《科學人》（*Scientific American*）網誌中解釋了國家衛生研究院和航太總署的關係，並表示「許多在地球上緩慢影響人類的事情，對太空人的影響都要快得多」。奧斯汀醫師在國家衛生研究院服務，擔任該院下設之國家轉化科學促進中心（National Center for Advancing Translational Sciences, NCATS）的主任。他還是位發展神經學家，曾擔任美國衛生及公共服務部（US Department of Health and Human Services, HHS）與國家衛生研究院對航太總署的聯絡窗口。「這對航太總署來說是個真正的問題，不過對我們而言則是個真正的機會……來研究這些疾患，而若是在地球上進行，就得投入漫漫歲月。」他繼續論述表示，「長久以來人類總是不斷仰望天空，夢想那外面有什麼東西。如今科學家看著相同的天空，希望了解我們在地球上的

問題所在。」

最近就國際太空站上的生醫研究方面，便經由這種航太總署與國家衛生研究院的夥伴關係啟動了一條類科幻的門路，那是一系列實驗，稱為「太空中的生物組織晶片」（Tissue Chips in Space）。在許多情況下，太空人依舊是最好的受試者，不過在同樣普遍，甚至還更常見的情況下，由太空人扮演那個角色並不安全。遇到這種情況，科學家就必須找到替代者或受試者，他們往往藉由動物受試，不過一般來講，以牠們來代替人類並不合適。「生物組織晶片」成為替代人類的理想選項，於是這就讓我大大鬆了一口氣，因為我向來都不支持使用動物來做研究。

雖然生物組織晶片仍在早期研究階段，如今卻已經成為一種微型三維模型尖端系統，能模擬心臟細胞和腎臟細胞等真實人體組織，其尺寸約為隨身碟大小，它們的設計目的是模擬人體功能，可以測試看它們遇上壓力、藥物甚至遺傳改變時會有何反應。根據科學家的說法，生物組織晶片的作用，就像一批可供他們在太空中研究的微型太空人。讓生物組織晶片暴露在微重力下，還會帶來更多研究效益，因為人體細胞在微重力下的改變，就類似老化與病程發展的加速版本，所以科學家就能在幾週期間取得觀察結果，而在地表實驗室中，就可能要耗費數年。

在國際太空站上除了進行太空與地上的個人衛生相關研究之外，那裡還進行著其他長期的科學研究，來探究地球的健康以及我們星球生命保障系統的狀況。

塞雷娜告我，她發現了一個傳達太空站所做工作之重要性的關鍵要素，那就是讓它變得切身相關——建立起會讓受眾在乎的重要關係。有新鮮的空氣可供呼吸，有乾淨的水可供飲用，與所有人都切身相關，所以這就能用來解釋，我們在太空站上做的研究，如何能夠協助確保這些資源在地球上用之不竭，甚至還能解釋，太空站本身如何發揮作用，為我們在太空提供新鮮的空氣和乾淨的飲用水。

待在國際太空站上時，塞雷娜從事兩項與藻類生產相關的實驗，其中一種稱為「太空藻」（Space Algae）另一種則稱為「光生物反應器」（Photobioreactor）。太空藻實驗探究太空栽培藻類產量的遺傳基礎，以及這是否需要遺傳適應。藻類有可能將微重力視為一種物理壓力，而這就能觸發高價值化合物（好比氧）的生產，並運用該產物來製造藥品與其他衛生相關製品。「光生物反應器」是種小規模的閉環系統，用來驗證微型藻類如何能有效變換國際太空站環境中的水、光、二氧化碳和甲烷，投入供氧氣與「生質」（biomass，即食物）之持續生產。這兩項實驗在太空中和在地球上都具有同等應用價值。

國際太空站的外部結構上裝設了一台科學儀器，稱為近岸海域高光譜成像儀（Hyperspectral Imager for the Coastal Ocean, HICO）。[15] 以其運行高度和軌道傾角，太空站環繞地球時會跨

越約八成地表範圍，包括所有的熱帶海岸和大半溫帶海岸地區，那裡也就是有害藻類大量繁殖帶來嚴重威脅的海域。這讓國際太空站成為架設近岸海域高光譜成像儀等儀器，並投入從事相關研究的理想平台，所涉題材包括有害近岸藻類大量增生（好比佛羅里達州居民非常熟悉的「赤潮」）等現象。站上還搭載了其他感測器，用來監測植被、海洋表面狀況、洪水、珊瑚礁、天氣系統和氣候模式、自然和非自然災害的環境影響、碳排放和都市發展，並運用來處理範圍廣泛的人道主義、環境和商業議題。

我密切關注國際太空站上的科學進展，以及它對改善地球生活的價值，同時我也回想起塞雷娜曾說過，這項價值的最佳傳達方式。類似近岸海域高光譜成像儀這樣的儀器，是用來監測存在於我自己後院的環境狀況，也適用於這個星球上一切擁有溫暖近岸水域的任何地方。發生在我後院的事情，也發生在這個星球所有地方的後院。我體驗的地方事務，實際上是全球性的：那是種行星規模的現象。

國際太空站「離開地球，為了地球」的價值觀，並不侷限於成功國際關係得出的科學成果，它也關乎我們當初是如何建造出太空站並克服送人到那裡生活的挑戰。我們用來支持國際太空站生活的種種機械系統，也同樣讓我們能夠以不同的方式來思考，該如何運用相同的技術，來造福在地球上的我們。我們開發來在太空中進行太陽能發電、製水與淨水、空氣品質管理以及通訊的系統，都是如今已帶回地球用以改善生活的技術

實例。

———————— 🌏 ——— 🌙 ——

　　從國際太空站這個有利位置，我們清楚了解有著高度遠見的發明家巴克敏斯特・富勒（Buckminster Fuller）是怎麼開始推廣「地球號太空船」這個隱喻。一九六八年——阿波羅八號與〈地球升起〉的那年，富勒的書《設計革命：地球號太空船操作手冊》（*Operating Manual for Spaceship Earth*）也出版了。儘管把地球當成太空船的理念，可以追溯至一八七九年，當時亨利・喬治（Henry George）便在《進步與貧困》（*Progress and Poverty*）一書中寫道：「那是艘裝備齊全的船，我們就是搭著它在太空中航行。」不過此後也另有些人這樣提到它，包括美國大使阿德萊・史蒂文森（Adlai Stevenson），一九六五年他在聯合國演說時談到：

　　　我們一起旅行，都是搭著一艘小小太空船的乘客，仰賴船上少得可憐的空氣和土壤儲備，也都為了我們的平安而致力於它的安全與和平；要想倖免於毀滅，唯有靠關懷、工作，以及，我要說，也靠我們給予這艘脆弱飛船的愛。我們不能讓它維持在半幸運、半悽慘、半自信、半絕望、半奴役——人類的古老敵人——半自由的狀況下，還期盼它釋出迄今為止連做

夢都想像不到的資源。沒有任何飛船，沒有任何船員，能在這般巨大的矛盾下安全航行，他們的決斷是我們全體賴以生存的基礎。[16]

不過，對我來講，在整合這個想法的表現上，沒有人能比富勒做得更好。時至今日，把地球形容成一艘太空船，並載著有限資源在太空中飛行的最周延描述，或許就是他的這部作品。用他的話來說：「我常聽人說：『不知道搭乘太空船是什麼感覺。』答案非常簡單。那究竟是什麼樣的**感覺**？那就是我們所經歷的一切，我們全都是太空人⋯⋯搭乘一艘非常真實的太空船──我們的球形地球號太空船。」[17]

我們搭乘一顆星球航行，它以每小時一千七百公里的速率自轉，在我們一天二十四小時中完整轉動一圈，同時地球還以幾乎無從想像的速率、每小時十萬七千公里環繞太陽運行，然而我們感覺，它就只是個家園。

地球號太空船的想法始終讓我著迷，不過當我在太空梭和國際太空站上生活時，它卻活生生顯現出來。在我們星球之外生活是個複雜的挑戰，讓我們得以在太空船上存活的一切，全都是以機械系統創造出來的，而那些系統則取決於乘員協力合作的能力。我認為我們的星球是最奇妙的自然奧秘之一，不過若是我們開始設想，地球也是種機械交通工具──與交通工具的關鍵差別在於，地球先天就能茁壯成長──我們或許也能因此獲益。或許我們的星球不只需要維護，它還需要有人管理。

　　地球的生命保障系統由四個相互連結的主要子系統組成：大氣（空氣）、水圈（水）、地圈（岩石、土壤和沉積），以及生物圈（生物）。地球上的生命取決於三種互連的因素：來自太陽的能量；物質循環，或生存所需的養分；以及重力，這讓星球能維持大氣層並促使化學物質在物質循環時向下運動。[18]

　　太空船可以比擬為地球，因為它運作時必須構成完整的生命保障系統。太空船的生命保障系統組件，必然能與地球的自然系統相提並論，在太空站上我們稱之為環境控制與生命保障系統（Environmental Control and Life Support System, ECLSS）。站上有別緻的機械子系統，用來創造、監測並讓我們的空氣與水保持乾淨；維持並監測大氣壓力、溫度和濕度；甚至還能協助偵測火警和抑制火災。所有這一切所需的能量都發自太陽，而所有這些拯救生命的大氣，則完全由一層薄薄的金屬外殼約束在固定位置。

　　在地球上的日常生活中，我們很少人會考慮到，我們呼吸的新鮮空氣，或者我們飲用的乾淨飲水是從哪裡來的。甚至我們任何人都不會想到，環繞在我們四周，發揮防護作用的大氣層，對我們的生存是多麼不可或缺。甚至我們當中更少的人會意識到，我們生存所需的一切，都是相互連結的。我在太空中生活期間，這個說法正是切中了要點。從太空看地球讓我著迷，只要有機會，我都會飄到一扇窗口，再次讓眼前景象震撼我心。在我們通過地球夜晚範圍之時，眼前的景象尤其能讓我全神貫注。底下閃爍的光芒，勾勒出人類的定居範圍，相對於

覆蓋我們這顆星球大半範圍的深黑海洋。變化萬千的天氣還特別引人矚目，佛羅里達一場大雷雨閃電橫掃各方，在地球表面綻放光芒，就如同神經元在大腦中四處放電。

我小時候在佛羅里達州長大，當時便曾想像，大雷雨只發生在我的城鎮上空，當它們消失，它們就真的消失了。我從來沒想過，暴風雨會席捲整顆星球。

從太空裡，我看到閃電從不待在一處地方，它不斷移動著。這項啟示讓我親眼目睹了顛覆生命的真相，那就是不論是否意識到，發生在這顆星球上一處範圍的任何事情，都會影響到整體。就在我第一趟太空飛行剛開始的某一天，我想到自己和地球相隔多遠，也比我往後會再次遠離的距離還要更遠。然而，與身體上的分離相比，我覺得自己和底下所有人以及所有事的關聯性，都勝過既往當我生活其中的任何時候。我怎麼可能相隔那麼遙遠，卻又感覺那麼親近？接著我猛然想到，那不只是從窗口向外看地球的深遠影響。

我待在國際太空站上的時間，讓我能夠與來自好幾個不同國家的人建立往來，其中有些國家在地球老家捲入嚴重衝突。然而在國際太空站上，我們全都相處得很好。即便我們不見得總是在所有事情上達成共識，不過我們所負使命的共同目標，為我們解決紛歧奠定了基礎。於太空中與多國乘員在一處自給自足的環境中共同生活，讓我學到了，假使我們可以和平、成功地在一處太空站中共同生活，任憑箇中存有複雜性和挑戰，那麼我們也絕對可以在地球號上和平、成功地共同生活。我們

在共聚時光中建立的人際關係與友誼，讓我們每人都明瞭，我們所有人擁有多麼深厚的共通點。它幫我們體認到，我們彼此的關係是多麼緊密，而且不單只在太空中，在地球老家時也是如此。我們意識到，沒有**我們**和**他們**之別、沒有疆界——這些全都是人為的假象。事實上，不論是在國際太空站或者在地球上，都只有我們，我們所有人，共同在太空中旅行。

如今多數人都藉由一個額外附加物件——行動電話，象徵性地把全世界掌握在他們手中，它讓我們得以取用看似無窮無盡的資訊。由於我們都能取用彼此的相關資訊，於是比起以往任何時候，如今人與人之間的物理距離，已經不再那麼重要了。我們遠遠更了解全球各地民眾所面臨的處境與挑戰，以我們如今所能取得的數據與資訊——這名符其實就在我們觸手可及之處——理當讓我們無法忽視一項事實，那就是並非所有人都能取用相同的資訊，或者具有相等能力來茁壯成長。

這般包裝俐落並納入我們手掌中的過剩資訊，應該能強化一項實情，那就是我們全都在同一條船上，我們全體共享太空中這一顆星球家園，全球之事就是地方事務，地方事務也就是全球之事——萬事都是地方事務。然而，不論我們連結得多麼緊密，我們依然傾向於認為，我們是誰以及我們的問題所在，兩者是分開的。

有了這一切資訊和連通能力，我相信，只要提醒大家注意非常正向的事情，這些都發生在每九十分鐘就環繞我們這顆星球一次的國際太空站上，也發生在地球這裡，那麼我們就能彌

合連結性與相互連結性之間的落差。只要願意接受我們相互連結的關係，我們就能夠體驗自己的地球升起時刻——了解我們在地球這處棲息地上的獨特性，我們的身體與地球生命的獨特調和現狀，還有我們所有人如何迫切必須落實乘員合作表現，才能在地球號上生存下來，因為一切事務**都是**地方事務。還有我們做的所有事情，全都影響著其他人、其他地方。在政治上、技術上、社會上、環境上，你想得到的一切——所有事情都是相連的，事事項項，沒有例外。

從發現號太空梭所見景象。這是我
們完成航太總署太空梭計劃133號
任務之後看到的國際太空站，攝於
二○一一年。

航太總署

第二章　尊重那條細藍線

依循我在國際太空站上的每晚睡前儀式，我總獨自飄浮在窗前，享受那幅景緻。在一個特殊的夜晚，在地球上也是夜晚，我看著燈光閃爍，雲層在下方移動，我搜尋看能否瞥見閃電的搶眼光芒，或是否可能看到極光的繽紛彩幕。接著憑空冒出一件事物，我驚訝地看到底下一道光芒飛掠而過，在我的太空船和地球之間，朝向環繞地球的那道發光細藍線飛去。

那是什麼鬼？我想。

我向下飛到太空站的另一區，去找我的一位乘員，麥克‧巴拉特（Mike Barratt），他還沒睡。我問他那是什麼，他漫不經心地答道：「喔，那是流星。」

於是我邊轉身飛回窗口，一邊說：「好吧，能知道有機會看到這種東西，那就太好了！」

我腳下有一顆流星。我很震驚，因為這不是我能直覺意會的事情，我必須斟酌思考我**腳下**有顆流星的概念。我這輩子就我所知也只看過一顆，那是從地球**仰望**太空時，我幸運地在天空看到的。流星十分美麗，也令人驚喜。我在窗前多飄了一陣子，希望能再看到一顆，結果並沒有那麼好運。不過我意識到，也是運氣好，然後想到：哇，**我很高興我看到它，因為那就表示，它沒有撞上我這艘太空船的細薄金屬外殼。**

從地球表面觀看，天空似乎連綿無際。不管哪天，當你出

外散步，無論是陽光普照或是陰天下雨，或者你在夜晚外出，你只能看到一片黑暗，或者星辰在上空綻放光芒，暫停片刻仰望並冥想著天空，它看來彷彿無邊無際，就好像包繞我們的空氣是沒有盡頭的。實情卻是，我們的大氣層十分**細薄**，只有區區一百公里厚。要理解這到底是**多麼細薄**，想像你前往佛羅里達州家庭旅遊，而且你從甘迺迪太空中心（Kennedy Space Center）開車行經一百多公里路程前往迪士尼世界。倘若你垂直朝上駕駛跨越那段距離，那麼在你抵達神奇王國之前，就會先來到大氣層邊緣。這樣的比喻或許有幫助，不過比起我們從太空看地球，我始終找不到還有什麼更好的方式來理解這種**細薄程度**。

我們理所當然地認定，大氣本當存在並為我們做它該做的事──阻擋太陽的危險輻射，讓氣溫保持在舒適的範圍，並含括成分合宜，混合氮、氧、二氧化碳和其他元素，可供呼吸的氣體，讓我們和其他生命得以存活。地球是我們太陽系內唯一擁有合宜大氣層，能維持我們所知生命的行星。

大氣層的厚度，或者應該說是細薄程度，是一種均勢所產生的結果，這個天平的一邊是把它維繫在星球上的地球重力，另一邊則是希望升高向太空移動的高能量分子。倘若地球的尺寸像顆籃球，大氣厚度就相當於包裹籃球的一層薄膜。這層極其細薄的大氣保命護毯由層層氣體構成，從地表向上延伸，密度漸減，最後那層毯子就消失在外太空。

對流層是地球大氣層中最靠近地面的一層，也是至關重要

且最細薄的一層，厚度從區區七、八公里到十八公里不等，取決於你檢視的是地球的哪片地帶。對流層在較寒冷地區的厚度最小，好比南、北極。對流層的英文tropsphere字首「tropos」的意思是「改變」，而且在這層裡面，我們會發現不斷混合的種種氣體，這能產生出變動不絕的天氣，並能調節氣溫、我們的水循環，以及對生命很重要的其他因素。事實上，所有天氣現象都發生在對流層，也因為大氣層中幾乎所有的水蒸氣和塵埃，全都在這一層裡面，因此這裡會形成雲層。值得注意的是，大氣層將近四分之三的密度以及最重要的生命支持與保護功能，也都含括在這最貼近地表的十六公里氣層裡面，其成分包括78%的氮、21%的氧，和1%由氬、水蒸氣以及二氧化碳組成的混合氣體。由於地球是傾斜的，還有繞日公轉並與太陽相隔遙遠，地球各地區有種種不同氣候，從兩極極端嚴寒到赤道熱帶高溫，正是這種多樣化讓地球得以支持種類繁多的生物。由於太陽熱能很容易就能透入對流層，我們大氣的這頭一層也吸收熱量，接著就從地面反射回去，這個歷程就稱為「溫室效應」（greenhouse effect）。

　　溫室效應是能暖化地球表面的自然歷程。當太陽的能量抵達地球大氣時，其中部分便反射回太空，其餘部分則由溫室氣體吸收並輻射四散。這是維繫地球生命的必要歷程，不過它也成為了我們最大的行星均衡作用之一。大氣中含量最豐富的溫室氣體是二氧化碳、水蒸氣和甲烷。當比例維持均衡，它們便能保障生命，然而當失去均勢之時，它們就會威脅生命。

這種生命維繫活動全部發生在細藍線的內側，我們呼吸的空氣與我們體驗的天氣全都出現在這裡，不過簡單來講，這裡也是我們生活的容器，以及**為什麼**我們能存活的理由。

我有關飛上太空的最鮮明記憶之一，較少牽涉到在太空中飛翔，多半關乎如何上太空──發射。發射前十天期間，乘員一起被隔離在佛羅里達州甘迺迪太空中心一處相對孤立的設施裡面生活，那處設施稱為太空人乘員宿舍區（Astronaut Crew Quarters）。隔離的主要理由是約束我們接觸的人員數量，降低我們接觸傳染病的風險，若一位或多位乘員生病，不論在發射前或發射後，都會毀了整趟任務。就算是普通感冒，也可能為任務帶來負面影響，因為我們的免疫系統在微重力下會變弱。感冒引起耳道阻塞的問題，在太空中若再加上鼻竇充血就會變得更為嚴重，太空中微重力會導致體液上湧從而引發鼻竇充血，而太空漫步必然導致壓力改變，致使鼻竇充血變得特別疼痛。

隔離期間，能定期與我們接觸的人就只有醫療團隊、某些航太總署管理高層，還有乘員宿舍區的工作人員，而我們與家人只有非常有限的接觸。我們實際接觸的人都通過了醫學篩檢，不過對我來講尤其困難的是，我們家的孩子必須年滿十四歲才能進行任何接觸。（顯然人類從十四歲開始，身上就沒有

那麼多病菌了。）我的兒子太小，不能跟我接觸，在我兩趟任務之前，他分別只有七歲和九歲。現在我依然完全不喜歡那條規則。

　　隔離期間我們大半時間按理說都應該留在乘員宿舍區，我們也確實如此——預備並研讀我們的檢核表、幫忙為我們的家人以及參觀發射的來賓安排最後一分鐘的後勤補給、還看電影和做運動來設法稍事放鬆。我們也趁機外出呼吸新鮮空氣，並每日一起跑步或騎腳踏車。我們都知道，到了太空飛行期間，我們就不會再體驗到新鮮空氣了，所以待在戶外的時間相當寶貴。有次騎腳踏車時，我驚喜巧遇我一位最好的朋友，珍妮‧萊昂斯（Jenny Lyons），當時珍妮正開車去上班。（**短短二十年之前**，珍妮和我才一起在甘迺迪太空中心工作，擔任航太總署工程師。）我們遵守規矩，我和我的腳踏車待在馬路這一側，她把車子停在馬路對側，我們相隔一段距離聊天，還給對方一次虛擬擁抱。（這讓我預演了一次「保持社交距離」，到了二〇二〇年COVID-19疫情期間，那就變成了我們生活的一部分。）

　　發射前最後幾天，航太總署一項乘員傳統是挑個時間舉辦一場「海灘屋燒烤大會」（甘迺迪太空中心海濱真有一棟房屋），乘員各自邀請直系親屬並可另選四人與會。我們還可與配偶在乘員宿舍區共進晚餐兩、三次，或者到海灘屋玩。發射前一天，我們的配偶來找我們，參觀發射台並「跨溝揮別」（wave across the ditch）。

　　兩趟任務之前，我都覺得，能有機會與我先生和家人共度短暫時光是種祝福。不過想起那些時光我都要暗自發笑，因為我很肯定，有關於那段時光應該怎麼度過，我先生的看法與實際發生的情況非常不同。現實情況是，所有這些有計劃的見面，都有種沒有明言的感受：「我們都知道，萬一發射時或者你在太空中出了差錯，這有可能就是我們最後一次見到你，不過我們真的不想談那件事情。」

　　「跨溝揮別」是讓我印象特別深刻的見面之一，這項傳統可以追溯到阿波羅時代，當時發射台周圍圈了一道壕溝，如今那裡鋪了一條路。發射前一天，太空人依傳統向親友揮別，這時他們的家人和好友便是聚集在壕溝對側。在我兩次發射之前那十天期間，「跨溝揮別」都是我唯一能「見到」兒子的時候。我得坦承，自己兩次都「有點叛逆」，匆匆越過馬路，和我兒子四目對望，迅速抓住他的手。兩次他都給我最甜美的眼神，我私下遞給他一枚小海貝，裡面寫了MLR，代表媽咪愛羅曼（Mommy Loves Roman）。

　　接受隔離那段時期也幫我們為擔任乘員加強準備，在任務前那最後幾天提供舒適、安靜的生活環境、美味的食物、健身器材與私人教練，還有適當的照明，好幫我們調節晝夜節律來與發射和任務時間同步，我的第一次發射原本排定在凌晨四點整，幾度暫停之後，最後我們是在午夜前一分鐘發射；我的第二次發射是在下午四點五十三分。當個太空人，沒有哪件事能依循正常的朝九晚五行事曆。

我們總是在表定發射時刻之前好幾個小時來到發射台。第二趟任務之前,我們搭乘箱形車前往發射台時幾度暫停,其中一次我把頭探出門外,向一路上祝我們旅途平安的民眾回應揮手。我看到許多熟悉的臉孔,包括我在甘迺迪太空中心工作十年期間的同事,當時我們負責為其他太空人預作行前準備,打點上太空前的一切事項。現在,就在這一天,他們來為我揮手歡呼。這是我最美好的記憶之一。

當我們終於來到發射台,踏出箱形車,我們全都滿心敬畏地仰望天空,心想,冒著熊熊火焰啟程穿越天際一道上太空,不知道是什麼滋味,我們也抬頭看我們那艘聳立百公尺高的太空船。它看來就像是活的,有些系統已經啟動運作,噴出陣陣蒸氣,正在暖機為最後發射倒數預作準備。我們一起搭升降機上升六十公尺,來到能進出太空梭艙口的樓層。向艙口走去之前,我們輪流到專屬發射台盥洗室最後一次上廁所(發射日的另一項傳統)。

你或許能想像得到,在狹小衛浴空間裡面,穿著橙色太空衣一點都不方便,不過我很感激在被五花大綁之前,有機會先解放一下。走過裝了金屬籠的懸臂,前往太空船艙口之前,我們還有一小段時間能跟家人快速通個電話。接著我們進入一處名叫「白艙」(white room)的區域,在那裡與「收尾組」(closeout crew)團隊見面。他們幫我們穿戴上太空衣的所有其他配件,並猛拍我們每個人的後背,祝我們一切順利。由於那裡有攝影機監看這一切,我們也能向家人傳達無聲信息。我的

兒子和我擬出了一套祕密手勢。最後，我們魚貫爬進自己座位並由他人協助打理妥當。我們仰躺，並牢牢繫緊。

等我把檢查表和程序表擺放定位，我們也全都與發射控制組進行了溝通查核之後，接著我們就有時間放鬆一下，於是我小睡了一會兒。

我還沒有真正開始覺得自己真的就要飛上外太空，直到發射前約二十分鐘，當機組人員更積極地參與倒數計時之時，才有那種感受。不過當我們進行到了指標性的「十、九、八……」，那時我才想到，**我們出發啦！**

在太空梭上倒數到六秒時，燃料開始從大型橙色外燃料槽流入軌道器後背的三台主引擎。那些引擎合起來的燃料消耗速率，相當於在不到二十五秒內就讓一般家庭用游泳池流光。太空梭由四個不同部分組成：軌道器（太空船部分）、橙色外槽，以及兩枚白色固體燃料火箭推進器，分別固定在外槽兩側。當軌道器的三台主引擎點燃，我們就會聽到轟鳴聲，由於引擎是以一個角度安裝在軌道器背側，而我們坐在它的頂端，因此我們感覺太空梭全體套組整個向前轉動約兩公尺。倒數到零時，套組反彈回到定位，於是一切又恢復垂直。航太總署使用一個高度技術性用詞來描述這整組運動：「彈撥」（the twang）。套組垂直後，固體火箭推進器立刻完美同步點燃，於是我感到我們彷彿被猛力彈離發射台。

我的腦海回顧閃現多年來經歷的所有準備歷程，一直來到被束縛固定在座位上等待發射的那一刻。接著我腦中閃現並想

到家人正看著，還有他們必然有什麼樣的感受。我很驚訝，我們竟然這麼快飛離發射台，踏上飛向太空之路。在那個片刻，我真正知道的是，我移動得非常、非常快。才過了八分半，我們就從靜止待在發射台上，加速到以每小時兩萬八千公里的速度航行（九倍於普通子彈的速率），這樣才能達到環繞我們這顆星球的太空軌道。我依然相當驚訝，人體竟然能在這八分半鐘期間熬過這般劇烈晃動卻依然保持完好無損。

我的第一次發射是在夜間，而且我是位於中甲板（太空梭駕駛艙下層），所以我沒有窗戶可以向外看。不過我的第二次發射是在白天進行，而且我是在飛行甲板上，我在那裡能從窗口向外眺望。白天光照下天空映現的蔚藍透窗射入——直到它消失為止。沒有任何培訓能讓我準備好面對發射上太空時身體和情感的變化，也沒有任何事能讓我預備好面對窗外視野竟然那麼快就從蔚藍到漆黑。見到這種瞬間轉變，幫助我認識了我們大氣層的那道藍線到底是多麼細薄。

我不只讚歎那種美，也讚歎保護我們的那條非常纖細的藍線所展現的力量。我也對太空梭的強大威力肅然起敬，因為它抵受住了推進凌駕地球重力所需的巨大力量，飛升遠超出藍色大氣保護層的密度之外，並安全穿越航向黑色虛空。到了那裡，我們的生存和保障，都變成完全仰賴太空船的細薄金屬船體，以及為我們創造的船內環境。

　　我真希望凡是想航向太空的人，全都能如願上太空並體驗窗外景緻。你會發現，每九十分鐘環繞地球一圈的眾多奇觀當中，其中一項就是每次你來到半途，每隔四十五分鐘左右，你就會看到美麗的日出或日落景象。倘若你有幸見到了晨昏線（terminator line）──夜晚就要轉變為白晝，或白晝轉為夜晚的地方──你就會看到黑暗與光明間的陰影邊緣閃過星球；在此同時，你也能看到勾勒出地平線的光，如何在太陽升起進入眼簾或者落入黑暗之前，轉變幻化出彩虹的所有色彩。

　　不論是否目睹轉為日出或日落的變換，有件事物你一定會先看到，那就是地球大氣層的細藍線所發出的光芒。見到星球寬度和大氣層細薄程度的對比時，我心中一陣震撼。大氣層看來彷彿只是裹住星球的一襲藍色薄紗。

　　從太空看到這一點，我立刻意識到，地球大氣的細藍線與太空船細薄金屬船體之間的相似性。不論是在地球上或是在國際太空站上，這些保護措施就是我們與太空致命真空之間的唯一屏障。

　　我們在太空中建立了一套生命保障系統，好讓人們能夠在那裡生活、工作。倘若乘員無法生存，任何事項也就完全無法進行──沒有科學、沒有維護、沒有日常操作；除此之外，系統還必須足夠強健，才能讓乘員茁壯成長。就像太空站，地球也是種閉環生命保障系統。若想讓它持續執行工作，我們就必須在它所含納的資源範圍內運作，而且我們必須妥善地維護這些資源，並兼顧其數量與品質，這樣我們才能生存。

　　拿地球的大氣層細藍線來模擬太空船的細薄金屬船體是個完美的比喻，而且我們維護國際太空站環境的方法，也正是我們在地球上該如何照著做的簡單實例。在地球這裡，我們往往把大自然的生命保障系統視為理所當然，卻忘了我們的星球就像一艘太空船。然而，為了在太空旅行中生存下來，我們就必須模擬這套系統，製造出可以相提並論的機械式系統，來供應乾淨的水、新鮮的空氣、舒適的溫度和合宜的氣壓等。

　　因此，在國際太空站上，我們特別能體認到，那層細薄金屬站體對我們的生存是多麼重要。每天每刻，我們都謹記心中，為求生存，我們就必須管理太空站上的所有資源，以及站體本身的完整性。每天我們都監看我們自給自足的大氣中二氧化碳和氧氣的含量，而且我們不斷留意站上寶貴空氣的供應，是否出現任何毒物；我們的地面任務管制團隊也不停幫我們監控這些資源，還有任何有可能撞上我們的已知太空碎片（而且我們也知道，某種未知物件也可能撞上我們）。

　　要想描述國際太空站金屬站體和地球大氣層的共同點，最簡單的做法就是說明，兩邊都容納了所有的好東西。缺點是兩邊也都善盡職責地容納了不好的東西，而且倘若裡面的東西變得實在糟糕，它們打算保障的生命，也就沒辦法生存了，而且細薄的保護層也可能受損。

　　在國際太空站上，金屬站體把空氣封在裡面，並保持可供我們呼吸的氣壓水平。站體出現裂縫，空氣就會逸出流入真空太空，這會對我們乘員造成嚴重傷害，不過太空站本身不見得

會嚴重受損。沒有氣壓時，不單只我們會窒息，我們的身體也會開始膨脹，構成我們身體大半成分的水，也會開始蒸發，我們口中的水分會從舌頭上沸騰揮發。我們的身體最終會凍結，不過我們並不會知道，因為我們已經死了。這可不是太空中的好日子。

在地球上，你有沒有想過，香氛蠟燭或油漆碎屑會對你的生存構成威脅？在國際太空站上，這些都是非常真實的威脅。我們會主動管理生命保障系統，兼顧站內、站外，竭盡全力來降低風險，不讓任何會觸發緊急警報的事件發生。國際太空站上的生命取決於環境的微妙平衡，必須時時維繫，杜絕影響空氣品質的內部威脅，以及危害太空船船體完整性的外部威脅。由於空氣完全由附屬於國際太空站的機器所製造，此外並沒有其他來源，於是這些威脅還進一步擴大，它的細薄金屬站體之外，就只有致命的太空真空。

在地球上，我們不時會把毒物帶進家中，因為有些用品經過了可能對我們造成傷害的化學物質處理。我們點燃香氛蠟燭、安裝新地毯、粉刷牆壁，還有噴灑除臭劑，這會導致一種稱為釋氣（off-gassing）的現象。釋氣是指空飄微粒物質或化學物質的釋出，這類物質稱為揮發性有機物（volatile organic compounds, VOCs）不過對我來講，有一項簡單定義最容易理

解：釋氣是「當一種材料把一種有潛在危害的化學物質（揮發性有機物）釋入空氣」。

儘管揮發性有機物名稱包含了「有機」一詞，卻不代表對我們有益，有機只表示這些化合物含碳。最大的問題是在於「揮發性」一詞，這是描述一種物質在常溫下多麼容易蒸發的一種形容方式。揮發性有機物的類別從無害到輕微刺激乃至於致癌，它們還可分為從無味到帶有強烈氣味，不過氣味強度不見得就表示一種揮發性有機物的毒性。個別效應互異，取決於揮發性有機物類別、在空氣中的濃度，以及暴露時間長度。

在太空站上，釋氣是多種材料遭禁用或只能最低限度使用的主要原因之一。為管理空氣品質，我們必須限制釋氣以免我們的太空站上發生所謂的「病態建築症候群」（sick building syndrome）。太空站上的大多數用品都不帶氣味。你會聞到的真正氣味，全都是從你自己、你的乘員夥伴、食物、垃圾散發出來……還有「太空味」（smell of space）。

當然了，出於危及生命的明顯理由，你不可能實際「聞到」太空，不過種種材料一旦帶進太空站，接觸到太空的真空，它們就會帶有一種獨特的氣味。就像看到我腳下那些流星，在飛上太空之前，也從來沒有人告訴我，會出現這種不尋常的氣味。每次有乘員太空漫步完畢回到氣閘艙，或者當我們第一次進入最近才停靠的航天器艙口時，我總是會注意到這種獨特的氣味。那種氣味並不難聞，只稍微讓我想起過熱的汽車散熱器發出的那種帶點甜的金屬氣味。

結果發現，稱為「太空味」的這種氣味根本不是太空味，而是氧化導致釋氣所造成的結果。在太空中，原子氧（單原子）可以附著在太空衣纖維、工具等材料，以及停靠的航天器艙口上。當這些單原子氧與艙內的大氣氧（O_2）結合時，它們就會產生臭氧（O_3），據我們所知，這就是產生異味的原因。

自從最早期的太空飛行以來，航太總署便想方設法來保護太空人免受釋氣材料的危害。不像地球上的建築物，太空船沒辦法引進新鮮空氣。就像所有太空船，太空站也是刻意打造得密不透氣，因此地球上我們在家中可以選擇開窗透氣，來到了太空站上，就不能這樣做了。

用來建造太空站內裝的任何材料，所有用來做科學實驗的組件，還有送上太空供乘員使用的任何物品（包括我們的衣物和衛生用品，甚至我的水彩工具包），都必須先接受評估，不只針對可燃性風險，還包括釋氣與對乘員的潛在毒性危害。

管理太空站內有毒大氣威脅的做法，包括主動限制哪些材料准予進入站內，此外，太空站的空氣系統還不斷過濾並「擦洗」空氣，來保持空氣清潔，同時也監測空氣所含成分（包括可呼吸空氣的必要成分，如氧和氮等，以及苯、甲醇和甲苯等有害的化學物質），以確保所有含量都處於對乘員安全的水平。倘若這些成分有任何一項超出健康範圍，警報聲就會響起。

相同的顧慮也存在於我們在地球的家中，而且為太空空氣品質監測器與過濾系統而發展的技術，如今也經修改來供家庭系統採用。這些如今才剛開始普及的系統，當能協助我們更容

易理解並管理我們住家與工作場所的空氣品質。就算我們平常都能開窗讓新鮮空氣流動，然而揮發性有機物在地球上帶來的威脅，也不會比在太空中來得輕微。而且就如同我們對太空船的處理方式，我們也可以選擇要帶哪些材料進入我們的住家。

此外還有一項從太空技術發展而成的有趣衍生產品，間接出自太空站上進行的作物生長研究，這可用來改善地球上的室內空氣品質。栽培那些植物的目的是要當成一個測試台，用來檢視一旦我們啟程前往火星生活，到時會需要做些什麼。從事這項調查的科學家注意到，一種自然生成的、稱為乙烯的植物荷爾蒙累積之後，會逐步摧毀密閉式太空站植物栽植艙內的植物。為解決該問題，他們開發並成功測試了一套在太空中使用的乙烯移除系統，而且它也能移除植物栽植艙裡的病毒、細菌和黴菌。接著商務公司採用那種系統來淨化地球上的空氣。那項技術目前被全球醫院與其他醫療設施用來移除有害微生物和細菌，從而改良患者呼吸的空氣品質，也用在美食餐車與生鮮雜貨店來延長庫存期限，還有用在酒窖以減少黴菌；它還被用來清除空氣中的黴菌、白黴、微生物以及我們住家等日常起居環境的不快異味。[1]

太空站靠細薄的金屬站體把整個生命維持環境容納在內，而站體的主要外部威脅是微流星體以及軌道上的碎片。[2]航太總署愛用縮略字，就連有可能撞上我們太空站的東西也一樣，所以我們稱之為MMOD。

MMOD代表微流星體軌道碎片（micro-meteoroid orbital

debris），裡面混雜了數百萬自然生成的微流星體以及太空中的人造碎片。就一方面，微流星體似乎非常酷炫，因為它們根源自外星，這表示它們是來自外太空，並依循繞日軌道運行。倘若有顆微流星體與地球軌道相交，還進入了我們的大氣後墜落地表而沒有燒光，那麼它就稱之為微隕石（micro-meteorite）。就另一方面，微流星體也不是那麼酷，因為就像我從國際太空站窗口見到的那顆流星，它們撞上我們太空船的風險，始終是存在的。

此外，太空中人造碎片的威脅也愈來愈嚴重，這一般都稱之為「太空垃圾」（space junk）。太空垃圾種類繁多，從火箭、太空船和衛星的部件等大型物品到從這些航天器剝落的油漆碎屑等微小碎片。所有這些還沒有重返地球大氣的垃圾，都在外面與我們以及我們的太空船一道繞地運行。倘若軌道對齊了，我們就可能遭撞擊。以每小時兩萬八千公里運行，就算一片油漆碎屑都可能造成損壞。

在地球這裡，好幾個科學與軍事組織都投入偵測、追蹤並編目登錄太空中的垃圾。就美國而言，這項職責主要由隸屬美國太空軍的美國太空監視網（US Space Surveillance Network）負責。進行這項偵測、追蹤和編目的工作時，這些組織也同時監視有可能對我們太空船構成威脅的一切事物。他們追蹤超過兩萬三千個約大於十公分的已知人造碎片，都環繞我們這顆星球運行。這些都是尺寸夠大，能夠追蹤的碎片，然而估計迄今還有超過五十萬片大小介於一到十公分的物件是無法追蹤的。

值得慶幸的是，地面雷達可以識別小至零點三公分的物件，即便科學家無法追蹤，不過起碼他們能估計較小碎片的總數。這類碎片大半在距離地表兩千公里的高度繞行，那處範圍稱為低地球軌道（low Earth orbit, LEO），也是許多衛星的棲身處所，包括國際太空站。（國際太空站在地表上空三百七十到四百六十公里的高度範圍繞軌運行。）

由於地球周圍有這批繞軌碎片，火箭發射時要穿越這批碎片並安全抵達太空，就必須審慎斟酌發射的時間和地點。就美國航太總署的發射作業，一群號稱飛行動力官（flight dynamics officer）的工程師負責研擬出一道「發射窗口」（launch window），為火箭發射訂定安全時機。他們計算時間窗口時根據兩個首要判別準則：火箭必須來到太空的哪處地方（好比停靠進一個太空站，或者把一輛漫遊車降在火星上），以及沿途可能出現哪些可追蹤的碎片或其他航天器擋道。

除了追蹤MMOD之外，我們在國際太空站上還有特殊防護來幫忙保障金屬站體安全，而且我們能根據地面的追蹤輸入，更變太空站的軌道高度，來避開潛在衝撞。遇上最糟糕的情況，我們還可以躲進我們的聯盟號宇宙飛船（俄羅斯太空艙，同時也是我們的救援載具），倘若受碰撞的威脅極可能成真，我們就可以返回地球。（航太總署和我們的國際合夥機構已經就何謂「極可能」的判別準則達成共識。）

不可否認，這些威脅都非常真實，而且我們也必須積極予以管理。不論如何，所有措施都已經準備妥當，動用最好的資

訊與技術，來管理威脅乘員生存的風險，不論是空氣含了毒物或者站體出現破洞。

　　考慮一下地球大氣層細藍線這個比喻。就像國際太空站的站體，我們的大氣層也把氧氣和其他好東西束縛在裡面，並將危險的輻射約束在外面。倘若細藍線遭受嚴重破壞，地球仍會存在，不過我們的星球就不再能保障生命——任何生命。

　　高空大氣層有層透明且具保護作用的臭氧層。臭氧（O_3）是種具有高度反應活性的氣體，由三個氧原子組成。臭氧是種人工產物，也是能自然生成的分子，見於地球的平流層（stratosphere，高空大氣層）和對流層（低層大氣）。臭氧位於大氣層中的**何處**，對地球上的生命具有非常不同的意義。高空大氣層中的臭氧對於我們的生存，以及對於住在陽光照耀地球上的其他所有物種的生存而言，都是不可或缺的，然而倘若臭氧出現在低層大氣中，那就是有毒和有害的。

　　平流層所含臭氧，對我們和對地球來講，就像一層天然的防曬屏障。我們的高空大氣層缺了這道防護層，太陽危害生命等級的致癌紫外輻射就會直射位於地表的我們。一九八〇年代中期，科學家長期在南極洲上空進行監測的這層透明防護層變得異常稀薄。過沒多久，透過航太總署衛星的彩色影像，我們獲得了一張清楚顯示後來所稱的「臭氧層破洞」（ozone hole）

的照片——我們行星太空船的「大氣層船體」細藍線出現了一個破口。

促成發現這種臭氧層缺損的科學，後來也促成了《蒙特婁議定書》（Montreal Protocol），截至本書撰寫期間，這仍是保護這顆星球上生命的最成功國際合作範例。它已經獲得最高科學榮譽的認可，包括諾貝爾化學獎，於一九九五年頒發給保羅·克魯岑（Paul Crutzen）、馬里奧·莫利納（Mario Molina）和舍伍德·羅蘭（Sherwood Rowland）三位博士，表彰他們的大氣化學研究成果，特別是關於臭氧的形成與分解。

他們的成果提供了直接證據，確認人類活動對我們的大氣層完整性造成的破壞性影響：他們確切表明了氯氟烴（chlorofluorocarbons, CFCs）的使用，會耗盡高空大氣層中保護生命的臭氧層（氯氟烴是日常生活中廣泛運用的氟氯烷與氣溶膠，具有形形色色的用途，好比製冷），而機動車輛與其他燃燒系統所造成的污染，則會在低層大氣中產生有毒臭氧。

莫利納博士是位墨西哥化學家，也是一九九五年那晚的諾貝爾獎得主之一，他一生從事科學探究，在二〇二〇年十月過世之前，始終致力應用所學來為解決我們這顆星球所面臨挑戰提供支持。二〇〇四年，他在故鄉墨西哥城（接著二〇〇五年在加州大學聖地牙哥分校〔UC San Diego〕）開設了馬里奧·莫利納能源和環境策略研究中心（Mario Molina Center for Strategic Studies of Energy and the Environment），以發揮媒合功能，促成科學、公共政策和企業部門之間的交流，協力解決

環境和能源問題。

到了晚年階段，氣候緊急情況成為莫利納博士日益關注的領域，此外空氣品質和空氣污染等相關議題，也都成為他的矚目焦點。莫利納延續他的諾貝爾獎獲獎研究，重點關注同樣是強大溫室氣體的氯氟烴替代品：其中有些造成星球暖化的速率，數千倍於二氧化碳，好比氫氟烴（hydrofluorocarbons, HFCs）和海龍（halon）都屬之。[3]他是《蒙特婁議定書》好幾項修正案的背後推手，促使逐步淘汰了這些替代化學用品，也進一步增強了對我們星球生命保障系統的防護。

莫利納博士本人便曾說：「我們決定不只與其他科學家交流氯氟烴／臭氧議題，也要和政策制定者以及新聞媒體溝通。我們意識到，這是確保社會能採取行動來緩解這個問題的唯一方式。我深感欣慰，心懷謙卑，我所做的，不只對我們的大氣化學知識作出貢獻，還對全球環境造就了深遠的影響。」[4]

就莫利納博士去世的消息，德伍德・澤爾克（Durwood Zaelke）作出了回應。澤爾克是總部設在美國的治理與永續發展協會（Institute for Governance and Sustainable Development）的會長，曾與莫利納合作敦促各國政府對氣候問題採取行動。他說：「《蒙特婁議定書》解決了第一項對全球大氣的重大威脅，對於解決下一個威脅——氣候威脅——方面也比包括《巴黎協定》（Paris Agreement）在內的其他任何協議都做得更多。逐步淘汰氯氟烴和相關含氟氣體，對氣候暖化的防治效果，超過如今二氧化碳所造成的影響。馬里奧始終深入參與直

到他最後的日子。」[5]

當初墨西哥化學家莫利納和加州大學爾灣分校（UC Irvine）化學系主任羅蘭敢講出他們的發現，是需要勇氣的。製造和使用氯氟烴的企業，就此發動強力反擊，甚至連科學界都有些人唯恐捲入爭議而與他們劃清界線。

自從一九二〇年代晚期發現以來，氯氟烴已經在全球範圍內廣泛運用於噴霧罐等消費品，並當成冷媒來使用。由於氯氟烴不可燃，而且對人類無毒，於是它們成為非常受歡迎的物質。不過正如莫利納和羅蘭所發現，氯氟烴釋出後會上升許多公里，進入地球大氣，而且一旦進入平流層，它們就會在陽光照射下分解，形成氯原子，並摧毀保護層中的臭氧分子。（只需一顆氯原子就能摧毀十萬顆臭氧分子。）

經過了十三年的倡導，莫利納和羅蘭加上來自科學界、非政府組織以及媒體和大眾的許多支持者才促使世界作出反應。《蒙特婁議定書》在一九八七年九月十五日正式通過，這項國際協定落實禁用人造氯氟烴，也是迄今唯一得到地球上所有國家——聯合國全體一百九十七個會員國——一致認可的聯合國條約。結果全球97%會破壞臭氧的化學物質都已被汰除。儘管南極洲上空的臭氧層破洞在每年九月依然會綻開，不過情況有了很大的改善，料想約到二〇五〇年某段時期它就會消失。

聯合國前秘書長科菲·安南（Kofi Annan）描述《蒙特婁議定書》是「迄今唯一最成功的國際協定」。[6]這是為因應全球威脅促成國際合作的一項令人欽佩的事例，不像晚近的其他國

際協定，它不只約束各國起而行，還納入了協助他們投入實行的財務條款。就像我們在國際太空站所見的科學平台和國際合作，《蒙特婁議定書》也提出了證據，表明全球規模的有意義合作是可能辦到的。在美國，雷根（Ronald Reagan）總統發揮領導作用，帶頭宣導《蒙特婁議定書》與禁用氯氟烴，而且他還扮演指導航太總署建造國際太空站的關鍵角色。[7]

禁用氯氟烴的結果令人覺得很有指望，有時卻也令人費解。很有指望的原因是《蒙特婁議定書》無疑是個成功的合作事例，也促使在大規模減少氯氟烴使用方面取得重大進展，並繼續朝向在本世紀晚期完全消除使用氯氟烴的目標前進。至於令人費解則是由於科學家發現，即便臭氧層已經有所改善，大氣的整體成分依然處於危險之中。

藉由研究氯氟烴等人造化學物質的作用，以及那些物質與大氣的交互作用，我們已經更有辦法了解，其他化學物質與人類行為如何與我們的整體環境互動。我們生活在對流層，這裡是地球的低大氣層，也是臭氧從保護屏障（如同在高空大氣層的情況）轉變成一種威脅的地方。臭氧在對流層是種有害的空氣污染物質，也是《空氣淨化法》（Clean Air Act）確認的六種常見空氣污染物之一，會危害所有類型的細胞。臭氧是煙霧所含的主要成分，吸入時，臭氧會損害肺臟組織，而這也就是多數已開發國家之所以每日實時監測（並通報）空氣品質的一項理由。[8]臭氧是污染物在陽光下的反應產物，而這些污染物則是來自汽車、發電廠、工業鍋爐、冶煉廠、化工廠與其他源

頭的排放，同樣這些污染物也是氣候變遷的主要禍首。

臭氧耗竭會影響氣候，而氣候變遷又會影響臭氧。《蒙特婁議定書》的成功施行，對氣候變遷產生了顯著的影響，這是湧現希望的起因。氯氟烴耗竭的故事促成了《蒙特婁議定書》，證明了有效的環境行動**可以**在國際層面採行，來解決我們最重大的環境問題。

空氣、海洋、陸地和太空都是相互連結的，棲息在這些地方的所有生命也都如此——所有生命都被包納在細藍線以內並受它的保護。當氯氟烴對這顆星球的某一部分大氣層造成破壞，全球也同受影響，相同道理，對地球任何地方的整體性與健康產生負面影響的任何事項，也都會影響到整體。只因為我們可能沒「見到」那種影響，並不代表它就沒有發生。

雖然我從太空站這個有利位置看來，空氣、海洋、陸地和太空的相互連結性是顯而易見的，不過我很高興，從地球上的經驗，我也發現了這相同的相互連結的感受。

二〇一九年，我的家人和我依照往例前往曼島（Isle of Man）旅遊，那是座美麗的小島，位於英格蘭和愛爾蘭之間的愛爾蘭海（Irish Sea）中央，島上有連綿起伏的綠色山丘和中世紀城堡。倘若你對那座島嶼真有些認識，或許是因為那裡的旅遊者杯摩托車賽事（TT Motorcycle race）、無尾貓，或者領

導群倫的全球金融中心的名聲。我在一九九〇年代中葉認識我
丈夫之前，對那座島嶼全無認識，如今那裡已經成為這顆星球
上我最愛的地方之一，也是我的公公婆婆（這顆星球上我最喜
愛的兩位）如今依然定居的地方。

　　除了儷人美景之外，長遠以來，曼島都是個先進革新、百
折不撓的地方。二〇二〇年，島上居民慶祝國會政體在立法機
構「廷瓦爾德高級法院」（High Court of Tynwald）領導下綿
延一千零四十一年。該島格言「任憑你如何拋棄我，我依然站
立」（Whichever way you throw me, I will stand），可以追溯至
公元九七九年的維京時期。那裡是全世界最早賦予女性投票權
的地方──比英國早三十七年，也比美國早了三十二年。

　　這次前往曼島，我結識了蘿玫·亨索恩（Rowan Hen-
thorn），她是位海洋學家和海洋保育倡言者，此生二十七年無
不住在這座島上，她在曼島政府工作，擔任氣候變遷研究員暨
生態官。二〇一八年，她加入成為第一次「全女性遠征」
（eXXpedition）北太平洋任務的團員，前往我們所稱的「太平
洋大垃圾帶」（Great Pacific Garbage Patch）。[9]我透過社群媒
體從遠方持續關注這些經常性的全女性遠征海上航行，其目標
是「提醒關注一次性塑膠和毒素對世界海洋環境與健康的毀滅
性衝擊，並提出解決方案，讓隱匿的被看見」。

　　就像多數人，當我第一次聽到這個名叫太平洋大垃圾帶的
地方時，我想像那是一座大型垃圾浮島，尺寸甚至可能有曼島
那麼大，漂在海洋表面。我的想像還不夠有想像力，因為儘管

不是個真正的島嶼，垃圾帶的大小估計為德州的兩倍——約為曼島面積的兩千五百倍！不論如何，我想知道我從太空上能不能看到它（我不能）。實際上，這些斑帶大體上都是看不到的。從正上方飛過或航行穿越，你完全不會見到一座垃圾島，只看到海水有些混濁還有較小團漂浮的垃圾。這就是為什麼把它描述為「海洋煙霧」（oceanic smog）會比形容成一座島來得恰當。這些垃圾斑帶位於太平洋中，我們看不到，因此往往也把它拋在腦後，不過它們帶來的問題，完全不會就此減輕。

海中有多少塑膠並不容易估算，要想清理也很困難，況且大部分垃圾碎片還非常微小——也就是所謂的「微塑膠」，於是情況就變得更複雜了。**億萬片**微塑膠與較大的碎片，好比廢棄的漁具、漁網，以及其他較大型的垃圾品項混雜在一起。接著這一切便隨著稱為「環流」的渦漩洋流跨海移動。因此，這些垃圾不只是海洋表面的問題，還分佈到整個水柱當中。目前已經發現，微塑膠污染了已探測的最深海域（以及最高山脈的頂峰）。

我發現自己很難理解，有這樣數量的微塑膠滲入我們的各大洋。我見過科學家建立種種模型來表示有多少衛星和多少太空垃圾環繞我們這顆星球，這對我來說已經夠難理解了，不過比起海洋中數百萬倍數量的塑膠，那又相形見絀了，那對我來說根本無從理解。

蘿玟和我談起她如何許諾要有意義地分享她的經驗，要把她參與全女性遠征行動、在這片塑膠汪洋中航行的經歷，帶回

老家讓她的島民同胞有如親身體驗。她同時在政府與草根層級下功夫，努力起草曼島的政策方針，兼及塑膠和對氣候變遷的反應，期望能喚起關注並推動島上與島外生活品質的永續改進。她還幫我意識到，曼島上出現了為數驚人的積極環保與永續舉措。

我問蘿玫，倘若垃圾帶實際上是一座漂浮在洋面的巨大塑膠島嶼，她是否認為民眾會更有意願採取行動。

「他們已經認為就是這樣了，所以我不確定會不會有更大的反應，除非島嶼是浮在他們自家後院。」接著她聲音中多了幾分興奮，補充說道，「當你待在它裡面，眺望周遭一片藍色水域，眼睛所見的範圍全都是藍的。是的，有許多能夠辨認的塑膠物品飄過船隻，不過大致來講它都是藍的。直到你在水中放了一張網，你才意識到自己是被億萬微小的塑膠碎片包圍。

「在我看來，那比一座塑膠島還可怕得多。從某個方面來看，塑膠島似乎是可以控管的——可怕，不過是可以控管的。因此『讓隱匿的被看見』才那麼重要。我希望這能幫助民眾了解，要解決這樣的問題，起點是在陸上，從我們的行動開始。沒有什麼靈丹妙藥可以很快把塑膠從海中全部撈走。我們必須改變我們的系統和我們的行為——我們必須關上水龍頭！」

你會認為旅行上太空或者跨洋航行三千英哩能讓你真正「遠離」，結果卻沒有。

誠如蘿玫所述：「沒有『離開』這回事。」

對我們來講沒有「離開」這回事，因為不論我們去哪裡，

就算去到偏遠地方，我們依然會經歷我們人類行為造成的影響，我們行為的證據，藉由不會消失的事物，好比海洋中的塑膠，呈現在我們眼前。這一切都是節節貫串的，我追根究底，這全都是種相互連結性，產生自我們周遭的一切事項：我們住在一顆行星上，周圍有隱匿的微流星體軌道碎片，受到大氣層的細藍線保護，而大氣層環繞並含納空氣、陸地和海洋，以及棲居這些地方的生命，甚至也包括瀰漫我們海洋的微塑膠。這些全都彼此連結，而且這一切都以某種方式影響了這顆星球維繫生命的能力。

就像從太空看地球賦予我嶄新的視角，來審視我們是誰、位於何方——我們都在這顆共享的星球上一起生活；離開曼島前往太平洋偏遠角落，也賦予蘿玫類似的新視角。這讓我很開心，理由有很多，包括驗證了你不必搭乘太空船離開地球，也能領略我們在這顆星球上身為地球人的一體性。我們談到，有機會前往非凡地點親身體驗，能發揮的影響力，讓我們相當驚訝，因為它們開拓我們的視角、讓我們對於家園有更廣大的感受，還提醒我們，我們都一起住在一顆星球上。

我問她，在海洋中央的一艘帆船上，是否讓她更真實地感受到我們確實生活在一顆星球上。

「是啊，」她說，「我想特別是晚上我躺在舖位時，因為這時我才真正能細想自己在哪裡。星辰令人不敢相信，被宇宙包圍真的讓我想起了我們航行跨越的星球。我經常躺在我的舖位，有點像是在腦海中拉遠，然後一步一步地繼續拉開，想像

這渺小一船上的女孩們飄洋過海。這感覺起來很宏大，因為就某層意義來講，我們是航行跨越海洋並一天二十四小時不斷高速移動。我的世界感覺起來也很渺小，因為你會意識到，你有可能就在海洋中央，而你的『世界』卻不過周遭區區五公尺的洋面。而且整體來講，實際上在這樣一個相連的世界裡面生活，讓它感覺起來很渺小，感覺就像你真的有潛力與世界各地的民眾連結在一起，這令人很振奮！」

蘿玫的一則評論讓我想起了國際太空站──就在這裡，我們與夥伴國家建立起的關係，帶來了如此巨大的成功；就在這裡，我與乘員們建立起的關係，也讓我獲益良多──她說，全女性遠征行程「是最不可思議的冒險。不過實際上，當中一件真正特別的事（甚至是唯一最特別的事），就是結識來自全世界的女性，建立起一種人際關聯，探索一項問題，一起思考並討論解決之道，並且釐清身為個體，你該納入那道謎團的哪一處位置。那是一件如此真實又美麗的事情。」

我問她，會不會把她經驗中的任何事情視為地球升起時刻，這時她回答道：「我喜歡這樣想，走過生活時，你會有許多地球升起時刻，因為你的世界是不斷改變的。我最近一次的地球升起時刻或許就是意識到，多支持自己一些是沒關係的，還有就是意識到，唯一認為你辦不到某件事情的人，或許就是你自己。花時間與所有那些了不起的女性共處，幫助我意識到了這一點。」

蘿玫從她對自己的認識進一步引申並補充說道：「我回到

島上，心中重新意識到，我們能怎麼做來保護我們共同生活其中的這顆星球。我意識到，許多人都踏上了相同的旅程，而且真的，我們都完全付出，無時無刻不盡己所能。我想，想通了這一點，幫助我更慈悲地對待我自己以及其他人，而這真的很重要，特別是關於促成正向環境變遷的相關事項。」

太空人離開地球上太空時，我們心裡全都明白，自己啟程離開星球，任務是為了支援太空計劃。我們信任這項任務，因為它建立在為實現更大福祉而求知的基礎上，它承認我們人類需要挑戰自己並投入探索，而且我們這樣做，是為了造福地球上的生命。甚至在出發之前，我們也都知道，這會成為一次改變人生的經歷。結果我們各個都發現了自己的個人使命，於是我們都肩負使命回到地球，也帶回了分享這趟經歷的需求，接著就是採取行動，也激勵其他人採取行動。出海與船員投入執行全女性遠征的使命，也對蘿玫發揮了相同的作用，我想這可能就是為什麼我對她有這般親和感受的原因。

不論我們身處何方，在太空中、在海上或者在家裡，我們多數人都想知道，我們本身所做的一切事情，是如何對我們周遭的重大問題，產生有意義的影響。

「是啊，」蘿玫回嘴，「**我能帶來什麼改變？七十億人說。**」[10]

「哇！」我笑著說，心想這話裡的道理是多麼簡單，卻又如此明顯，而且是如此有力。

接著她繼續說：「我想，倘若我們全都意識到，所有人都

能付出重要的貢獻，那麼我們已經解決了世界上的許多問題。」

　　我同意我們都有必要了解，我們每個人都有能力協助改善生活。我們又針對這點更深入討論，蘿玟指出，我們每個人對自身能力的懷疑，島上全體居民也感同身受，而且這或許就是為什麼，當我們想到還要為一顆星球克服種種挑戰之時，會感到那麼不知所措。

　　「我認為，當你住在一座小島上，你要面臨的一項風險就是認為自己太渺小，無法帶來什麼改變。」蘿玟表示，「不過事實上，一座小島，就代表有機會迅速改變並能很快適應，所以這就為新的環境友善理念與舉措提供了一個很好的試驗台，而這些就很有可能有助發現解決方法，來應付我們所面對的全球挑戰。」

　　蘿玟告訴我，回到島上之後，她的最大挑戰之一，就是要想辦法以一種能與她的島民同胞相連結的方法，來分享她那趟了不起的全女性遠征經驗，從而得以推動有意義的改變。這聽起來是那麼熟悉——從太空回來之後，我也有相同的感受。

　　「在海上度過的那一整段時間，讓我意識到，這些問題的解決方案，其實是從陸地開始的。所以當我回來之時，我真的熱切想要起身嘗試，在當初啟發我的那座島上創造出一些正向的環境改變。我很幸運，曼島政府在他們的環境團隊中，為我安排了一個職位，致力在所有政府部門和更廣大的社區中減少塑膠。」

　　蘿玟儘可能接觸島上的民眾，她採用的一項方法是辦理社

區座談。然而她發現，自己對這個主題所感受的熱情，不見得會轉移給她的聽眾，這讓她認為，或許是太過關注問題的科學層面，對在全女性遠征期間的情感體驗還呈現得不夠。為尋求幫助，她前往一處靜修場地，待在那個靜思、感受與連結的處所，探索人類對氣候危機的反應。

我從太空回家時，也感受到相同的挑戰，並回想起一項發現是多麼有幫助，那就是，關於自己的親身體驗，我們分享的故事，就能讓我們最好地與他人連結起來。人們想知道有關我太空飛行經驗的事項，是那些能幫他們自己與那次經驗建立起關聯性的事項，唯有這樣，它的科學才會變得對他們很重要。

「現在，在我的談話結束時，我只想努力保持真實，」蘿玫表示，「我完全承認，這些都是宏大、可怕的問題和題材〔氣候變遷、一次性塑膠〕，於是我鼓勵聽眾花點時間感受那樣的感覺。

「我告訴人們，這沒關係，有情緒化反應，對它有感受是好的。我不會嘗試把它大事化小或提出沒有充分感受的解決方案，但我會嘗試鼓勵人們運用他們心中的任何感受，一般是害怕，來點燃他們胸中那股火焰，來協助激發行動並產生出能以比較永續方式來向前進步所需的改變。來真正感受到它，來在你胸中和你心中真正感受到它，並接受它有可能讓你感到有點厭煩或不安、或是生氣哀傷。但你就是必須嘗試，不要任憑那些感受將你癱瘓而無所作為，而是真正成為激起你行動的火焰，接著你就會找出與你相關的解決方案。」

二〇一七年，蘿玫創立了「維繫我們的海洋」（Sustain.Our.Seas, S.O.S），這個非營利組織旨在從社區層面，引領民眾重新認識他們身邊的大自然。她認為：「要想創造改變並提高對我們眼前環境挑戰的認識，關鍵就在於協助民眾重新與大自然產生連結。有了維繫我們的海洋，我們就比較會專注於更具有創意的計劃，好比藝術展覽和沉浸式海洋體驗。我認為，一旦你與自然界的點滴建立關聯，人們就會有充分關切來思考它所面對的環境挑戰。這會變得較為切身相關，接著就能養成在他們自己生活中創造出正向改變的能力。」

她的政府工作也一直關乎將政府與整體社區連結起來。「我們有永續發展專責人員，負責在各政府部門推動正向改變，到了二〇二一年，我們希望能移除整個政府所有的非必要一次性塑膠。」

「我會來看看情況如何。」我說。

蘿玫表示歡迎，接著繼續描述政府如何發展出一項社區塑膠計劃，重點在於嘗試減少全島企業、家庭和活動中的一次性塑膠。

「就那項計劃的一部分，最近我們成立了一個『曼島無塑膠工作組』（Plastic Free Isle of Man Working Group），延攬了許多對這項課題滿懷熱情，並擁有豐富相關知識的了不起的非政府組織和企業。我們希望合作分享資源，並採行整體而言更具凝聚力的做法，來解決全島的一次性塑膠使用問題。」

蘿玫舉了個例子：「國家體育中心（National Sport Centre）

全力參與政府的塑膠計劃，目前已經廢用了濕器材塑膠袋，以及更衣室使用的塑膠鞋套。」蘿玟估計，這項改變就相當於「每年移除約一萬多件塑膠製品」。而且島上的大型活動，好比旅遊者杯摩托車賽、廷瓦爾德日博覽會（Tynwald Day Fair），以及飲食祭（Food and Drink Festival），絕大多數都已禁止攤商使用一次性塑膠。島上各處都設了補水站，包括學校裡面，於是塑膠瓶用量減少了，換上可重複使用的替代品，也讓民眾普遍考慮改採其他用品來取代一次性塑膠。

———— 🜨 —— ☾ —

自從維京時代以來，曼島人就不斷應付具挑戰性的問題。我認識的所有島民都能真正珍惜他們領受的自然之美與豐盛恩賜。對許多人來講都是如此，就像蘿玟和我的公公婆婆，他們都在島上出生，也選擇待在那裡，還有來自其他地方，並在島上安家定居的人，以及另一些人，就像我丈夫，他們搬離曼島，不過不管他們做什麼，都會考慮這座島的好處。他們一直在努力為島上人民、為環境和經濟，同時也為這顆星球尋找永續解決方案。

我已經迷戀上了那座島嶼的美麗，也珍視它的許多相關事物，好比它是歐洲排名第一的暗空天文學（dark sky astronomy）處所。該島區區五百七十二平方公里範圍內，就有二十六處專屬暗空地點。晴朗夜裡，我會仰望納悶，**天上怎麼會有那麼多**

星星，而我卻看不見眼前那隻我自己的手？

曼島是擁有極致自然之美的地方，同時它還享有世界級金融中心的美譽，此外我還發現，這座小島社區竟然擁有世界知名的技術專長，令人感到十分驚喜，甚至大受震撼。

曼島是羅納德威飛機公司（Ronaldsway Aircraft）的總部所在地，這家公司專門製造高性能軍機的彈射椅，供應世界各地九十三國空軍使用（包括我當太空人時飛過的 T38 教練機）；那裡也是另外好幾家企業的所在地，包括曼島人精密光學公司（Manx Precision Optics）的總部，這家公司手工打造最高品質的航天器（包括火星漫遊車）用光學器材；以及為國際太空站（之前也為太空梭與阿波羅計劃）製造、供應關鍵組件的世偉洛克公司（Swagelok）。曼島是全世界最早的 3G 通訊試驗台，也是衛星通訊與商務太空飛行業的領導者（其中為全世界超過四十億民眾提供頻寬服務的曼島衛星群最為人所稱道）。

就像國際太空站，這是一項燦爛的技術傑作，卻大半時間都只是載著它的國際乘員，在人們視線之外默默地飛越太空，和平、成功地共同合作，來改善地球上的生活；而小小的曼島則是顆寶石，卻大半都默默地隱匿在愛爾蘭海中央，那處社區的民眾和平、成功地致力於永續保育，並因應他們在地球上的位置，和諧地發展他們的環境和經濟。

所有這些都在說明，得知曼島在二〇一六年獲授予**全國完整**納入為聯合國教科文組織生物圈（UNESCO Biosphere）保護區的唯一國家時，我絲毫不感到驚訝。這是聯合國教科文組

織生物圈計劃五十年歷史以來，第一次有個國家能完整獲授予這項殊榮。本書撰寫期間，曼島依然是唯一全國獲授予這項殊榮的國家（總計超過一百二十五國共七百多處地方被納入生物圈保護區）。

聯合國教科文組織（全名：聯合國教育、科學及文化組織）在一九七〇年成立了生物圈計劃，附屬於該組織的人與生物圈（Man and the Biosphere, MAB）計劃。生物圈計劃起初專注以實驗嘗試尋找解決方案來保護陸地、海洋和物種。計劃在一九九〇年代中期擴充，把經濟、文化、遺產和社區等指定領域也都納入保護範圍，這對曼島來講可說是正中下懷，特別是考量到，即使在獲授予生物圈殊榮之前，曼島早就許諾保育它令人讚歎的景觀、野生生物、文化、遺產和社區，並採行能支持環境並提高本地人對該島為什麼那麼特別之認知的方式，來發展它的基礎建設與經濟。

曼島人英文寫作「Manx」，代表這個小島國家的八萬五千人口，他們藉由漁撈和農耕，與海洋和陸地都建立了強烈的文化連結，因此他們自然而然能夠體認彼此之間以及對自然資源的仰賴關係。他們了解本身資源的有限性，也知道他們與周遭世界的相互依存關係。作為一個獨立國家，他們與大不列顛建立了和平與成功的關係（曼島是皇家屬地，隸屬不列顛群島的一部分），與世界上的其他國家也都如此。

聯合國並沒有要求他們這樣做，不過曼島決定把它的生物圈活動交由環境、食品與農業部（Department of Environment,

Food, and Agriculture, DEFA）來管轄，因為曼島人相信，藉由政府與社區的這種整合，可以實現高速進展。同樣地，從兒童教育和社區活動到島上的金融和科技公司所制定的政策等一切事項，也全都被運用來施行以生物圈理念為本的新策略與政策，也就是推廣在生物多樣性保育與其永續利用之間建立起協同作用的解決方案。

島上的童軍組織與聯合國教科文組織合作設計了第一個生物圈童軍徽章（Biosphere Scout Badge），為此，童子軍必須完成與聯合國十七項全球永續發展目標（Sustainable Development Goals, SDGs）相關，且旨在讓世界變得更好的使命。因此，島上童軍發起或參與植樹活動、收集貢獻食物銀行、清潔沙灘，並研究鯨魚的尺寸與活動。所有這些全都是童軍原本就可能會進行的活動，不過現在他們的行動則是基於一項認識，那就是他們在島上的作為，能產生一種正向的全球影響。像海灘夥伴（Beach Buddies）這樣的環境及社區組織，已經在國際舞台上獲得認可，稱許他們令人敬佩的海灘清潔計劃，該計劃召集了島上兩成以上的人口，致力清除海灘上的塑膠，還有就學校和社區的對外擴大活動方面，這些活動逐步改變對垃圾和塑膠的心態，也漸漸影響了政府和社區的塑膠使用政策。舉例來說，曼文德茶飲公司（MannVend）採用百分之百可堆肥分解的原料來生產它所有的零售與飲宴製品；而畢馬威會計公司（KPMG）等金融業公司，則已經共同許諾到二〇三〇年轉換為使用百分之百的可再生電力。

曼島政府持續評估與生物圈理念有關的政策。即便在獲指定為生物圈之前，曼島便已建立了寬廣的海洋自然保護區，將超過五成的近岸水域，以及超過一成的整片領海，指定為保護區，致力於保育物種與棲息地，讓它們能夠恢復生機，並支持永續漁撈作業。同時經由「捕撈垃圾」（Fishing for Litter）計劃，漁人現在積極參與海洋垃圾清潔作業。秉持聯合國政府間氣候變化專門委員會（Intergovernmental Panel on Climate Change, IPCC）的建議，政府許諾在二〇五〇年實現淨零碳排放，而且基於政府的支持，蘿玟和她的同事能向前推動她們實現無塑膠島嶼的工作，並發展出一項氣候變遷應對計劃，來達成這些目標。曼島生物圈認證幫了這項工作的忙，並提供一個平台，來展示這些做法和其他眾多革新途徑所得成果。

所有這些舉措的目標，都是要為曼島開創能永續發展的未來。此外，文化藝術社區，文化曼島（Culture Vannin，曼島的遺產基金會）有一位支薪實習生，從事一項令人振奮的計劃，稱為曼島綠色足跡（Mann's Green Footsteps），使用創新手法與影響深遠的採訪、影片以及其他藝術項目方案來追蹤曼島的生物圈之旅。自從二〇一八年以來，曼島生物圈團隊都向致力於提高能源、經濟、環境和教育永續性的組織和個人頒發年度獎項，二〇一八年獲獎單位之一是總部設在曼島的全球保險公司蘇黎世國際（Zurich International），他們獲獎的理由是整體營運都奉守整合永續策略。他們的核心事業體已經把辦公室中使用的一次性塑膠與用後拋棄的杯子全部淘汰，並購買辦公室

電動自行車供本地交通使用，還大幅減少了列印需求。蘇黎世國際常態舉辦員工網路研討會，探究氣候變遷對策並為員工提供碳足跡計算機給使用。他們還參與社區倡議措施，舉辦公司主導的「蘇黎世森林」（Zurich Forest）植樹活動，以及海灘清理活動，並支持本地慈善機構。我愛底下這段簡單的聲明，出自該公司針對其生物圈成就所拍攝的影片：「我們的島，我們的星球，我們的責任。」完美。

在曼島民眾看來，聯合國教科文組織的生物圈理念都是關乎他們如何管理島上的一切，而他們知道，這些事項讓那裡成為一處特殊的地方。這不僅只是盡力做他們能做的事，而且是保持他們的景觀、自然、文化、遺產和經濟繁榮所必須做的事項。這就是我們所有人都可以做的事情，不論我們住在哪裡。我們可以在我們的生活中作出必要的改變，並參與一項運動來鼓勵我們的乘員夥伴，也在他們的生活中作出必要的改變，這樣我們的行動就會擴散普及整艘地球號太空船。

我希望，當我們的兒子羅曼帶著他的孩子來到曼島之時，還有未來世代也帶著他們的孩子來時，他們都會像我第一次來訪時表現的反應一樣，也對這裡產生相同的敬畏與讚歎感受。我希望他們會發現，曼島是個綠色的、永續的地方，依然與自然協調一致，繁榮茁壯，而且早已良好適應於曼島的生物圈理念，也經已傳遍我們這整顆星球。

　　與蘿玫交談之後，情況變得明朗，曼島取得的進展，是個很好的例子，說明我們在國際太空站經歷的成功體驗，如何能在地球上由所有人來實現。我看到了兩者的相似之處，我們在國際太空站上如何共同生活和工作，以及曼島居民如何將生活視為島嶼社區，而且把它當成更大範圍星球的一部分。唯一合理的做法就是，我們能從他們的榜樣中學習，並改善我們全體在這顆星球上的共同生活方式。

　　航向太平洋大垃圾帶並不是我們多數人能去的行程，不過我們每個人都可以從蘿玫全女性遠征行動的經驗，以及從她致力以有意義並可採行的方式來分享那次經歷的承諾來得到啟示。她的所見所學，引領她在自己的生活中作出改變，並成為她所屬社區的變革推動者。她一開始就表現得像是地球號的乘員，而我們每個人也都能作出類似的改變。

　　國際太空站是七名國際乘員的太空船家園，它每九十分鐘繞行我們的星球一圈，而曼島則是愛爾蘭海中約八萬五千人的的小島家園，然而這兩處非比尋常的地方所做的工作，讓我燃起了希望，期盼我們這群超過七十億的人，在我們這座太空中的星球島嶼上，結伴在細藍線防護毯底下一起旅行的這些人，也都能做到這一點。

　　在國際太空站上，每位乘員都絕對有必要考量他們的行動會如何影響所有乘員，以及他們全都賴以生存的太空船環境。蘿玫在她的北太平洋航行期間，也發現了相同的情況。曼島民眾知道，他們要在愛爾蘭海中央生存，也必須要有這相同的情

況。我們在地球上也必須做同樣的事情，地球上的每個人都必須有這相同的認識，這必須靠我們每個人共同改變自己的行為，還有我們的生活方式。我們全都必須願意以不同的方式來生活，從事生存所需要項。我們在太空站上這樣做，我們在曼島上這樣做，我們也可以在地球號上這樣做。

飄浮在國際太空站穹頂艙（Cupola
Module）觀察窗組之間，地球呈
現在背景上。這是太空站上所有太
空人都最喜歡的地方。

第三章　日子要過得像個乘員，
別只像個乘客

　　在微重力下生活的最酷炫事情之一就是能夠四處飄浮，不過最迷人的地方或許是體驗懸浮水珠的魔力。太空人有個傳統，他們都會拍下映現在懸浮水球上的臉孔，像這種個別太空人臉孔的自拍照，你或許也可以把它稱為「水自拍」。臉孔在照片中拍成上下顛倒，是種有趣的紀念品，讓我們能夠分享在太空中生活是什麼滋味。

　　就連洗澡都很有趣。由於太空站上沒有自來水，所以「淋浴」時便可以拿個飲水袋，從吸管口擠出熱水，直接抹上你的身體，並看著它把你覆蓋起來，就像第二層皮膚。或者你也可以擠出一團壘球般大小的水球，伸手穿過它，形成一隻水手套。

　　我在學校演講時和孩子們開玩笑表示，倘若你擠出的水球夠大，你就可以讓你的整個身體飄進水球再飄出來。儘管很令人心動、很想嘗試，不過我們不會這樣做，這不只很混亂，也很危險，因為周圍都是電子設備。不過我們確實會做一些太空人的愚蠢把戲，包括把幾顆小熊軟糖擺進懸浮水球裡面，看著它旋轉，然後把它吸進嘴巴大口吞下。

　　就如同我在地球上的情況，在太空中飛行時，最吸引我的地方就是地球的熱帶地區。綿延不斷的珊瑚礁和淺海水域，一路從佛羅里達南端的點點小島，延伸到委內瑞拉北岸，這裡就是我的最愛。有一晚，正當我又一次沉浸在下方藍色和綠松石虹彩盤旋組合當中，我忘了時間，飄在窗前，用我的相機和大型變焦鏡頭瞄準地球。我拍下一張張照片，努力想捕捉海洋美麗又細緻的圖案。最後，我注意到時間很晚了，於是把影像存

進我的電腦並上床睡覺。

隔天，我很好奇自己拍下了什麼地方，於是做了一些研究並發現，我拍攝的那片地帶叫做羅克斯群島（Los Roques）。我瀏覽自己拍的照片，並發現其中一幅很能抓住我的想像力。那幅照片看來彷彿有人伸出畫筆在海面描畫了一道波浪，我決定拿它來作畫。我在草稿紙上畫出了那張波浪照片，並用魔鬼氈把它貼在我的臥舖旁邊牆上。我把開始作畫所需的一切事物聚集起來，水彩工具包——備妥；紙——備妥；畫筆——備妥；水袋——備妥。

我必須改變我的繪畫手法，由於我們是以每秒八公里速率繞行星球，你不可能看著窗外景緻寫生作畫，不過我的繪畫手法也根據懸浮水球的經驗而進一步改變。你飄懸在空中時是沒有重力的，這為一切事物都增添了一層愉悅的複雜度與冒險性，包括創作水彩畫。由於**一切事物**都會懸浮，我知道要想讓所有事項都保持條理和組織是完全辦不到的，所以我確保每樣物品上面都貼了小片魔鬼氈，接著把每件東西都貼到牆上或貼上我長褲的一條魔鬼氈上，這個貼條就是我們用來讓所有必備用品隨時保持就在手邊的工具。

我把兩腳插進扶手底下來固定身形。（我知道這看來很可笑，不過我們使用「扶手」來拉著自己的身體在站內移動，也把一腳插在它底下來穩定身體或逗留原地。）

在太空中你沒辦法把畫筆插進杯子裡面沾水，因為水不能用杯子裝，所以我壓擠飲水袋從吸管慢慢擠出一顆小水球，接

著再把畫筆筆尖伸進去。

接下來發生的事情讓我相當訝異。我以為把畫筆伸進懸浮水球去沾水就夠有趣了，結果水在筆尖、顏料和在紙上的表現，卻完全令人料想不到。我還沒把畫筆完全插進水球最深處，水似乎就受了畫筆的吸引，朝著它附了上來。當我把懸浮在畫筆筆尖的水球引向顏料，甚至在我碰到顏料之前，水就從畫筆向顏料移動，隨後沾了顏料的水回到畫筆時，也有相同的情況，彷彿有某種神秘磁性來策動這整件事情。

除了這種新鮮現象之外，我很快就發現，要想在太空中拿畫筆成功作畫，我就必須改變我的技法，因為當畫筆筆尖一碰觸紙張，所有帶了顏色的水都會立刻移動到紙上，變成一個大色斑。

「該死！」我只能再來一遍。重作好幾次。

幾次試驗錯誤之後，我終於找到了訣竅，那就是使用畫筆把帶色的水拖過紙面，而不是像我習慣的做法那樣用畫筆碰觸紙張。

從太空觀看的地球景象，就像一顆映襯懸浮於黑色背景中的藍色光球，這提醒了我，在如此獨特的環境中生活，是多麼特別，於是那幅景象便成為我作畫的靈感來源。就像從太空站窗口向外凝望地球，在太空中作畫也是種超越的經驗。我作畫時體驗了身體上和情緒上的感應，而且從那個非常特殊的有利位置，我還能讓自己完全沉浸在自己對故鄉星球景象的詮釋創作當中。那幅畫本身並不是傑作，不過我很高興，起碼它能讓

人想起那幅令人敬畏的景緻。

　　每次提筆作畫，我都有機會全神貫注於這項我熱愛的活動，同時也得以反思，光是能夠來到那處地方，我心中就感到何等欣慰。我發現自己在腦中超前設想任務事項，在一個這樣的夜晚，面前懸浮著一滴水時，我想起我們的三位新乘員，隔天他們就會來到太空站加入我們。

　　二〇〇九年十月二日，我看著俄羅斯聯盟號宇宙船載著我們的新乘員（馬克斯、傑夫和蓋伊）在太空中疾馳，朝著我們飛來，接著以看似慢動作般停泊在國際太空站的一道對接口。經過了幾個小時的監控，確保兩艘航天器之間並沒有漏洞，我們打開了艙門。我們的朋友飄進了太空站，與他們剛剛乘坐的微小太空船相比，這裡看來大概就像大峽谷一樣寬敞開闊。

　　我們的懸浮朋友全都面帶微笑，滿心敬畏與讚歎。（不論你在太空中飛行了多少次，微笑都是一樣的。）馬克斯・蘇拉耶夫（Max Suraev）是名俄羅斯宇航員，也是位親愛的朋友（他和他的妻子安娜是我兒子兩對教父母當中的一對），這是他的第一次太空飛行並登上國際太空站；這也是我第一次上太空，我覺得自己完全可以體會他的微笑，還有他第一次飄進國際太空站時內心的感受。我的航太總署太空人同行和朋友傑夫・威廉斯，這是他第三次飛往國際太空站。我看著他面露微

笑，重新熟悉太空站，我期盼能從他的經驗中學習。下一位同樣面露大大的笑容，還加上了一顆鮮紅色小丑鼻子，這位是太陽馬戲團的協同創辦人蓋伊・拉里貝代（Guy Laliberté）。他付給俄羅斯宇宙航空機構三千五百萬美金來受訓並以「太空飛行參與者」（spaceflight participant，又稱為太空旅客）的身分飛上太空，是經由這項計劃飛往太空的第八人。

儘管在太空度過了愉快的時光，蓋伊就如同所有太空人，到那裡並不只是為了冒險，他有一項更宏大的任務。

「毫無疑問，對我來講，旅行上太空必須是有意義的，也有必要為一項明確的目的服務。我希望提高人們對於用水問題的認識，而且我必須向地球上的每個人傳達訊息，」蓋伊告訴我，「我可以說，不論我承擔起哪項計劃，重點都完全不是為了完成它才進行某件事情。我相信不管做什麼事情，我們都必須付出自己的些許部分——些微的心意和理想。」

二〇〇七年，蓋伊和他的太陽馬戲團（Cirque du Soleil）團隊開始籌備他們的二十五週年慶，排定在二〇〇九年舉辦（那年蓋伊也著手計劃進行他的太空飛行）。他們希望慶祝太陽馬戲團的創立週年時，不只是吹噓他們的國際性成功，而是要彰顯他們當初為什麼成立這個團體，並利用這次活動來作為一種「回饋」的方式：「瞻望並追求我們的夢想，讓始終激勵著我們的世界變得更美好。」投入研究如何回饋來讓世界變得更美好之時，蓋伊很快就發現，世界面臨的幾乎每項問題——貧窮、健康不良、教育水平低落、社會不公、經濟發展不足、

環境問題、性別問題、糧食安全——全都有個共通特點：欠缺乾淨用水和合宜的衛生條件。「水觸動了我，啟發了我。」拉里貝代從太空發聲。

「水是生命的源頭。當我在幾年之前得知，每八秒鐘就有一個孩子死於受污染的水，那時我就知道得趕緊採取行動。」[1]他對自己許諾要為此做點事情。二〇〇七年，蓋伊成立了非營利的一滴水基金會（One Drop Foundation），來「確保所有人都能用上乾淨的水，從今天到永遠」。連同這個領域其他主要參與者的工作成果，一滴水基金會也扮演了一個角色，共同促使那項發人深省的統計數據，提增了好幾個數量級的改進。蓋伊的太空飛行背後的驅動力量是，他希望進一步推動一滴水基金會的任務。

蓋伊宣佈他的太空飛行是一項「詩意社會使命」。他在起飛之前接受了《連線》（Wired）雜誌的採訪，當時他便說，「在這二十五年的太陽馬戲團經歷期間，我曾被冠上許多頭銜：吐火人、創業家、街頭達人、有創造力的人。今天我很榮幸、謙卑地得到了我的新職位說明：人道主義太空探險家。」[2]

他繼續描述他用以達成任務的藝術途徑：「目的很清楚：我決定使用這項〔太空飛行〕特權來提高地球上人類對用水問題的認識。我的任務是運用我認識最深的藝術性，致力促成這項關鍵資源的變革。我是位藝術家，不是科學家，所以我的責任是要依循我自己的方式來作出貢獻。我相信，秉持真正的藝術和情感，我們可以傳達出一則重要訊息。我的期望是藉由藝

術途徑來觸動民眾，倘若能夠做到這點，我們也就能夠超越覺知。」

他的「詩意社會使命」的高潮是一場兩小時的全球現場「藝術活動」。活動發生在地球上和太空中，並由他在地球上空四百公里處的國際太空站上運籌帷幄。那項活動叫做「為水而動的星辰和地球」（Moving Stars and Earth for Water），邀請了音樂家，包括搖滾樂團U2、美國前副總統艾爾·高爾（Al Gore），還有太陽馬戲團參與演出。此外，來自五大洲十四國各都市的其他太空人和藝術家，也一同齊聚以彰顯水作為「一種靈感和生命泉源」的角色，並提高民眾對於必須保護和分享這份珍貴資源的認識。我的乘員夥伴和我飄在鏡頭之外，看著蓋伊輕鬆愉快地擔任司儀主持這場活動。他分享了短短幾天之前從太空站窗口拍攝的地球影片，還有他在太空經歷的相關故事，而且他還介紹了來自世界各地的不同參與者。各都市起碼都有一個人朗誦曼布克獎（Man Booker Prize）得主揚·馬特爾（Yann Martel）的一首詩，標題是〈水滴要說的話〉（What the Drop of Water Had to Say），這是一段將全世界所有參與者聯繫在一起的詩意故事。身為乘員，我們也擔任一個角色，蓋伊善意地安排我們加入與U2樂團成員、人在佛羅里達州坦帕（Tampa）的波諾（Bono）交談，同時還邀請了我們的朋友兼加拿大太空人茱莉·佩迪（Julie Payette）從加拿大參與談話。每位加入論述的人士的焦點都是從非常特別的有利位置，來領略我們這顆水行星的美麗與脆弱。

自從一滴水基金會成立以來，類似這樣富有創意的大型活動，以及該組織籌辦的其他許多「新穎的」籌款活動，已經做出了一些成果，不只提高了全球對於用水問題的認識，還施行了種種永續國際計劃，來支持聯合國發展出來的簡稱WASH的「水、環境衛生和個人衛生」（Water, Sanitation, and Hygiene）計劃，包括它本身特有的「行為改變社會藝術」（Social Art of Behavior Change, SABC）計劃。到了二〇一八年十二月，一滴水的各項計劃已經為十三個國家超過兩百萬人提供了乾淨的用水和安全衛生設施，以及衛生行為教育。一滴水各項計劃的各個層面都運用了他們所說的「社會藝術」──「拉里貝代的創作結晶」。社會藝術的基礎是在一滴水基金會投入工作的社區中創造出一種參與感、擁有感和賦權感受，同時還藉由定義了拉里貝代事業生涯標誌的藝術性來應付用水挑戰。[3]

「一滴水發展出來的方向聚焦在藝術上，」蓋伊還告訴我，「而且與民眾的情感反應有著深刻的連結，不過在此同時，它又完全以證據為本，而且是以結果為導向的。同時它是有作用的，當你觸及某人的情感時，他們（和我們）就能完成看似不可能的事情。」

我喜愛蓋伊談論他太空任務的方式，因為他清楚了解並明確傳達出，我們在太空中做的所有事情，全都是為了改善地球上的生活。從第一天開始，在他看來，他的任務就是為了驗證，我們可以一同努力來支持一項具有挑戰性的共同目標，同時彰顯我們在一起就能「促成改變，一次一滴」。

在太空站上我們有一句話，那就是「昨日的咖啡成為今早的咖啡」。如同在地球上，水在太空中也是種珍貴、有限的資源，而且水很重，因此從地球重新運補到太空會非常昂貴。有些事情就是為了類似這樣的理由，我們才必須去做，好比我們的食品都是脫水之後才送上太空，這樣它們才不會那麼重，我們也才得以從運補任務中一次拿到較多物資。不過有一點會讓許多人震驚，那就是在太空中，我們管理這項寶貴資源的一項主要方法，就是從一切可用來源回收並循環使用水，包括乘員自己的尿液和汗水。國際太空站的這個系統稱為水回收系統（Water Reclamation System, WRS），它能把收到約九成的廢水混合液循環利用，並依循三個步驟把它轉化為乾淨的飲水：一、首先把微粒和碎屑濾除；二、蒸餾和進一步濾清，以移除有機和無機雜質；三、最後使用一台「催化氧化反應器」（catalytic oxidation reactor）來殺滅細菌和病毒，並移除揮發性有機物（是的，就是VOC，從空氣中移除的同一類化合物）。這種把尿液轉化為乾淨飲水的轉換作用，或許看來很噁心，不過我們在國際太空站上喝的水，比地球上多數人在家中喝的水都更純淨。

國際太空站上全體乘員共同承擔責任，致力維持、管理並善用像水這樣的關鍵資源，投入維護我們生命保障系統的完整性。相同道理，儘管我們不見得都承認，不過在地球號上的我

們，每個人都有責任維持、管理並恢復地球的關鍵資源，投入維護我們生命保障系統的完整性。

我們有種方法能夠辦到這點，那就是提高自己的認知，了解我們等閒視之的乾淨飲用水是從哪裡來的，還有我們能如何負責任地消耗用水。我很驚訝，光是搜尋我本州、本市和本地鄉鎮網站，就能學習到那些事項。這項認識引領我和我的家人改變了我們消耗用水的方式，也更主動投入我們的社區事務，並參與代理我們下達的決策事項，來管理、保護我們的本地供水。

舉例來說，在二〇一七年，我搬到一座提供公眾回收用水來澆灌自家草坪的城市。我們不只省下了使用飲用水來澆草地的開銷和浪費，還能額外為草地增添天然肥料。這樣一來也就不必使用人工肥料，從而減少了進入社區水系統和周圍水路的有害逕流，這也讓地球自然歷程循環中水的品質變得更好了。這些都是一個小小改變所帶來的重大益處。

我之所以願意把自己綁上火箭上太空，有一項理由就是我了解，在國際太空站上進行的工作和科學研究，最終都是關乎改善地球上的生活。當初為了在太空站上提供乾淨飲用水而開發、使用的同一套流程，也在地球上協助改善乾淨飲水的取得與供水作業。

太空水技術已經出現商務開發成果，投入住宅、企業與工業應用來進行水處理，而且已經在全世界有需要的社區佈署來提供人道協助與救災。航太總署和我們的國際合作太空機構，

都不斷進行技術轉移並推動衍生計劃，來持續促進這類發展。
這些機構和各家公司以及救援組織夥伴，在地球上用水問題最
嚴重的最偏遠地區佈署水過濾和淨化系統，還為天災事故、難
民營、民間突發事件以及其他偏遠地帶，提供專門設計納入了
這類技術之緊湊型應用的特殊水袋應急設備。[4]

　　水孔道（Aquaporin）、水監測（mWater）和生物潔淨
（Bioclear）三家公司都採用了為太空開發的水技術來提供客戶
服務。水孔道使用先進的水過濾法來進行淡水處理和海水淡
化；水監測則是基於為太空站開發的水質監測與通信系統，開
發出了一款行動電話應用程式，用於管理全世界超過一百五十
個國家的水質乾淨水平；而生物潔淨已經找出了太空技術在種
種不同商業應用中的用途，從追蹤飲水衛生問題到監測受污染
土壤中的細菌。

　　除了太空技術衍生出的商務和人道主義用途外，航太總署
本身也把同樣的技術帶回地球供自己使用。在航太總署的加州
艾姆斯研究中心（Ames Research Center），他們設計並建造出
了永續基地（Sustainability Base），並把它描述為地球的「第
一座永續太空設施」。[5]那座設施使用航太總署原本為太空旅行
和探勘而設計的種種革新成果，納入佔地超過四千六百平方公
尺的新月形永續基地。那棟建築是個辦公室空間、航太總署技
術的展示櫥窗，也是未來屋宇設計永續建築構造的一個變動式
範例。藉由航太總署創新和商務技術的結合運用，永續基地實
際上並不留下絲毫碳足跡。航太總署竭盡一切努力，把太空探

勘使用的閉環思維，應用在地球上來豎立起一棟綠色建築。

　　永續基地使用集成數據、資訊和智能系統來「預料並反映」陽光、溫度和使用上的變化，而且在那裡工作的人，也能參考建築因應提出的節能建議，自我監測他們的能源使用。基地用電產生自太陽能、風能以及高效能燃料電池（最後這項起初是為了未來上火星時使用而設計）。建材和裝潢陳設都從當地取得，並用上了許多回收或循環再利用的材料，建地本身也是以全原生景觀來搭配。就連建築的形狀、配置以及它的落地窗，都設計來引進最多日光照射，這為使用者帶來節電的好處，還有在視覺及情感上能與周遭景觀連結，並導入源源不絕的新鮮空氣。用戶描述那裡是處具有「開放以及與自然充分連結」特色的工作場合。使用了原本設計用於國際太空站的相同水再循環系統，永續基地消耗的飲用水，比同等規模的傳統建築少了九成。

　　當我想起那時「透過太空船窗口」見到的懸浮藍色球體，也就是我們這顆星球時，我的腦中經常浮現一句很受歡迎的名言：「水啊水，到處都是水，卻沒有一滴能喝。」出自塞繆爾・柯勒律治（Samuel Taylor Coleridge）的《古舟子詠》（*The Rime of the Ancient Mariner*）。這段詩歌傳說講述一名水手困處船上，周遭全是大洋海水，卻沒有一滴能喝。就某層意

義來講，我們就有點像是那名水手。我們這顆星球是藍色的，因為地表75%都被水覆蓋，不過其中大半都是鹹水。地球上只有2.5%的水是淡水，而且幾乎所有淡水全都是冰凍的——鎖死在極地冰冠、冰河和其他冰塊當中。最後殘存的少量淡水，就是唯一留供地球上所有人取用，並支應我們所有用途的水源。航太總署從太空、天空，還有陸上地面站以及海上航行的船隻來監測地球的水，甚至還動用了行動電話應用程式。「地球上所有的水都已經存在，我們不能再製造更多了，」航太總署地球應用科學部（Earth Applied Sciences）水資源計劃（Water Resources Program）的計劃經理人布拉德利·多恩（Bradley Doorn）這樣表示，「我們只能追蹤它，預測它並保護它，看著它循環遍佈我們的世界。」[6]

由於液態水，特別是稀有的淡水，是地球上所有生命（往下直到細胞層級）的基本要件，航太總署追蹤水循環的幾乎所有層面——當它從雲層下墜形成降雨，當它待在地底構成地下水，當它被吸收進入土壤，當它流入河川和湖泊，當它被植物吸收並由動物和人類使用，還有當它蒸發回歸大氣層。[7]我很驚訝地發現，我們這顆星球有限的淡水資源，約七成是拿來作為農耕灌溉使用（哇！）。除了監測水的使用方式，還有它的飲用品質之外，航太總署還與其他國家的太空機構合作監測各個不同地點的大規模水量（有時太多，因為洪水氾濫，有時則太少，肇因於乾旱或過量使用），這些國際機構包括日本宇宙航空研究開發機構（Japan Aerospace Exploration Agency,

JAXA）。兩家機構共同投入執行好些重要任務，包括全球降雨觀測（Global Precipitation Measurement, GPM）以及熱帶降雨量觀測（Tropical Rainfall Measurement, TRM），該計劃使用衛星來提供地球降雨、降雪方面的高品質估計值，每三十分鐘取得一次。他們動用了一些衛星，包括陸地衛星（Landsat），還有以國際太空站為載台的儀器「太空站生態系空載熱輻射計實驗」（Ecosystem Spaceborne Thermal Radiometer Experiment on Space Station, ECOSTRESS），所傳來的影像和數據都極其重要，能幫助我們追蹤、認識並更適切地管理和保護水，來造福這顆星球上的所有生命。[8]

所有這些都是我們如何運用太空科技，來把我們在太空中所採做法帶回地球的實例，這些例子告訴我們，我們能多麼有效率地像乘員一樣生活，並採行這類技術來解決我們的全球問題。這就是國際太空站的座右銘──「離開地球，為了地球」──的意義所在。此外，倘若我們決定拿一項國際太空站任務來作為地球生活的楷模，也仿效乘員與地面團隊促進國際合作的方式，則我們同樣可以在生活中「**駐足地球**，為了地球」，也為了它所支持的所有生命。

看來像是個大膽願景，也確實是。過於簡化？或許吧。不過我們每個人，包括你和我，都有必要就我們在地球號上要擔任的角色作出個人決定。你是要像個乘客那樣生活呢，或者你要整裝加入乘員的行列？

當一個人體驗到一種新觀點的現實面，因此受到啟示而採取了行動，這時他們對世界所能產生的正向影響，總是讓我深感歎服。當拉里貝代發現了，這顆星球上有多少人因為缺乏乾淨用水而遭受苦難——在那之前，這始終不為他所察覺——他決定盡他所能來改善這些處境。

「我們必須相信，藉由我們的行為、理念和計劃，我們能對周遭民眾產生什麼影響……這是種骨牌效應。以這種方式單槍匹馬促成改變的人不計其數，」蓋伊說明，「太空的浩瀚和我們這顆星球的壯麗景象，總歸都要凸顯出我們每個人是多麼渺小。然而它們也激發了希望和必然性，那就是一切事物都很重要，甚至超過了我們平日所見。我相信每一項行動都能促成改變，不論那是大、是小，或者多麼謙遜、多麼大膽。我們所有人都能向桶中添加我們的那滴水。」

當然了，你不必先上外太空（我甚至還認為你不該去）才來像個乘員般在地球上生活並促成正向影響，我們每個人都可以成為向桶中添加一滴水的人。

二〇二〇年四月間，我很榮幸能採訪斯科特‧哈里森（Scott Harrison）。哈里森是「水慈善」（charity: water）的創辦人，也是《乾渴：救贖、悲憫和使命，為世界帶來乾淨用水的故事》（*Thirst: A Story of Redemption, Compassion, and a Mission to Bring Clean Water to the World*）的作者。二十八歲

時，斯科特在紐約市當夜店公關已經十年了，他形容自己當時過的日子是「自私的享樂主義者，彷彿這顆星球上就只有我一個人」。然而這卻與他的成長過程構成鮮明對比，斯科特的雙親是在深厚的基督教信仰中撫養他長大。在那些派對歲月中，每有人向斯科特的父親問起，兒子過得如何時，父親總是回答：「請為我兒子祈禱，他變成了浪子。」

在後來成了他最後一次國際派對行程的活動中，斯科特並沒有參與，卻變成了一個旁觀者。他看著這樣的縱情放蕩，心中顯現某種頓悟，他開始有了一種念頭。「在我的生活中，我來到了一個非常黑暗、墮落而且在情感上和精神上都破產的地步，」斯科特說道，「我問自己，**和我生活完全相反的日子會是什麼樣子？**」

為了回答那個問題，他決定投入一年生命，來為其他人服務。斯科特的生活開始轉變，從受自私動機驅使，朝向以同理心和慈悲為本。

下一個問題是：他能幫助誰，還有該怎麼幫？斯科特的名聲早就傳開，他向好幾家人道慈善組織提出服務申請都遭到回絕。最後是慈善醫療船（Mercy Ship）准予他加入他們的一項任務，那是一艘一般為有需要的人士提供醫療協助的浮動醫院，不過他必須自費才能上船。斯科特賣掉他的所有塵世財產，接著從剛開始的一項「交易」──以一年服務來彌補他自私浪費歲月當中的一年──變成擔任兩年輔助角色，成為該組織的攝影記者。

斯科特加入組織後的第一趟任務是前往賴比瑞亞，那是世界上最貧窮的國家之一。那趟任務期間，他第一次見識了極端貧窮是什麼樣子。那是「讓人類從棕褐色黏稠沼澤、池塘或河川喝髒水，而且孩子經常死於水媒疾病的那種貧窮。這讓我大感震撼，驚覺這是不能接受的。」斯科特說道。

斯科特見證的痛苦和磨難，對他產生了深刻影響，往後他對於自己被賦予的工作始終全力以赴。他透過攝影紀錄在醫療船上排隊等候手術機會的每位民眾的故事，他拍下極端重症患者術前術後的照片，包括痲瘋、腫瘤和唇顎裂等疾患。他不再為夜店促銷，轉而開始推廣那些人的故事。他不僅為慈善醫療船的自有檔案庫保存這些照片紀錄，也與自己在紐約市老家建立起來的人脈網絡分享這些影像。人們開始捐獻支持慈善醫療船的工作，斯科特意識到，他能激發旁人表現出正向行動，就連先前並不是因為悲憫或同理心那一面而認識的人也一樣。在慈善醫療船的兩趟航程之間，他回到紐約市，繼續透過他引人注目的攝影作品來分享那段故事，也為該組織的工作籌措了更多善款。

在他前往非洲的第二趟航行時，斯科特又面對了欠缺乾淨用水的駭人真相，還有這讓這顆星球上那麼多人陷入何等悽慘的後果。全球每十人就約有一人無法用上乾淨的水。在賴比瑞亞時，不論到了哪裡，他眼中都能見到，民眾生活的幾乎所有層面全都受到欠缺乾淨用水的影響。

回顧這整趟經歷，斯科特說明：「我的地球升起時刻是在

第一趟非洲行程的第三天。我那時在做病患疾病篩檢，現場有五千位病人站在一處停車場等我們開門，所有人都期盼能有機會排進一千五百個手術名額中。在這之前，我還從沒見過這麼大群的民眾，遭受這樣的集體苦難。接著我得知，這當中許多人都走了超過一個月，只為了希望能見到醫師。接著我便意識到他們那麼多人的生活處境，意識到我們的電腦斷層掃描機是鄰近四個國家當中唯一的一台。我心想這些人面對的現實，和我的生活經驗是這般截然不同⋯⋯這和我先前的生活構成這般鮮明的對比，當時我在夜店賣瓶裝水每瓶十美元，就是這種對比，讓我迫切希望投入維護水的工作，並希望將乾淨的飲用水帶給所有在世上的人，這就引領我來到水慈善。」

斯科特在二〇〇六年成立水慈善，就是在那時，他意識到，自己可以幫助世界變得更好。水慈善的焦點擺在鄉村社區，讓他們第一次有機會獲得乾淨的用水。截至二〇一九年，該組織已經向捐款人籌措了超過四億美元，接著藉由它的「百分之百挹注實地」（100 percent goes to the field）模型，已經直接資助了超過五萬個供水計劃，把乾淨的水帶給全世界二十九個開發中國家超過一千一百萬人。這些令人印象深刻的數字，講述了水慈善的故事，道出他們如何努力朝向目標邁進，為世界帶來乾淨的水，不過最讓我感佩的是，那群人為實現目標所建立起的高效能團隊。

從最初斯科特想創想改變的個人使命開始，加上好幾位熱情支持者協助，和他一起在一位朋友借來的紐約市公寓裡面共

同合作，如今這已經成長為一項促成正向改變的運動，在美國凝聚了一支核心團隊，並由擁有施行水計劃專業技能的相關領域國際合作夥伴團隊從旁輔佐。這項工作也得到了超過百萬捐助者提供財務支持，還有各地社區代表也成為不可或缺的成員，負責定義位於他們社區的最佳永續解決方案。其他組織，好比拉里貝代的一滴水基金會，也都與水慈善合作，以實現人人享有乾淨用水的目標。所有這些人共組團隊一起工作，各自貢獻己長，通力合作來「為世界提供乾淨用水」。

我向拉里貝代提到，就我所見，我們的太空站乘員和太陽馬戲團演出之間的相似之處。「在精心編排和執行的演出中，我見到了演員該怎樣發揮他們每個人的最大長處並團結合作，」我說明，「我相當佩服，怎麼每個人都有辦法在恰當的時機來到正確地點。成功的每個層面都取決於此，若有個人沒有在恰當的時機來到該去的地方，整場演出就會失敗，也可能有人會受到嚴重傷害。看來就像太空飛行，看來就像我們身為地球人在地球號上所應該表現的舉止。」

蓋伊同意並補充說道：「就像太陽馬戲團的一場演出，我們全都屬於一個戲班的一分子，必須共同成就一輩子的最大演出。我們必須通力合作，學習信任彼此，超越我們的極限。只要有一個人失敗，我們全都失敗。為了確保成功，每個人的注

意力都至關重要，任何人都不能掉隊。我們世界的存續，也就取決於我們今天所作出的選擇，而且對於往後世世代代的未來，具有決定性影響。當然了，這趟旅程不免會有隱藏危機，有時會讓我們懷疑我們的能力，不過演出必須繼續。」

身為太空人，我們接受多年培訓，才能參與國際太空站的科學任務，加入國際夥伴關係，我們在這裡匯集了一批人員，分別代表十五個不同的國家，各具不同的才能和專業，眾人齊心協力，貢獻己長於一項任務：離開地球，為了地球。訓練最重要的部分是學習如何加入團隊之中，以乘員的身分肩負起一個共同使命，尤其是當情況沒有依循計劃發展時，該如何通力合作。

太空人的訓練，有許多都牽涉到他們在舒適圈之外所發現的自我。我們的受訓環境在模擬器裡、在大游泳池中、駕駛T38噴射機飛行時，還有當我們艱苦地上俄語課之時。有時我們在黑海學習海上求生，或者在加拿大或俄羅斯封凍荒野裡學習在嚴寒天候下求生。（我的乘員在超過百年來最寒冷的莫斯科冬季裡受訓。）我們在座落於佛羅里達州拉戈礁外海海面下約十八公尺深的一處海底實驗室受訓十八天，在那裡生活並執行一項「內太空」任務。這些地方和經歷帶我們脫離舒適圈，並讓我們有機會發現許多關於自己的優勢和弱點，以及我們乘員夥伴的強弱。同樣重要的是，我們學會了如何最好地運用我們的強項，來克服擺在我們面前的挑戰。

在太空站上，我們接受現實處境，知道自己生活在地球上

空四百公里處,而且在我們和太空致命真空之間,只有一道細薄金屬站體。這種情況可謂有點超出了任何人的舒適圈,所以我們事先進行的所有訓練,包括全體乘員或是分別受訓,都是為了讓大家變成更好的乘員,於是我們待在那裡時才不會生活在恐懼中,擔憂那道細薄金屬站體外面有什麼,同時也儘可能做好力所能及的最佳準備,來應付可能出現的挑戰。我們知道,我們必須互相依賴,各個乘員都必須做好自己的工作,而且這不只是為了讓任務得以成功,而且更重要的是,讓乘員能夠存活。最佳乘員——包括在太空中與在地球上——就是你知道你會喜歡與之分享經驗的人,畢竟,待在太空中的時間很有限,應該好好享受。最佳乘員也是你知道會支援和保護你的人,而且他們也相信,當情況沒有按計劃進行時,你也會支援和保護他們。

有一張照片能夠清楚表現出一批乘員如何領略太空飛行的獨特經驗,不過從中也能看出,單是待在那處環境,便蘊含了何等意義,那張乘員照片是我們在蓋伊與我們共同待在太空站的時候拍下的。每當我向人群演講時,總會拿這張照片給大家看,特別是孩子們。在我看來,這是我們乘員美麗又有趣的照片。我們九人全部都在照片中,身著我們的藍色「禮服」飛行裝,而且每人都把自己的國旗貼在左肩,還有最重要的是,把我們的團隊任務標章佩帶在胸前。我們全都分朝不同方向懸浮(沒有更好的方法來表現你是在太空中),臉上露出燦爛笑容,並配戴紅色的小丑鼻子(蓋伊送我們每個人的禮物),而且我

們所有人都擺出和平手勢。儘管有些人可能認為這看來並不專業，不過在我看來，這是我們每位乘員所展現出的個性與專業精神。太空中的每組乘員都一起拍了許多照片，不過我依然認為這是當中數一數二最好的照片，對我來說，它集中體現了我最喜歡的一句話：「把人擺進載人太空飛行。」

身為地球人，地球升起是**我們**大家的乘員照片。它展現我們是誰，而且我們全都一起待在太空中。它展現我們這顆星球的美麗和脆弱，它展現一處天堂以及一處陷入險境的地方，它展現一處我們可以體驗最大歡愉和最大苦難的地方，它展現我們共有的生命保障系統。經歷了我們的所有探索，在環繞我們周遭的一切黑暗當中，我們還沒有找到其他像它那樣的事物。它展現了一種愛與密切聯繫，還有我們需要對我們的星球和對彼此付出尊重和關切，它展現我們所有人都有必要起身並以地球號乘員身分來共同合作。

在地球這裡，我們眼前面對了一些令人怯步的挑戰，而且我很肯定，全世界多數人起碼都感覺有些許脫離了我們的舒適圈。蓋伊和斯科特在創辦他們的組織之時，無疑也都發現了他們自己脫離了自己的舒適圈，而且當他們向前衝刺時，或許也會繼續發現新的挑戰。

當蓋伊發現了與髒水相關的人類不幸事故率，這個真相對他產生了深遠的影響，當斯科特站在五千人面前，看他們滿心期盼爭取一千五百個手術名額，還有當他目睹小孩子因為喝了髒水而生病且瀕臨死亡，這時他發現自己完全沉浸在這個統計

數字令人不安的現實當中。他們都以一種令人非常不舒服的方式，遇上了我們最富挑戰性的全球問題之一：我們該如何為所有人類提供一種資源，對生存重要至極的根本要件——乾淨的用水？

為因應這項新的認知，他們迫切感到需要採取行動，而那也就有力地點醒了我們，一個人可以造就出什麼樣的改變。儘管我們很自然就會覺得，面對眼前的全球挑戰，自己是不可能造就出什麼正向的影響，不過我們可以從他們的故事擷取靈感。我不知道我是否有機會成立類似一滴水基金會或者水慈善那樣的組織，不過我可以選擇支持它們。我可以作出選擇來發現存在於我身邊的真相，深入挖掘並了解更多相關事項，接著找出一種方法來採取個人行動。我可以選擇投入自己的時間和才能，我還可以選擇成為該解決方案的一個積極環節。

回顧斯科特·哈里森的父親要求親友為斯科特祈禱，因為他已經「變成了浪子」，我記得第一次讀到這段文字時，心中大為感動。我知道這是一個父親講的話，因為他擔心兒子，並尋求旁人支持，祈禱讓他振作起來，以把帶他「回家」。我記得自己露出微笑。

我想這段文字之所以打動我，還有為什麼我露出微笑，原因是在我看來，不論如何，我們都曾在生命歷程中變成浪子，我們都曾有過需要救贖的時候。或許我們已經遊蕩遠離了家園，而且一路上和我們的一項認知漸行漸遠，那就是我們和「大自然母親」是相互連結的。或許我們對我們的星球賦予生

命的本質已經變得漠不關心，於是我們必須找出當初自己是如何浪子回頭，從漠不關心到同理並起身行動。斯科特父親的祈禱得到了回應，或許我們自己的救贖——我們的浪子踏上回家之路——也同樣可以應驗，讓我們許諾拋開當乘客的生活方式，開始採取個人行動，改以地球號乘員的身分來過生活。

登上國際太空站後在太空中創作的
第一幅水彩畫,攝於二〇〇九年遠
征21號任務期間。

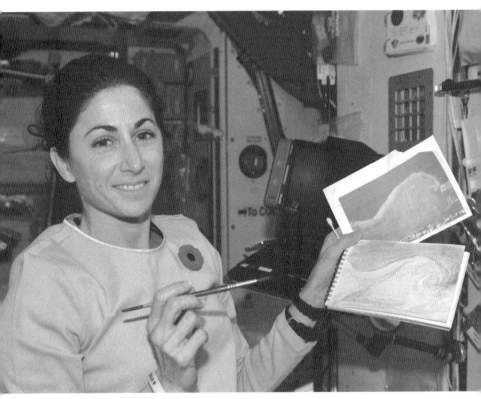

航太總署

第四章　千萬別低估蟲子的重要性

一九六九年七月二十日晚上，我在幼時住家的起居室內，坐在一台黑白電視機前，一邊吃烤起司三明治，一邊看著航太總署太空人尼爾‧阿姆斯壯（Neil Armstrong）和伯茲‧艾德林（Buzz Aldrin）將「鷹」（Eagle）號登月小艇降落月面，並邁出他們在月球上的第一步。即使在六歲的時候，我就知道這是一件非比尋常的事。

相當多太空人認定，就是這個登月時刻，激發了他們成為太空人的終身目標。我沒有相同的反應，儘管我從有記憶之前就搭過飛機，卻始終認為，當太空人是只有「特殊的人」才會做的事情。即便如此，我依然很喜歡搭飛機升上高空俯瞰，看著那所有的汽車和房子，在地面上看來那麼大又那麼遙遠，然而從飛機上來看，那就像個微型的玩具國度。

我最早的飛行記憶是搭乘我爸爸的自製雙翼機，飛機都起了星塵2號（Starduster 2）和天箭（Skybolt）一類的名字。我爸爸是個生意人，他熱愛製造和駕駛小飛機，我們一家人在本地機場度過許多時光。由於我爸爸和我分享他喜愛什麼，我發現自己也愛好飛行——熱愛脫離地球，從上方去體驗它——而且我也很希望知道事物是如何飛翔的。

我從媽媽那裡也得到了類似的優勢，她滋育出種種不同的興趣，包括我的藝術嗜好。我媽媽是一名護理師，而且是個非常有創意的人。我們姊妹小時候穿的衣服，大半都是她親手縫製的。那是在六〇年代和七〇年代，所以她做花編結和陶藝，也做鉤針編結地毯，而且她也邀我們一起做。媽媽還覺得我要

有健全的體魄，因此她要求我一定要上芭蕾舞課，並加入社區壘球隊。

實際上是我媽媽堅持要我們姊妹多花時間待在機場——我的故鄉佛羅里達州清水市（Clearwater）的清水機場公園（Clearwater Airpark）。那座機場的名稱很貼切，因為對我們小孩子來講，那裡感覺就很像一處公園，而不是什麼航空站，我們在那裡發現種種不同冒險，還有可供探索的事物。機場有一條草地跑道，好幾排金屬機棚，一些設了頂蓋的停機位，還有一輛小型拖車辦公室，這一切的四周都是開闊的田野和一片片設有野餐長凳的小樹林。

我最喜歡的部分是搭機飛行，不過我在那裡的時間大半都待在地面。除了我父母，其他大人也帶他們的孩子來機場公園。我們小孩子會一起玩，同時我們的父母則是和他們的朋友一起進行飛機工程或社交，這大半是指邊喝咖啡、抽煙（這在一九七〇年代非常流行）邊聊飛機，也做一些飛行。

在「不飛行」的時候，我們小孩子就找其他法子來取樂。我七歲左右的時候，我和我妹妹雪莉（Shelly）的最大冒險就是觀看並捕捉豆娘。豆娘修長又纖細，有分節的細枝狀小小身體，還有球根狀的圓眼，牠們多數都呈深色並長了澄清的半透明翅膀，不過有時我們也會見到一些呈綠松石色、亮麗翡翠或是紫色與藍色的豆娘，翅膀則呈深色或繽紛色彩。牠們看來相當飄逸，就像小小的小叮噹仙女，在機場四處飛舞。我們不知道牠們是什麼，所以我們稱牠們為蜻蜓。大人會指出：「那些

不是蜻蜓。」但他們也不知道牠們的正確名稱，所以我們就一直稱牠們為蜻蜓。

我們發現豆娘和蜻蜓的一大差別是，豆娘不咬人。每次我們去那裡，我們四周彷彿總是聚集了好幾千隻豆娘，而我也希望待在牠們正中央。我設想，若是我站著完全不動，有時就會有一隻落在我的一根手指末端。我記得有一次盯著豆娘可愛的小小蟲眼，心想，那對眼睛看來就像一副小小的飛行護目鏡。豆娘看似也盯了回來，彷彿牠也想要好好端詳我。有些日子我期盼看到蟲子，更勝於飛機。

回顧我對豆娘的記憶，我意識到自己已經幾十年沒有想到牠們了。隨著我的年齡增長，牠們也從我的記憶中消失了，而我的興趣也從追逐飛蟲轉變為學習自己去飛。上大學之後，我待在機場公園的時間減少了，到最後草地跑道也鋪平了。我曾經與豆娘一起體驗的歡樂，在不知不覺中消失了。

怎麼在我童年佔有那麼鮮明特殊地位的事情，就這樣從我的記憶中消失無蹤？或許當我年齡增長，前往機場公園時，我對飛機如何飛行變得更投入，也更有興趣；說不定我認定豆娘理所當然就該在那裡做豆娘的事情。對我而言，豆娘一直都在那裡，所以我假定牠們始終都會在。

直到我撰寫本章，想起豆娘帶給我的樂趣，我才意識到，我完全想不起，上次看到豆娘是什麼時候了──包括在清水機場公園裡看到的。我很高興告訴大家，撰寫本書的時候，牠們顯然還活在這個地球上。雖然如此，這項認知對我依然感覺就

像一記警鐘。儘管有人告訴我，我依然和豆娘分享這顆星球，但事實上，如今當我在牠們從前曾經大量繁衍的地方尋尋覓覓，卻發現牠們都不在那裡了，這依然令我感到震驚和悲傷。我打算運用這個「遺失的」豆娘案例來提醒我自己，得更仔細檢視並注意我周遭的環境，而且將步調減緩到不只能察覺我看到什麼，還要能察覺我再也看不到什麼，並且能開始詢問為什麼。

我十六歲生日前一週，爸爸開小型飛機墜毀身亡。儘管失去他帶來巨大的悲痛，不過我已經在他對飛行的愛好中長大。他外出那天，那仍是他期盼去做的事情。我們正在湖上建造一棟房子，這樣我爸爸就可以把他正在建造的那架新的水陸兩棲飛機，降落在我們自家後院的水面上。我媽媽完成了這棟房子的營造工作，我住在那裡直到離家上大學，我媽媽則住在那裡直到一九九七年她把房子賣掉為止。

我爸爸的意外並沒有削弱我對飛行的興趣。真有影響的話，它反而加深了我認識飛機的願望——更深入認識它們如何飛行——並了解釀成那次墜機事故的可能起因。

在這趟追求飛行並希望對飛機如何飛行了解更多的過程當中，我很幸運能擁有許多女性楷模。除了和我爸爸一起飛行之外，我在當地機場也曾與許多人共飛，其中一位是位年輕女

性，名叫娃爾‧史派斯（Val Spies），她看來已經二十五歲上下。她和丈夫在機場經營滑翔機作業，而且她會帶著我飛她的幼獸（Cub）輕型機。（她還教我如何在山坡地開手排車。）這些年來我一度與娃爾失去聯絡，不過在我為第一趟太空飛行預作準備時，我們又重新聯繫上了。這段時日她都在佛羅里達州坦帕經營一家漂亮的瑜伽會館。

高中時我有好幾位女性老師，包括海倫‧威爾科克斯（Helen Wilcox）太太和瑪莉昂‧史帝爾（Marion Steele）太太，她們鼓勵我學習更具挑戰性的科目，程度超過我自己會作出的抉擇。儘管我的職業生涯始終沒有專注於她們最喜愛的生物學，我在她們的課堂上（在我一直認為比我聰明的學生當中）所做的工作，為我帶來一個寶貴的教訓，告訴我挑戰自己學習新事物的價值所在。

高中時我最愛的課程是一門選修課，稱為航空學入門，由伊莉莎白‧「灰粉」‧蘭森姆（Elizabeth "Dusty" Ransom）太太負責講授。我對於我的學校能開這門課感到相當興奮，誰能料到你上高中時，竟然能夠修讀一門你早知道自己會喜愛的課程？最重要的是，授課女老師的生平事蹟，我只在書上讀過！她從來不曾吹噓自己擁有的任何驚人飛行經歷，不過我們班上所有同學，都想多認識她的背景。她十九歲時在托雷多大學（University of Toledo）拿到了飛行員執照；二十二歲時，她加入女子航空勤務飛行隊（Women's Airforce Service Pilots, WASP），也投身第二次世界大戰助戰行列，負責在全國範圍

內進行轟炸機轉場作業；後來她獲得了教育學士以及碩士學位。蘭森姆太太是位多才多藝的女性，她還是一名游泳教練、園藝大師，也是縫製被褥的頂尖高手。我很幸運，她在一九六八年來到清水高中，在那裡教授航空科學、人類學和歷史，此後就一直待在那裡，直到我畢業後六年，她在一九八六年退休為止。

蘭森姆太太在一九九七年過世。雖然我很遺憾，高中畢業之後，始終沒有機會再見到她，不過也很慶幸，獲選為太空人之後不久，我就得以在我長大的清水機場和她的女兒見面，並告訴她，她媽媽的航空課程對我造成多大的影響。在那時候，我從來沒有想過，身邊有女性航空員和科學家楷模來鼓舞我是多麼重要——她們就只是在我生活中與我分享她們愛好的人。不過現在我明白了，這些在我生活中出現的女性，幫我發現了我的自然興趣與志向，從而促成了我的太空人事業生涯。

最重要的女性楷模，始終都是我的媽媽。我爸爸死時，她三十九歲，帶著三個女兒。（我十五歲，雪莉十四歲，諾艾兒〔Noelle〕八歲。）直到今天，她所展現出的力量和堅毅，依然讓我肅然起敬，鼓舞我勇往實現我的夢想。她從來不曾要我別飛，或者跟我說我沒辦法飛，或甚至向我暗示我不行。當我決定在高中畢業之後馬上要去拿飛行員執照，接著進大學攻讀航空工程學，這一路上的每一步，她始終支持我，後來她還堅強挺立，帶著我的兩個妹妹，看著我爬上火箭飛船，兩度發射上太空。

我一直都知道,看著你心愛的人被綑綁在火箭上,比起身為被綑綁的人要更艱難得多,現在我也當了母親,我知道看著你的孩子做有潛在風險的事情時,心中的那股不安。不過我之前還沒有完全體會到,一個孩子看著父母要冒巨大風險時,心中會是什麼感受,那是直到我被牢牢綁妥,準備起飛前往外太空時才有所領悟。我想起我兒子,他當時七歲,就站在發射管制中心屋頂。他必須鼓起多大的勇氣,來看著太空梭起飛,而且媽媽就在那裡面。

從觀看第一次登月時開始,我就認為,當太空人肯定是件了不起的事情,不過在很長一段時間之後,前往外太空的想法,似乎成了我可以,或甚至應該考慮的念頭。不過最後是在二〇〇〇年,我獲選為航太總署第十八班太空人的一員。那是個巨大的榮耀(老實講還是個巨大的驚喜),因為我們寥寥十七人是從超過五千名申請人當中遴選出來的。獲選最讓我驚訝的一點並不是那渺茫的機率,而是我竟然真的申請了。

我曾在佛羅里達州代托納比奇(Daytona Beach)的安柏瑞德航空大學(Embry Riddle Aeronautical University, ERAU)攻讀航空工程學,那所學校位於甘迺迪太空中心以北,相隔不過八十公里。校園成為觀看太空梭發射的絕佳地點。在我學習飛機如何飛行之時,我發現自己也希望知道火箭飛船如何飛

行。這促使我不只觀看甘迺迪太空中心的發射作業，還到那裡向航太總署謀職。一九八八年，太空梭計劃在挑戰者號（*Challenger*）失事後恢復飛行，我也開始在航太總署工作，擔任工程師。我在甘迺迪太空中心工作了將近十年，隨後我才想到可以申請太空人遴選。由於我負責協助太空梭的發射預備作業，我已經熟知，在沒有上太空飛行的那99.9%時間裡，太空人都在做什麼，而且我也知道，他們起碼有八成工作就如同我擔任航太總署工程師所做的事情。這時我就去找我的幾位導師談話，他們都鼓勵我拿起筆來填寫申請書。

「拿起筆來填寫申請書？！」這麼簡單的事情怎麼會這麼令人畏怯？好幾個星期以來，我一直問自己「為什麼他們要選我？」這同一個問題。我幾乎因為自我懷疑而錯失了一個奇妙的機會，所幸最後我採取了一項行動，那是整個歷程當中，我唯一能全盤掌控的——填寫申請書。我十分感激，我求教的人，沒有一位勸阻我。我求教的每個人都告訴我「拿起筆」，這個簡單的鼓舞，給我信心做下去，而且那張申請書還會開啟一趟全新的飛行冒險，和全新的生命視角。

按照傳統，我們的前一班負責為我們的班級起一個暱稱，他們把我們命名為「蟲子班」（the Bugs）。那個名稱靈感出自「千禧年蟲子」——那是一九九九年一項廣泛傳播的顧慮，擔心當日曆從一九九九年轉入二〇〇〇年時，電腦就會當機，導致我們所熟悉的生活也就此終結。儘管意圖戲謔嘲弄，那個名字並不是最糟糕的。我們的前輩們得到的是蛆蛆（Maggots）、

毛球（Hairballs）、企鵝（Penguins）、沙丁魚（Sardines）和飛行蝸牛（Flying Escargot）一類的稱號。我們欣然接受我們的暱稱，畢竟，多數蟲子都有翅膀而且會飛，所有太空人都想做的一件事就是飛。

自從我成為太空人以來，甚至在我飛向太空之前，我最常被問起的問題就是：「你是怎麼變成太空人的？」事實上，我班上的太空人，沒有一位是以相同的方式來到那裡。我們所有人都有個共通點，那就是我們都熱愛自己成為太空人之前所做的事情。我們對我們在地球上所做的工作滿懷熱情，也都抱持著好奇想要學習更多，我們全都尋找如何運用我們天生的好奇心和堅毅的承諾，投入工作來幫助改善地球上的生活，而且我們所有人都在某個時間點發現了，成為太空人或許就是我們辦到這一點的另一種方法。為了篩檢大批申請人去蕪存菁（二〇一七年班有超過一萬八千人申請十一人的名額），航太總署訂定了教育程度、工作經驗和整體健康方面的基本規範，不過此外的資格條件就相當寬鬆。儘管做了一些限制，這些基準依然容許很多出身不同背景和經驗的民眾──甚至像我這樣的人──都有可能成為太空人。

儘管許多公司依然沒有充分利用多樣化工作成員的優勢，然而社會多樣性（種族、性別、族裔）和工作場所背景與專業

多樣性的優點，已經在所有產業中得到證實，而且在太空計劃任務成員身上也獲得驗證。我最喜愛的例子之一就是國際太空站計劃。

代表十五個國家的五個國際太空機構和太空人，在國際太空站計劃中共同工作，已經成為地球上我們所有人得以跨越邊界和文化藩籬並攜手合作的典範。國際太空站計劃不只證明了，利用多國獨創性和多樣化專業知識的槓桿作用，在技術上會更為有效，而且這也強化了合作國家之間的關係，並能減輕在太空做研究的財務負擔。就算參與國家在地球上出現紛爭，國際太空站上的合作依然持續。

儘管就性別和種族多樣性方面，我們二○○○年蟲子班並不是特別出眾，我們的專業知識多樣性肯定十分搶眼。我們的成員包括各類工程師、軍機試飛員和戰鬥機飛行員、好幾位醫師、一位海洋學家、一位地球物理學家，甚至還有一位潛艇人員。每位成員都有自己的業外興趣，為我們的經驗組合增補不足，好比駕駛賽車、縫紉、繪畫、半專業滑水、木工、飛行、園藝、交際舞、烹飪、攀岩、音樂、房屋營造和水肺潛水，而這還只是蟲子班級所喜愛多元活動當中的少數例子。我們發現了一件事情——航太總署知道這是事實——那就是我們不同的個人背景和經歷，讓我們得以成為更強大的團隊。

縱貫航太總署的歷史，那所機構始終肯定社會多樣性以及專業與經驗多樣性，在載人太空飛行計劃中所具有的價值。儘管大學理工科領域的女性和有色人種畢業生人數遠遠較少，而

且相同情況也發生在為航太總署職位（包括太空人）提供人力的種種產業，不過就航太總署本身，它在招聘方面向來都很積極進取。

考量在一九六九年送人上月球必須具備的所有要項，其中最醒目、讓它全面啟動的事件之一，顯然就是一九六二年九月十二日約翰·甘迺迪（John F. Kennedy）總統在德州休士頓萊斯大學（Rice University）體育場的歷史性演說，當時他說：「我們選擇在這個十年前往月球並完成其他事項，不是因為它們很容易，而是因為它們很困難。」總統這則前往月球（並安全返回）的指令是在我出生之前兩個月發佈的——接著不到七年之後，我就在家裡客廳看電視直播，見證它實現。

甘迺迪總統在發表這段聲明之前所說的話，同樣令人感到鼓舞：

> 不論我們加不加入，太空探索都會繼續發展，而且這是有史以來最偉大的冒險之一，希望成為其他國家之領導者的國家，都不能自認為可以在太空競賽中落後……我們打算成為它的一部分——我們打算領導它……簡而言之，我們在科學和技術上的領導地位，我們追求和平保障安全的希望，我們對自己以及對別人的責任，全都要求我們投入這項努力，解答這所有的謎團，為所有人類的利益來解答它們，並成為世界領先的航天國家……我們在這片新的大海上揚帆起

航，因為那裡可以習得新的知識，可以爭取新的權利，而且必須是為了全人類的進步來爭取、運用它們……目前外太空還沒有紛爭、偏見和民族衝突……它的危險對我們所有人都很不友善。征服太空值得動用全人類的最大努力，而且能夠和平合作的機會有可能永遠不會重現……我們選擇前往月球，我們選擇在這個十年前往月球並完成其他事項，並不是因為它們很容易，而是因為它們很困難。

為什麼每次我聆聽或閱讀甘迺迪總統演說中的這些話，總是那麼受到鼓舞？因為他說的不只是關乎前往月球，而是我們必須繼續挑戰自我，並發揮到極致，成為領導者，讓看似不可能的成為可能。他的話關乎了希望和太空探索對全人類進步的益處。

不到一年之後，在一九六三年，甘迺迪總統再次發表演說，這次是呼籲國會立法「賦予所有美國人在對民眾開放的設施中接受服務的權利」，以及「對投票權的更大保障」。

這項呼籲在航太總署得到回響，有趣的是，回應的人是華納‧馮‧布勞恩（Wernher von Braun）博士，他是個德國科學家，曾開發出納粹使用的V-2火箭武器，並在二戰結束之後移居美國。他後來運用相同的技術，來設計阿波羅農神五號（Saturn V）發射載具。一九六四年，馮‧布勞恩博士當時在航太總署的阿拉巴馬州亨茨維爾（Huntsville）馬歇爾太空飛行中

心（Marshall Space Flight Center）擔任中心主任，他向亨茨維爾地區公司聯合會（Association of Huntsville Area Companies）演講，呼籲認可所有美國人的公民權以及投入對抗歧視之必要性。「根據奇異公司（General Electric）太空部門（與會的公司之一，也是航太總署的合約商）的弗雷德·舒爾茨（Fred Schultz）所述，馮·布勞恩的論述賦予聯合會成員『他們所需的背書支持，從而得以發起更多行動，進一步成功推動平等就業機會』。」[1]

　　林登·詹森（Lyndon Johnson）總統同樣推動制定具有指標性的法律，明令禁止歧視。後來航太總署設於休士頓的詹森太空中心（Johnson Space Center, JSC）便是以他的姓氏為名。一九六四年七月二日，他在國會審核通過的同一天便簽署了《民權法案》（Civil Right Acts）。

　　阿波羅計劃在一定程度上是對與蘇聯競逐太空領導地位的回應，不過在甘迺迪和詹森眼中，美國國家航空暨太空總署也是個能在地球上促成進步的額外機會——「為所有人求進步。」（即便在那時候，國際太空站座右銘「離開地球，為了地球」仍是適用的。）誠如二〇一四年《史密松寧航空和航天》（Smithsonian Air & Space）雜誌一篇標題為〈航太總署如何加入民權革命〉（How NASA Joined the Civil Rights Revolution）的文章貼切表示：「歷史迫使甘迺迪總統允諾舉國探索太空，而且就恰好發生在歷史迫使他面對民權運動的時間點上。」[2]

　　甘迺迪的整合策略之一就是專注處理聯邦聘僱作業。航太

總署在一九五〇年代晚期開始積極在全國徵才聘用非裔美國科學家和工程師來支持太空計劃。這些為擴大航太總署勞動力多樣性而招聘的人員，包括了才華橫溢的非裔美國女數學家，後來她們成為了太空計劃的「計算員」：她們執行部分最重要的計算，來送人搭太空船安全上太空並返還。如今號稱「隱藏人物」（Hidden Figures）的那群數學家，如凱塞琳・詹森（Katherine Johnson）和瑪格麗特・漢密爾頓（Margaret Hamilton）確實都是「隱藏的」，不過這所有成果得以實現，她們的角色不可或缺，這點即便在當時的航太總署也不是什麼祕密了。後來當瑪歌・李・雪德利（Margot Lee Shetterly）的同名暢銷書在二〇一六年問世，同一年又轟動巨片推出《關鍵少數》（*Hidden Figures*），這些女士們的重大貢獻終於獲得認可。[3]二〇二〇年，航太總署設於華盛頓特區的總部大樓更名，冠上了航太總署第一位非裔美國女性工程師瑪莉・傑克遜（Mary Jackson）的姓名。

一九六〇年代，隨著登月競賽加速進行，航太總署的少數族裔聘僱作業也同步加速進行，並開始與歷來都招收黑人的大學合作建立了實習和招聘計劃。於是當航太總署預備把人類帶到更遠離這顆星球的地方之時，它也為地球上同樣擁有資格，但代表人數不足額的族裔，啟動了平等就業的機會。

航太總署在早期也倡議提高太空人團隊的多樣性。一九五九年，航太總署的第一批太空人稱為「水星七人組」（Mercury 7），其成員全都是白人男性軍機試飛員，到了一九六二

年，航太總署的第二個班級開放讓民間試飛員也能加入。從整體多樣性大架構來看，這似乎沒有什麼了不起，不過對飛行員來講，這絕對是件大事。一九六七年，艾德・德懷特（Ed Dwight）成為第一位由空軍推薦參與太空人遴選的非裔美國人，他也是美國空軍試飛員。考量到當時較宏觀的社會動態，那是個進步的選擇，儘管如此，他從沒有以航太總署太空人的身分來飛行。一九六九年由航太總署遴選的第七個太空人班級是個軍隊團體，並沒有提增太空人隊伍的種族或性別多樣性，不過下個班級，九年後在一九七八年選拔的團隊就做到了。

太空梭計劃為更廣大的人們開啟了當太空人的機會。一種承擔了新任務的新式航天器，代表航太總署需要一種新類型的太空人。為因應往後要在太空梭上進行的工作，航太總署需要拓展專業範圍，從飛行員太空人擴張到一個新的指定範疇，他們稱之為「任務專家」，這就包括了科學家和工程師。航太總署還希望，太空人隊伍能夠更適切地反映我們種族和性別的人口組成，不過他們是私下努力，掙扎把消息傳遞給更多樣化的候選人，並鼓勵他們來申請。在第一個太空梭太空人班級的招募故事當中，我最愛的一則牽涉到運用科幻的力量，來落實科學事實，而且這牽涉到了歷來最好的科幻系列作品——《星艦奇航記》（Star Trek）。

《星艦奇航記》最早於一九六六年在電視播出，而且從一開始它始終是技術演變的靈感來源，不過經由其創造人吉恩・羅登貝瑞（Gene Rodenberry）的意圖與前瞻性思維，它還以多

元文化與多種族乘員——劇中有一位日本舵手、一位俄羅斯領航員、一位非裔美國人女性通訊官，還有一位半人類半瓦肯人大副——加上大量接觸宇宙各地的其他智慧外星生命，對現有文化規範提出挑戰。我小時候對電視的最早期記憶，部分便來自與家人一道觀賞《星艦奇航記》，我的振奮激情來自觀賞乘員的任務，不過更重要的是，我並不質疑乘員的族群類別。由於《星艦奇航記》，我在成長過程始終認為，太空任務的乘員，看來就該像企業號（Enterprise）星艦甲板上的那些人。我很欣慰，與我一道飛行的乘員，看來也都像這樣。

《星艦奇航記》電視影集於一九六九年停播之後，劇中飾演烏瑚拉中尉（非裔美國女性通訊官）的妮雪兒·尼柯斯（Nichelle Nichols）仍繼續她的演藝和音樂事業生涯，不過由於她在《星艦奇航記》影迷大會上現身，也經介紹結識了航太總署的科學家和高階經理人，她成為了太空計劃中的女性與少數族裔代言人。她認為我們的太空計劃是為所有人而設，而且她提出了一個問題：「我的族人在哪裡？」一九七七年，航太總署經由她的公司「行動女性公司」（Women in Motion, Inc.），聘僱她來解決太空機構為太空梭計劃遴選太空人時遇上的挑戰。（尼柯斯成立這家公司，原本是要使用音樂來作為教育教學工具。）進入招聘程序已經八個月，航太總署只收到了一千五百份申請表，其中來自女性的不到一百份，來自少數族裔的只有三十五份。當尼柯斯完成她的四個月全國密集招聘活動，航太總署共收到了八千份申請表——來自女性的有一千六

百四十九份，來自少數族裔的超過千份。

尼柯斯在她的航太總署招聘影片中表示：「倘若你有資格，也願意當個太空人，現在就是你申請的時候了。這是你的航太總署，航太總署是一家現在就著手改善地球上生活素質的太空機構。」

航太總署對尼柯斯的招聘結果深感讚佩，於是在一九七八年，它把第一個太空梭太空人班級名冊的選拔清單，從二十五人提高到三十五人，這樣才能納入頭三位非裔美國男性、第一位亞裔美國男性，以及頭六名女性。尼柯斯繼續支持航太總署招聘，並在一九八四年獲頒備受敬重的航太總署公共服務獎章，表彰她為追求統整的美國太空計劃所開創的眾多成果。

二〇二一年三月，七名國際機乘員登上國際太空站——兩名女性、一名非裔美國男性，以及四名白人男性，包括一名日本人和兩名俄羅斯人。迄至二〇二一年一月，太空人辦公室共有四十六位太空人，其中35%是女性，這已經遠高於平均值，因為你得考慮到，這幾乎是兩倍於大學工程項目典型的兩成女性學生入學比率，而且迄至二〇一八年，整個美國工程學界勞動力也只有13%是女性。[4]

如果你來到甘迺迪太空中心發射管制中心前廳，或者在休士頓阿波羅任務的任務管制中心的後方控制室，看那裡一張一九六〇年代的照片，你就會看到大批年輕白人男性，他們身著正裝短袖襯衫，使用口袋保護套，而且在他們當中只有一名女性，兩處地點同樣如此：佛羅里達州的那位是喬安・摩根

（JoAnn Morgan），德州的那位是小名「波皮」的佛朗希斯・諾思卡特（Frances "Poppy" Northcutt）。如今不單是發射管制中心和任務管制中心的主管都是女性，就連航太總署載人太空飛行也完全由女性**經管**，同時在那些管制中心以及整個航太總署裡面，也都有形形色色美好的人投入工作。

在本書撰寫期間，航太總署正打算派遣更多太空人前往月球執行任務，而且最早可以在二〇二四年成行，那組太空人中至少會有一位是女性。

美國的太空計劃，起初貨真價實是為了對抗蘇聯人才投入登月競賽。儘管從事這場競賽有許多充分的理由，不過我很高興，如今我們已經體認到，國際夥伴關係以及合作的價值，不必再那般集中關注於競爭。如同人類本性，競爭始終存在，不過全世界各地一度在太空中相互競爭的太空項目，如今已經藉由國際太空站計劃示範證明，當我們改弦更張，實踐和平競爭並能通力合作，則我們全體都能從中獲益。

一九七五年，作為歷史性阿波羅聯盟測試計劃（Apollo Soyuz Test Program, ASTP）的成員，航太總署太空人湯姆・斯塔福德（Tom Stafford）和蘇聯宇航員阿列克謝・列昂諾夫（Alexey Leonov）分別在美國阿波羅號與蘇聯聯盟號宇宙飛船開啟艙口，探出身子握手。在許多人眼中，阿波羅聯盟測試計

劃的成功，和兩艘航天器指揮官的那次握手，象徵了太空競賽的結束，不只是驗證了我們能讓兩個國家的兩艘宇宙飛船在太空中對接，同時還證明了這兩國人民之間，是有可能建立起有意義的密切關聯。

而且這也是湯姆和阿列克謝終身友誼的開端。

太空記者伊莉莎白・霍威爾（Elizabeth Howell）博士在二〇一三年發表了一篇文章來表彰阿波羅－聯盟號任務，她注意到，即便在阿波羅聯盟測試計劃仍在籌備階段之時，私下已經有人不斷討論，美國和蘇聯的太空計劃，可以在未來的太空探險活動上彼此合作。霍威爾便放言高論：「除了技術之外，這〔阿波羅聯盟測試計劃〕還向世界展示了和平與共同目標。」[5]阿波羅聯盟測試計劃任務為太空國際合作奠定基礎，實際舉措包括一九九〇年代的太空梭－和平號計劃（Shuttle-Mir Program）、長久延續的國際太空站計劃，以及今天重返月球和前往火星的太空探索計劃。

不同國家的太空人在一九八〇年代早期便開始搭乘太空梭飛行，同時在一九九〇年代，航太總署的太空人也開始搭乘俄羅斯聯盟號宇宙飛船升空。太空梭計劃在二〇一一年退役之後，美國太空人仍繼續與我們的俄羅斯夥伴一起搭乘聯盟號往返國際太空站，美國太空人最後一趟搭乘俄羅斯聯盟號前往國際太空站的表定行程是在二〇二一年四月。

太空探索技術公司（SpaceX）的載人航天器飛龍號（Dragon）的第二趟國際太空站飛行在二〇二〇年十一月完

成，這趟飛行的國際乘員包括一位代表日本宇宙航空機構的太空人。俄羅斯和美國航天器上的國際乘員組合預計仍將持續。我要說，這些國家之間的任何緊張關係，都會因為我們在太空領域的合作而緩和下來。

　　第一次駐留國際太空站上過了幾週，我驚訝地接到太空人夥伴布倫特・傑特（Brent Jett）的電話，他當時擔任航太總署的飛行乘員作業主管。他告訴我，我被指派從事第二趟太空飛行，連同我的兩位蟲子同學，巴拉特和提姆・科普拉（Tim Kopra）——當時他們也在國際太空站上，同為我的乘員夥伴——以及其他三位在地面的蟲子同學——埃里克・博（Eric Boe）、阿爾・德魯（Al Drew）和史蒂夫・鮑文（Steve Bowen）——我們會與指揮官、飛行蝸牛班的史蒂夫・林賽（Steve Lindsey）會合，一起搭乘發現號太空梭執行STS-133任務，這次發現號被指派負責太空梭計劃的最後一趟飛行。在此之前，還不曾有太空人仍在太空中執行當前任務之時，就被分配到下一趟任務。我完成第一趟三個月的飛行之後，就會直接進入第二趟飛行的訓練。儘管我很高興，不過同時也很興奮又懼怕必須從太空打電話給我先生來告訴他這個消息。

　　二○一一年二月，五名蟲子和一名飛行蝸牛（現在是位榮譽蟲子）起飛執行STS-133任務，在國際太空站上逗留兩週，

進行組裝、維護與科學事項。看著我們六個人，你不會看出這群乘員的任何一位有甚麼特別出眾的地方（除了我們的出奇美貌，哈哈）。如果事先不知道其他任何有關於我們是誰或者我們所擁有的種種不同經歷，你大概只會見到一名白人女性，一名非裔美國男性，還有四名白人男性。然而在外表之下，你還會發現一位世界知名的飛行外科醫師、一位藝術家、一位傳教士、五位工程師、一位廚師、一位特種部隊軍官、三位戰鬥機飛行員和試飛員、五位父母、一位水手、六位水肺潛水夫、一位潛艇人員，以及好幾位木匠。這些角色對六個人來講算很多了，不過這還遠稱不上全盤掌握所呈現多樣性的深度。簡而言之，你會發現一群擁有豐富經驗和專業知識的人，所有必要的太空人技能兼而有之，好比駕駛太空梭、操控機械臂、太空漫步、執行太空梭和國際太空站系統的操作與維護，並進行該任務的科學事項。還有最重要的是，你會發現這群多元人士都相信太空飛行之首要任務：這一切都是為了改善地球上的生活。

儘管航太總署是因為我們的技術能力才選擇我們，不過在公眾方面，他們相信我們有能力將這項任務周延地傳達給一般大眾和國際社群知道，特別是在太空梭計劃退役的這段歷史性過渡期間。

我們每個人始終比你在表面上能見到的還要更多，我們生命周遭的種種，始終比你從遠處看到的還更多。當我們從太空檢視地球，我們看到一顆又大又美麗的星球。若是你上了太空待在國際太空站上，你用肉眼從窗口看到的是顆看來活生生的

行星，所有的藍、綠、棕、白色和你所知道地球上其他種種色彩，都以晶瑩剔透的高解析度呈現出來。你會看到運動——星球本身的自轉；我們在它周圍環繞運行的速率；白雲盤旋；看似與白雲同步移動的雲影；相互追逐並環繞全球的閃電轟擊；波浪狀半透明綠色極光簾幕在上空懸浮；從黑夜到白晝幻化出的彩虹之光；太空船在夜間橫越地球上空時都市照明也隨之「燃亮」，並在進入白晝時熄滅；還有根據太陽角度而變化的水面閃光。然而除非予以放大，否則從太空是不可能見到我們星球上的任何生命型式。除非我們再更仔細觀察，否則我們根本無法理解我們星球上發生的事項。放大讓我們能夠看到並理解細節，放大讓我們有辦法領略活在我們當中最細小的生命形式。它為我們提供一種方法來理解，就算最渺小的生命形式，對我們所有地球人所帶來的重大影響。

　　我們航太總署蟲子班太空人廣受讚譽，表彰我們在多次太空任務中所擔任的關鍵要角，不過**真正的蟲子**——昆蟲、蠕蟲和蜘蛛一類的——更是在地球所有生命的存續上，扮演著更關鍵、重要，而且大半不為人所知的角色。蟲子是個類別龐雜而且形式繁多到難以想像（起碼就我而言）的類群，多少個世紀以來，牠們都被冠上了毛骨悚然、雞皮疙瘩的噁心害蟲的惡名。人類長久以來針對蟲子的行動，大半都是想要藉由大規模

滅絕手段，不分青紅皂白把牠們從我們的農場、庭園和住家徹底根除。

我想許多人對於一項事實都有若干認識，那就是地球上住了五花八門、類別繁多的蟲子，好比蜜蜂和其他昆蟲，還有蠕蟲和蜘蛛，不過地球上已知的種類數量——約有九十萬種不同類別——依然讓我感到震撼。從某些觀點來看，設想一下：瓢蟲的種類比哺乳動物的類別還多，螞蟻的種類數超過鳥的類別數，還有象鼻蟲的種類數量超過魚的類別數。現存活昆蟲的確切數量只能靠科學研究來估計，大多數權威人士都認為，**尚未經過描述的**（意思是尚未經過科學命名的）昆蟲種類數量——超過業已命名的類別數。[6]這就表示，昆蟲物種的最小數量起碼達到兩百萬，不過科學家估計，實際上有超過五百萬種，這與昆蟲數的**總量**還差得遠了。在任何給定時刻，昆蟲族群總數估計共有一千京隻左右。[7]我不知道你是多麼博學，不過我在查核這筆資料之前，可是從來沒有見過「京」（10,000,000,000,000,000,000）這個單位。就我而言，「京」也可以是無窮無盡的意思，而且這根本還沒有把同樣被視為「蟲子」的過百萬種蠕蟲和超過四萬六千種（甚至多達百萬種）蜘蛛納入計算。

隨著這個龐雜無比的多樣族群，形形色色的蟲子「專技」也紛紛出現，為我們所有人發揮了眾多奇妙的功能。就像太空人在確保太空梭與國際太空站乘員存活上所發揮的重要作用，蟲子對地球上所有生命的存活，也同樣不可或缺。大自然中許

多我們視之為理所當然的美麗與豐盛，像是花朵、果實和蔬菜，但也有不那麼美麗的一面，腐敗與養分再循環回歸土壤的歷程，都是由蟲子在地球生態系中所扮演的關鍵角色所驅動。

這顆星球上有數量龐大得令人驚訝的蟲子，看來我們根本沒辦法想像，人類能對牠們的整體族群，或者對牠們的生存能力，造成什麼樣的重大影響。不幸的是，我們能。

二〇一八年一份全球昆蟲族群的研究提出警告，超過四成的昆蟲物種都在走下坡。這項研究勾勒出了這樣走下坡對人類帶來何等潛在不利影響，醞釀出了迫在眉睫的「昆蟲啟示錄」（Insect Apocalypse）——又稱為「昆蟲大劫難」（insectageddon）——的理念，而且這依然是科學界所討論和探索的一項課題。[8]儘管有些人論稱，這些估計誇大了對昆蟲和對我們這顆星球的威脅。二〇二〇年二月，一支由佩德羅·卡多索（Pedro Cardoso）博士領導的團隊在《生物保育》（Biological Conservation）期刊上為文報導：「現有（昆蟲）滅絕危機令人深感憂心。然而，我們所知道的只是冰山一角。」[9]

人類的活動——包括以種種手段所致大規模消滅，好比殺蟲劑之運用、污染和棲息地破壞，還有侵入先前未經碰觸的土地等——已經導致蟲子族群數下降。這應該要引起所有人注意，因為世界沒了昆蟲，人類也就跟著沒了。

「昆蟲族群數減少，導致人類失去了不可或缺又不可替代的服務。人類活動是造成目前幾乎所有昆蟲族群數減少和滅絕的起因，」卡多索博士表示，「人類和昆蟲的命運交織在一

起……現在已經有了解決辦法，我們必須採取行動。」[10]

目前提出的解決方案多不勝數，而且根源出處實在太多了，這裡無法列舉。這些解決方法品類繁多，從更大的自然保護區和管制有害殺蟲劑的使用，乃至於把枯木留在庭院中以及不修剪草坪等個人行動。科學家還敦促保育工作不能再忽視無脊椎動物，因為保育往往側重哺乳動物和鳥類。

至於失蹤的豆娘，牠們曾是我在機場公園童年時代鮮明的一部分，如今我也不斷尋尋覓覓。為了查出牠們的現狀，我在網路偶然聯絡上了丹尼斯・鮑爾森（Dennis Paulson）博士。鮑爾森是位蜻蜓和豆娘專家，而且極大方地撥冗回答我天馬行空的詢問：「豆娘都哪裡去了？」

他分享了對其他生物研究方法的相關見解。好比，自從一九〇〇年開始，一百多年以來，美國奧杜邦學會（National Audubon Society）都不斷在美國進行《聖誕節鳥類統計》（Christmas Bird Count）──這是一項年度研究，採定量方法來清點鳥類族群數；北美蝴蝶協會（The North American Butterfly Association）從一九九三年起開始進行《七月四日蝴蝶統計》（Fourth of July Butterfly Count）迄今。不過鮑爾森博士告訴我：「昆蟲幾乎沒有普查的事例，所以我們沒有多少事例能以基線來評斷情況如何隨時間演變。所幸有幾項研究採行合宜的量化方式，探討了昆蟲減少現象，並提出了一些最新的評論，然而令人驚訝的是，其中沒幾項是出自北美洲。」

鮑爾森博士從一九六七年起就定居西雅圖。在那之前，他

在佛羅里達州住了十五年，並曾就讀邁阿密大學（University of Miami），拿到了動物學博士學位。「我的論文寫的是那個地區的蜻蜓，」他告訴我，「不幸的是，它變得相當厚（達到六百零三頁，在那時候，那是邁阿密大學歷來最厚的一本），於是指導教授要我別寫豆娘，我聽從了。我始終為此感到遺憾，因為那會很值得，但我也始終不曾回頭寫它。」

鮑爾森博士在昆蟲學界一直保持領導地位，包括協同撰寫出幾篇最新也最受尊崇的蜻蛉目論文，蜻蛉目是包括蜻蜓和豆娘在內的飛行昆蟲類群。他的著述廣受引用，有些探討昆蟲危機的領導科學論文，也把該文納入參考文獻，他寫了好幾部蜻蜓和豆娘的田野指南，而且他曾在塔科馬（Tacoma）的斯萊特自然史博物館（Slater Museum of Natural History）擔任館長，任期從一九九〇年到二〇〇四年。

儘管我的觀察做法不同於量化研究，不過鮑爾森博士驗證確認，我再也見不到蟲子以那樣的數量蜂擁結群，並不是我想像出來的。他分享了一個相仿故事，有關他在佛羅里達州尋找巨型水蟲（負蝽類飛蟲）的經驗。「從前我經常在邁阿密附近照明良好的購物中心或其他公共場所出沒，那裡到處都充滿種種活生生的昆蟲，」他告訴我，「從前巨型水蟲的數量眾多，看到牠們在周圍飛來飛去，我都必須注意避開，以免有哪隻落在我身上，說不定還會咬人。如今在有同等明亮燈光的夜裡，在沒有太大改變的自然棲息地（例如佛羅里達大沼澤〔Everglades〕或者大柏樹沼澤地〔Big Cypress Swamp〕的邊緣附

近），已經沒有巨型水蟲，而且其他昆蟲也少得令人心驚。」

這與我尋找豆娘的經驗是相符的（除了咬人那部分）。鮑爾森博士繼續指出：「和其他昆蟲類群相比，蜻蜓和豆娘整體而言都依然常見。」

我很高興聽到這則豆娘的相關消息，在此同時，我也很傷心──傷心、氣憤又害怕──因為我想今天豆娘數量稀少，道出了整體昆蟲族群更嚴重的問題。我還記得從一九七○年代以後，就只見過一隻豆娘一次──那是二○一九年在薩拉索塔（Sarasota）一家餐廳享用戶外晚餐──而且牠們的族群數減少程度是**最輕的**，於是我就要設想，其他許多我不知道的昆蟲，恐怕我是永遠沒有機會見到了。

不論科學家就昆蟲族群數實際減少了多少的看法是否一致，他們看來也全都明白，就算只失去了很小比例的昆蟲，都可能釀成不成比例的後果。蟲子身處食物網最底部，一旦牠們走下坡，許多鳥、蝙蝠、蜘蛛和其他捕食動物也會跟著減少。蟲子能鬆土、為植物授粉，並移除糞便屍骸，一旦牠們消失，整個地貌就會改變。考慮到這些風險，「難道要等到有確鑿證據表明，物種正漸漸消失之後，我們才動手做事？」梅・貝倫鮑姆（May Berenbaum）博士質問。她是伊利諾大學（University of Illinois）昆蟲學系主任，也是二○一四年美國國家科學獎章（National Medal of Science）得主。「〔在蟲子和地球上所有生命之間〕有那麼多連結關係是我們根本還沒有開始領略的，我們通常都是在牠們消失時才發現，這並不是最好的發現方

式，」她表示，「別因為一種動物尺寸細小就輕忽牠，牠有可能在其他有機生物的生命當中，扮演一個超大型角色。」[11]

就在我開始明白，對我們來講，承認我們的星球是我們的唯一家園有多麼重要時，卡多索博士在二〇二〇年報告中說的一件事情，便顯得特別搶眼：全球經濟。他寫道：「完全仰賴生態系統，因為自然資源是一切事物的基礎。昆蟲是生態系統的主要組成部分，沒有牠們，也就沒有事情能運轉。生態（ecology）和經濟（economy）的英文單詞具有相同根源『eco』，代表『家』，這並不是巧合，沒有生態就沒有經濟。」[12]

蟲子沒有能力區辨哪些植物沾染了有害殺蟲劑，牠們也沒有辦法為因應遼闊土地淨空改做農地使用而進行長距離遷移，而且牠們也斷無能力改變人類活動或者阻滯氣溫上升。改變我們的做法得靠我們，否則就要冒著失去這些雖渺小卻不可或缺的生命貢獻者的風險。

就像眾多環境問題，拯救蟲子從而拯救我們自己的使命，看似超乎任何單一個體力所能及，不過仍是有希望的。海倫・斯帕福德（Helen Spafford）博士談到昆蟲時表示：「牠們是多數生態系統的無名英雄。」斯帕福德博士是夏威夷大學（University of Hawaii）昆蟲學家，並協同為美國昆蟲學會（Entomological Society of America）撰寫了該會的二〇一七年瀕危昆蟲物種的狀況陳述。則西思學會（Xerces Society）執行董事斯科特・布萊克（Scott Black）指出：「有關昆蟲的妙處在於，任何人都可以幫助牠們。倘若你有一片小院子，如果你

是個農民，如果你是個自然保護區經理人，如果你在交通部門工作，你就可以為傳粉媒介管理植物。我們可以在整個景觀中做這件事，而且我們需要這樣做。」[13]

我發現這些話對我自己的生活也富有啟發性，而且我相信你在你的生活中也可以把它謹記在心。當我改善我家周圍的小院子時，我便刻意開墾出一處昆蟲可以繁衍生息的花園。見到蝴蝶和蜜蜂在園中四處飛舞，而且土中還有蠕蟲，我是多麼開心啊！

許多方法都可以為蟲子騰出空間，而且不只是環繞你自己住家附近。考慮設立一處社區花園，或者為現有的庭園作出貢獻，或鼓勵旁人在你的工作機構或居處附近栽植對蜜蜂和蝴蝶友善的花卉和植物。卡多索博士說，昆蟲友好型庭園，能彌補大規模解決方案之不足，幫助遲滯頹勢。「當許多人導入這些小規模解決方案，就能為許多昆蟲族群帶來重大改變。即便是少數幾座庭院，對一個物種來講都可以是件大事。」

就像我們的行動看來似乎微不足道、任性專斷又毫無價值，蟲子也經常被視為微不足道、任性專斷又毫無價值，還常被設想成與人類日常生活沒有絲毫瓜葛。不過就實際而言，小小蟲子和小小解決方案確實會帶來重大改變。

很明顯，蟲子對地球的生命存續至關重要。隨著我們繼續

在這顆星球之外的太空棲居探勘更久時間，同時為人類規劃更深入太空的遠征行動，科學家也一直在研究，如何將蟲子在地球為我們帶來的好處，運用來建立在月球和火星上的生活。許多有關蟲子效益的研究，都在國際太空站上完成（或正在站上執行）。我特別感興趣的兩項蟲子研究實例是涉及蜜蜂與微型蠕蟲的項目，這類研究每項都有助改善地球上的生活，並能促成更遠離我們這顆星球的探勘行動。

蜜蜂研究是個至關重要的環節，串連起種種探勘作業，鑽研我們有朝一日如何將傳粉者帶往月球、前往火星和更遠方，來支持地球之外的農業，還可能讓我們在太空中得到美味、健康的蜂蜜。在太空中進行的初步蜜蜂研究顯示，就像多數動物，牠們在無菌的隔離環境中表現得不太好，牠們仰賴周遭自然環境才能蓬勃發展。所以儘管期盼最終蜜蜂能在航天器環境中蓬勃發展，同時科學家也投入探究人造微型無人機模擬蜜蜂作為傳粉者的潛力，以及是否可能在蜜蜂本身無法茁壯繁衍時取而代之。不過，想到一點我就感到害怕，倘若我們把大自然徹底搞砸了，有一天我們可能反而需要動用原本為外太空世界傳粉發明的微型無人機工蜂，回頭在地球上執行傳粉作業。

在國際太空站上執行的另一項實驗，有可能帶來更直接的好處，因為它可以在不破壞有益昆蟲鄰居的情況下，找出一種保護農作物的方式，而且兼及在地球上以及太空中。費洛蒙驅蟲公司（Pheronym, Inc.）是一家總部設於佛羅里達州的生物農業科技公司，曾榮獲仿生研究院（Biomimicry Institute）二

〇二〇年希望之光大獎（Ray of Hope Prize），該獎頌揚並加速從大自然取得靈感並提出解決方案，來因應世界的環境和永續性挑戰。仿生學是以生物實體和歷程為模型，來從事材料、構造和系統之設計和生產。仿生研究院把仿生學定義為，師法並模擬見於大自然的策略來解決人類設計挑戰（並且在這過程當中激發希望）的一種實踐方式。

費洛蒙驅蟲公司採仿生學途徑，使用微小的圓蟲（線蟲），開發出了對地球生態友善的病蟲害防治做法。線蟲腸中會自然生成一類細菌，能殺害對農作物有害的昆蟲，同時它是無毒的，而且對傳粉者友善，因此對蜜蜂等益蟲很安全。一旦線蟲殺害並吃下牠們的獵物，接著就會釋出一種費洛蒙（分泌或排泄的化學因子，藉此觸發相同物種其他成員的社會反應）來對其他線蟲發出信號，告訴牠們需要尋找並感染另一隻害蟲。費洛蒙驅蟲公司開發出一種做法，利用這種費洛蒙來發信號加速線蟲的獵物追捕行動，並提增牠們的病蟲害防治效能。

如今這類蠕蟲已經上了國際太空站並納入研究，著眼於地球之外的農業，且專注於對生態友善的病蟲害防治，並且以微重力環境來驗證，蠕蟲在那裡仍能有效發揮作用。費洛蒙驅蟲公司執行長法特瑪・卡普蘭（Fatma Kaplan）博士表示，國際太空站研究「帶來寶貴洞見，讓我們了解如何讓有益的線蟲存活，並得以在其他行星上進行農業生產。」[14]

微小的線蟲竟然能以無毒且永續的方式，幫助我們在地球上和地外栽植糧食，想來就令人感到十分讚歎。我們這般多樣

化的生物在這顆星球上各自扮演的角色，總能讓我肅然起敬。這顆星球本身以及它經歷了多麼完美的調校，才得以維繫我們存活，也總讓我肅然起敬（但願我們能尊重它）。所有這一切都引我深思（而且它觸動這些想法的方式，也讓我讚歎），自己在地球上的位置，還有我該如何更好地領略與尊重，以及更好地「看待」這顆星球本身以及與我共享地球的所有生物。根本底線：要領略所有生物令人敬畏與讚歎之處，我們全都需要貼近並更仔細地觀看。

你不必上太空也能領略地球上日常環繞我們身邊那些令人敬畏與讚歎之處，太空人總是想方設法把他們從太空看地球的經驗衝擊，來與在地球上的經驗相提並論。不過我發現了，在這顆星球上領略那種敬畏與讚歎感受的最佳方式，就是更貼近觀看，以全新方式來審視我們習以為常的事物，並睜大你的雙眼，敞開胸懷與心智，在它們所有單純性與複雜性當中，察納箇中細節。

當我著手尋找人選來傳達這種觀點、發揮創意，並分享貼近審視在地球上，我們身邊事物所引發的敬畏與讚歎感受時，我經介紹結識了攝影師兼作家大衛・利茨瓦格（David Liittschwager），也見識了他的二〇一二年專案計劃，《一立方英尺的世界：生物多樣性的肖像》（A World in One Cubic

Foot: Portraits of Biodiversity）。他的這項專案計劃從一道問題開始：在一小片世界裡面能找到多少生命？閱覽了他的攝影作品之後，我立刻發現，有一幅對我很重要的標誌性自然照片就是他拍的！那張照片對於我自己對地球上塑膠問題的認識，有著重要的影響。這張照片拍的是一隻信天翁寶寶的胃內景象，那隻信天翁被發現死在太平洋遙遠海域的庫雷環礁（Kure Atoll）上，鳥胃裡面裝滿了好幾百片細小的塑膠。大衛拍下了那隻鳥綻開的胃部，還有溢出的塑膠，接著攝影師蘇珊・米德爾頓（Susan Middleton）拍下另一幅的照片，畫面映襯著慘白背景，把所有塑膠整潔排列成一個圓形。兩幅影像組合看了令人既震撼又傷心，這隻可憐的鳥兒顯然毫無生還機會。這些照片在許多地方展出，包括從二〇一九年十月到二〇二一年九月在馬里蘭州巴爾的摩市（Baltimore）的美國幻想藝術博物館（American Visionary Art Museum）展出一段時期，作為一項展覽的一部分，主展標題為《地球的祕密生活：活過來！醒過來！（說不定還十分生氣！）》（The Secret Life of Earth: Alive! Awake! (and Possibly Really Angry!)）我愛這項展覽的標題──特別是最後那句。

我很幸運能採訪大衛，而且我很高興能結識這位謙遜又有想法的人，他對自己周遭的世界，表現出了一種深深的敬畏與讚歎。如同所有我為本書進行的採訪，我也向他請教，他有沒有自己的地球升起時刻。聽到他的即時反應還真讓我開心，他說：「嗯，我還真希望能經常體驗一下。」

他的話讓我意識到，凡是藉由體驗周遭世界所帶來的啟示，我們都應該好好領略。大衛繼續說明，他的地球升起時刻「源出地質學和生物學。我的意思是，我認為，從科學得到對世界形成方式的認識是——這當中不乏靈性或者令人產生敬畏感受的事物。我認為，了解這個世界是如何運作的，還有看到它是多麼美麗，就會讓人肅然起敬。」

他和我分享了一些他在庫雷環礁度過的時光。「我很榮幸被派去看到事前我一無所知的事物，」他說，「有次我站在庫雷環礁最北端，這是夏威夷島鏈的最北端了。從某個角度來看，這就是在地球上你所能前往的最遙遠的地方。」

經指定為帕帕哈瑙莫夸基亞國家海洋保護區（Papaha naumokua kea Marine National Monument）的一部分，庫雷環礁是當今世界上納入保存和保護的最大海洋區域之一。把環礁恢復自然狀態的努力，不只是在它周圍劃條線，或者豎起一道圍籬那麼簡單。「為了支持並保護從有史以來都在那裡的生命，並讓它恢復成為一顆瑰麗的寶石，我們就必須制止這種討厭的非原生種雜草（黃油菊花，學名：*verbesina encelioides*）趁機登上島嶼，它的種子會附上美軍卡車輪胎，隨著運補行動侵入。」大衛說明道。他見識了這種入侵種雜草如何蹂躪棲地，特別是對於像信天翁這樣在地面築巢的鳥類的棲地，情況嚴重到連幼雛都無法長成豐滿羽翼，因為野草過度增長，剝奪了牠們成長、起飛所需的空間。如今身為庫雷環礁保育董事會的一員，大衛可以證明，寥寥一小群人士所做的工作，讓島嶼

幾乎回復它的原始相貌。

「他們成功了，信天翁現在沒有受到排擠。我見識了一個小群組可以做出什麼成果，我知道目前信天翁已經有空間來學習飛行，這是十年前牠們所沒有的，這真是件很酷的事情。」

大衛對我解釋，為什麼重點不只是拍攝生命，而是要貼近放大拍出細節——好比大衛拍的信天翁寶寶腹腔照片所呈現的細節。「民眾有時候會發牢騷，說是我的照片沒有把棲息地納入，或者沒有和另一生物做一些互動，」他說，「那種照片也很棒，不過我要看到這隻生物，我希望拍出那隻生物的寫照。倘若那是隻大型哺乳動物或鳥類或者某種生物，而且我可以捕捉到一個可以認定為某種相互觀望的眼光，那我會很喜歡那樣。」他表示，你可以在多數生物身上找到這種相互觀望，「哪怕是很渺小或者在我們看來十分陌生的生物，導致我們沒辦法明確想像牠們的相貌。」

舉章魚為例：「牠們肯定有能力相互觀望。當我拍攝牠們時，牠們對周遭一切事項全都了然於胸，而且牠們對視覺指引作出反應。問題在於，牠們沒什麼腦子，大半都很細小，所以牠們的腦子連豆子般大小都稱不上。不過並非真的關乎牠們的腦子，當牠們碰觸到某種東西，牠們可以品嚐它。毋須真有信號一路往返腦子，當通過某地或碰觸到它時，牠們的皮膚紋理和色彩都會因應背景環境來匹配改變。這是超級酷炫的事物，而且我們沒有絲毫這樣的經驗。我的意思是，那真的太陌生了。」

「有些人會說像外星人。」我打趣說道。

我是在開玩笑，不過大衛描述他和一隻章魚「相互觀望」接觸的說法，確實讓我想起，當初我在清水機場公園和停駐在我手指的那隻豆娘相互觀望的時刻。

大衛分享了他一種有關保持社交距離的想法，那是如今COVID-19疫情期間我們全都正在體驗的措施。「我們必須願意『看』。你在一百八十公分之外仍然可以很和善，而且那就是現在該做的事情。想起來也真令人驚訝，即便相隔一段距離，只要花時間認真去注意、去觀看，你依然可以注意到多少事項。我們全都應該更專注投入——若是你問我，我有沒有什麼後悔的事情，那就是我沒有足夠專注。」

也許會有人跟大衛爭執，不認同他有關自己對周遭生命投入多少專注的自我評估。大衛以攝影師身分和他為「一立方英尺」專案延攬在一起的科學家之間的美妙夥伴關係，已經把藝術和科學彙整成一件美麗的視覺表現，展示出我們周遭隱匿不顯的豐盛生命。

大衛和他交往很久的女友蘇珊一起在晚餐桌前就座，並告訴我：「我想她就是第一個講出『一立方英尺』的人。你沒辦法真正牢牢掌控住它，不過那是能妥當擺在你膝蓋上，或者你也可以雙臂環抱它的東西。」任何研究的樣本尺寸，都必須是可以管理的，不過它也必須能準確地代表受研究的環境。大衛輕聲笑著告訴我，「你會認為一立方英尺是個能管理的樣本尺寸，不過我的骯髒小祕密卻是，我始終沒有完成當中任何一個

〔的編目作業〕。只要稍微提增解析度，或者在它身上多花些許時間，那麼你始終都能發現更多。」

那項專案的施行方式相當直截了當：大衛拿一個一英呎乘一英呎乘一英呎的金屬框架（大衛製造的是綠色的），擺在一個關注位置，接著取得裡面所有生命的寫照，並持續整整一日一夜，肉眼所見的任何事物，不論那是多小。地點範圍的選擇則由科學家指導。

大衛和他的科學家夥伴前往這顆星球上各處不同的棲息地：紐約市中央公園哈勒特自然保護區（Hallett Nature Sanctuary）內的落葉林；南非桌山國家公園的山區弗因博斯（fynbos，指稱南非原生歐石南灌叢荒野）；哥斯大黎加蒙特維多雲霧森林保護區（Monteverde Cloud Forest Reserve）內的一片雲霧森林；法屬玻里尼西亞的茉莉亞島（Moorea）特梅礁（Temae Reef）的一片珊瑚礁；田納西州利拉德磨坊地區（Lillard's Mill）達克河（Duck River）的一條淡水河川；還有舊金山金門橋底下的一片鹹水灣。從以上每處位置取得的樣本，帶來可供植物學家以及形形色色學者專家進行研究的無窮機會；對於像我這般的外行人，它們帶來了另一個機會，讓我能夠見證環繞我們周遭的豐沛生機，也得以發展出更好的認識，進一步理解確保我們全體存活所需的多樣化。（我很高興見到大衛在田納西州那條淡水河川進行一立方英尺調查期間，拍下了一些豆娘的影像。）

大衛滿心驚歎地聽取一位科學家跟他分享的一項理念，那

是關於立方體在南非的擺放位置。「他敘述道，當我屁股坐在地面，伸手就能碰到五十種植物。把框架稍微向左或向右移動，你就能得到不同的植物和動物選項。」這些南非植物和動物，各自都對它所分享的那個立方英尺中的植物和動物，發揮一種影響作用。

「在紐約市中央公園中間選定的位置，是從一九三九年起就以圍籬圈繞的一片範圍，從此那裡一直沒有太多人涉足。那裡就是類似這樣的次生東部落葉林。看著它茁壯成長真是太好了，然而在此同時，似乎有一群平常數量相當多的昆蟲卻完全消失了。那就是夜飛型昆蟲，這是由於牠們每晚都受了都市燈光的吸引而飛走。這真的很荒唐。」

這讓我想起了我們星球上生命的微妙平衡。我們不只是相互依賴，倘若我們的星球離太陽稍近一點，或者離太陽稍遠一些，我們所知的生命，也就不可能在地球上存續。

大衛一直深受愛德華‧威爾森（E. O. Wilson）的著述影響。（我想說，我們全都應該受他的著述的影響。）威爾森獲稱許為自達爾文以來最重要的生物學家之一，他徹底革新了他的研究領域——螞蟻行為學——並應用他的科學觀點和經驗，來闡明人類處境，包括人類的起源、人性和人類的互動。威爾森還率先創立半個地球計劃（Half Earth Project），帶頭投入力量來保存和保護這顆星球上的生物多樣性，這是個宏偉的構想，因為它不只能夠拯救大自然，還能拯救人類。藉由他的E‧O‧威爾森生物多樣性基金會（E. O. Wilson Biodiversity

Foundation），威爾森肩負起使命，期能促使全世界都認識，生物多樣性以及保存我們生物遺產的重要性。[15]

　　大衛與我分享了威爾森的若干理念，都是他認為我可能特別感興趣的想法。

　　「牠們〔蟲子〕整群噁心的龐大數量，還有牠們棲居的微小國度，看來或許與我們人類沒有什麼利害關係，但科學家卻發現，事實恰恰相反。連同細菌和其他肉眼看不見的微生物，在土壤中礦物質顆粒周圍泳動和定居的那群地表居民，正是地球上生命的核心。而且地球是我們所知唯一擁有生物圈的星球。這片細薄的膜狀生命層，是我們唯一的家園，單靠它就能維繫我們人類存活所需的確切環境。生物圈中的多數有機生物，以及它所蘊含的浩繁物種，都可以在它的表面或正下方找到。所有生命仰賴的化學反應循環，都藉由牠們的身體來運轉，其精準度超過了我們技術所能匹敵的一切事項。隨著時間推移，我們也就能完全領略落入我們管轄的那個了不起的小小生態系統。」

　　回想起二○○○年，我們的太空人班級在嬉笑下被冠上了班名，結果那卻變成一陣可笑的恐慌，害怕世界就要因為虛構的「千禧蟲」而崩潰，這讓我感到哀傷又諷刺的是，不可或缺的蟲子隱隱然就要消失，而起因則是，大家普遍不能好好體認，牠們所表現的種種不同功能，也沒有真正領悟，長期漠視地球上所有生命的相互連結性與相互依存性，有可能導致我們集體滅絕。我們仍有機會逆轉這個進程，不過首先我們必須承

認，所有生命都具有重大價值，也必須體認，看來太小而不顯
眼的重要事物，往往可以產生最大的影響。

我的航太總署太空人班級暱稱「蟲子」。
在國際太空站上，我的STS-133蟲子機組
夥伴埃里克·博、麥克·巴拉特、阿爾·
德魯、史蒂夫·鮑文（Steve Bowen）
和我手持我們的蟲子同伴凱倫·尼伯格
（Karen Nyberg）縫製的被子。

第五章　慢中求快

　　進行第一次載人太空梭飛行之前，約翰‧楊恩（John Young）被人問起他會不會感到「擔心」。楊恩是歷來最好的太空人之一，也是該任務的指揮官，他回答表示：「坐在世界上最大型的氫氧燃料系統頂端的任何人，心知他們就要點燃底部，卻一點都不感到擔心，那麼他就沒有完全了解狀況。」這話出自第一位六度上太空的人，包括兩次雙子星（Gemini）任務（雙子星三號和六號），兩次阿波羅任務（阿波羅十號和十六號，而且他登上了月球並在月面駕車），還有兩趟太空梭任務（STS-1和9）。

　　發射上太空完全沒有緩慢的部分，除了為飛行進行的所有準備工作。太空人培訓大半專注為有可能殺死我們的一切事務預作準備。當你端坐在七百萬磅爆炸性推力的頂端發射上太空，接著還得在太空站上工作，期間只有一道細薄金屬站體把你和要命的太空真空分隔開來，這時許多事情都可能出錯。三件可能出錯而且歸入緊急狀況的事情是火警、有毒大氣（當某種有毒物質，好比阿摩尼亞，進入你的太空站），以及快速減壓（當太空站內的空氣逸出散入太空真空）。以上每種情況都會危及生命，必須立即採取行動。

　　我在第一趟任務進行約一週之後，半夜被一陣尖銳的緊急警報高頻聲響驚醒，那聽起來就像家用煙霧偵測器，不過聲音更響亮。半夜在太空站上被警報聲驚醒，讓我的腎上腺素飆升，不過我並不覺得驚恐。我的訓練介入，而且我也準備好著手工作，做好我的分內事來處理可能的緊急情況。我飄出我的

乘員艙房，很高興地看到我的乘員夥伴全都在做相同的事情。所有人都按照我們所受的訓練作出反應，不慌不忙鎮靜地採取必要行動。我們每個人都確保全體乘員各就各位。我們彼此關注，採取即刻反應來讓警報靜音，與任務管制通訊，並一起走過檢核清單來排除故障解決問題。

當晚我們是就一次減壓警報作反應。謝天謝地，我們的太空站沒有破洞。一旦我們能確認，我們的寶貴空氣並沒有洩漏到太空，我們就分別飄回自己的乘員艙並回頭睡覺（儘管有可能稍微不像先前睡得那麼熟）。

讓我印象最深刻，而且最令我得意自豪又有信心的，並不是我們管理問題的能力，而是我們如何以一個團結的團隊妥善執行。整趟任務期間不時都會響起緊急警報，每次我們都以一個完整的團隊作出反應，來為整個太空站解決問題。我們從來不考慮是太空站的哪個區域會受到影響，沒有人指望那是發生在站上的俄羅斯區，但不會發生在美國區，或反之。我們知道，倘若我們無法解決太空站上任何區域的任何緊急事故，那可能就代表我們所有人的末日。

我們太空人的世界有句真言：「慢中求快。」我學到的真相是，在任何處境當中，特別是在緊急狀況下，重點並不是你行動得多快，而是你得知道何時必須開始行動，還有你能多麼精確地執行必要步驟。精確只能來自冷靜，而冷靜則來自認真練習。簡而言之，「慢中求快」的哲理就是關乎作好準備，還有在第一時間就把事情做對。

航太總署使用一套規約準則，來為航天器緊急事故導入「慢中求快」策略，該規約要求每位乘員記誦並勤奮、認真地即刻執行必要步驟——這套程序在生存檢核清單裡面稱為「粗體」（boldface）。一旦我們完成執行粗體檢核清單，航天器就處於安全的狀態，而且我們也有機會向地面上的任務管制諮詢，執行更周密的程序來釐清事情經過，接著就能回復常態運作，並嘗試防範緊急事故再次發生。

這裡先不談步驟準則細節，只說明在處理會危及生命的可能情況時，我們針對每種處境用來管理所有潛在問題的每張粗體檢核清單，都包含兩個最重大課題：

一、乘員存活：我們對乘員存活的定義是「完整乘員」存活，而不是「部分乘員」存活。所以第一步是要考慮你的所有乘員夥伴，永遠別遺棄任何人（包括女人，謝謝你）。

二、別驚慌失措：這可不是說太空站上失火就不會讓腎上腺素飆升，不過我們必須善用腎上腺素。我們受訓好讓我們能運用那股能量動力，安靜、沉著自信並毫不猶豫地在緊急事故中作出反應。

羅馬帝國開國君主，凱薩奧古斯都（Caesar Augustus）從西元前二七年掌政至西元一四年死亡為止，他特別喜愛的一句

話是「Festina Lente」，意思是急事慢做（Make haste slowly）。[1]他愛極了這句話，於是羅馬錢幣鑄造時便採用了好幾種象徵那句說法的不同圖像——螃蟹和蝴蝶、蝸牛殼內的兔子、海豚纏上一個錨（看來被困住的是錨），我最喜歡的硬幣版本描繪的是一隻陸龜背上了一面帆。奧古斯都常常在演說時傳達這種見解，據稱他曾說：「事情做得好，就代表做得夠快了。」這就代表那些活動應該在急迫性和勤奮之間取得合宜的平衡。

「急事慢做」真言向來都與戰事革新相關。美國海軍海豹部隊的版本是「慢就能順，順就能快」（Slow Is Smooth. Smooth Is Fast.）。在這底下的基礎理念是，海豹部隊執行的是戰略行動，所以不必匆忙。你最好相信海軍海豹部隊在投入戰鬥之前都受過嚴謹訓練，看他們投入行動，就是看一支團隊表現得如同完整協調的單位，保持慎重沉穩並且只會在必要時爆發陣陣行動。

若你能觀察國際太空站一個乘員團隊因應緊急狀況作反應，我想你會見到類似海豹部隊所表現的行動——純熟又嚴謹，單純又優雅，我們的動作看來比較像是一段精心編排的舞蹈，而非一種隨意偶發、雜亂無章，或者受恐慌牽動的反應。雖然我們不能預知，緊急事故會在什麼時間以什麼方式現身，不過我們確信，我們已經有良好準備，能根據我們事前已有的認識，以最有效的方式作出反應。

在航太總署，我們知道，為了因應我們已知或潛在的威脅而預作準備時，若是以嚴謹預計的緩慢方式來進行，就會得出

比較安全也比較成功的反應，勝過匆忙採取行動的結果。這就是為什麼我們以現有方式受訓，還有為什麼我們盡最大努力先發制人積極準備反應。我們把有可能在太空中出錯的一切事物，根據必須多快採取行動，以及對乘員和太空站的威脅程度來分門別類，好比「注意」、「警告」和「緊急情況」。

我們的訓練還用上了「爬──走──跑」的方法來應對緊急狀況。等我們完成訓練，準備好升空飛行時，我們都知道誰在什麼時候會做什麼。我們已經很慎重地合作走過粗體檢核清單，達到了擁有幾乎等同下意識能力的程度，因為我們知道我們的任務，我們知道必須採取的行動，我們知道我們的乘員，而且我們順暢、急切又有目標地共同合作。隨著我們改善訓練，我們的表現還不斷進步。我們發展出降低速度作反應的能力，於是當我們必須全速進行時，也就能更快完成。儘管存有所謂太慢的情況，我們領悟了全速往往會比我們所想的更慢，全速進行和倉促行動是有區別的。

正如許多企業領袖所稱，這種途徑適用於其他多種情況；我要說，生活中結果至關重要的所有層面，大體上都適合採用這種方法。不論那是在軍事行動、太空飛行或者其他情節當中，高績效團隊（乘員）都知道，他們必須能在最糟糕的時期相互依賴。每位乘員夥伴都運用他們的獨特技能來努力保護其他人。各個乘員重疊的技能和高績效表現，交織成比個別組成元件都更強大的完整單元。面對危機時，這就讓我們能專注於乘員的存活，而不至於驚慌失措。

最佳乘員還會發展出我們所稱的良好「情境意識」（situational awareness）——有能力在心中處理並理解發生在他們周遭環境中的多重事件，還能以輕鬆、果斷的方式來下達決定並／或採取行動。我們的訓練讓我們能夠放輕鬆，並以高效的精確度來執行各個步驟。當我們放鬆、沉著下來，而且需要快速行動時——甚至當我們認為太空站內空氣說不定正向外噴發，或者有東西著火了——我們仍覺察自己能評估手邊所有資訊，並在必要時採取行動，而不去想這要花多少時間。這就是為什麼我喜歡奧古斯都對「慢中求快」的另一種定義方式：「事情做得好，就代表做得夠快了」。

一九九八年，我參加面試應徵當年的太空人班級，但沒有獲選。不過航太總署當時的飛行機組作業主管大衛‧萊斯特馬（David Leestma）把我拉到一旁並說道：「嘿，妮可，這次我們沒有選你，不過我們想看你在機組作業上的表現，也看看你下次能不能成功。」同時航太總署也連帶為我安排一份工作，前往休士頓詹森太空中心加入飛機作業群，擔任太空梭訓練機的飛行工程師，他們用這架飛機來訓練太空人駕駛降落太空梭。截至這時，在約十年期間，我都在佛羅里達州的甘迺迪太空中心擔任航太總署的太空梭作業群工程師。

我對太空梭訓練機飛行工程師這份工作感到**非常**興奮，而

這也包括了登上T38噴射訓練機擔任後座乘員的飛行機會。為取得那項任務的資格，我必須通過海軍的航空水上求生課程，包括一項游泳測驗。

我們三名航太總署受訓人員被安插進一個包含約四十名海軍軍校生的訓練班，不過我們的活動總是分開進行。克雷・安德森（Clay Anderson）早先已經獲選為航太總署一九九八年太空人「企鵝」班，不過無法隨他的班級參加受訓，而泰瑞・李（Terry Lee）像我一樣，也轉換到一個飛行作業職位。來到佛羅里達州彭薩科拉（Pensacola）的海軍航空基地之後不久，我們三人便穿戴上（經快速瞥視「估量尺寸」之後就分發給我們的）不合身的全套飛行裝備，涉水走進一座大型訓練池。

那套鬆垮的綠色飛行服和那頂破舊的頭盔，並不會太讓我擔心，真正的問題是拉伸鬆弛又吸飽水的戰鬥靴，尺寸起碼大了一號，完全不可能繫牢來防止進水。

這項測驗要求我們披掛全套裝備游三段行程，頭兩段是在淺水區，水深約九十公分。我們從一個角落開始，筆直向前游，接著沿對角線游向另一個角落，最後沿著另一邊再筆直向另一邊的深水角落游去（水深約兩米半），到那裡我們就得邊踩水邊吹脹我們的救生背心。

所有動作必須一氣呵成，不得停頓、站立，也不准抓住池邊。若有那些舉動，我就得從頭再來。

必須先通過這項測驗，接下來我們才能學習其他科目，包括直昇機救援、降落傘拖曳（被降落傘拖過水面時如何應付而

不致溺水），單索滑降入水中同時將全套裝備預設妥當安全落地，還有其他許多好玩事項。不過倘若游泳測驗沒過，那麼我就得退出課程，於是這一切都無關緊要了。

我們站在水中，同時全隊約四十名軍校生，都坐在露天看台上等著輪到他們。我向來不擅長游泳，也已經告訴自己我是不會及格的。

克雷第一個上，看著他游走並沒有幫助。他讓測驗看來很容易，彷彿他是在水面爬行，幾乎連頭都沒有弄濕。接著就輪到我了。我們可以自行選用任何泳姿，不過只有其中一個泳池段落能使用仰泳——以防其他方式我們全都不會。我從蛙式開始，因為克雷先前用蛙式看來毫不費力。我出發了。划一下、划兩下，接著我開始下沉。當場我並沒有驚慌失措，不過當我移動雙臂、雙腿時，除了下沉就沒有什麼作用。我移動雙臂，移動雙腿，然後就沉下去了，咕嚕咕嚕。我一遍又一遍地下沉，然後努力掙扎讓頭回到水上，很快吸一口氣，這樣我才能微微向前進展。我不確定自己是怎麼用這種方式抵達泳池終點的，幸好並沒有時間限制。

下個段落我改用側泳，其實我並不知道為什麼。我只知道我沒辦法再用蛙式手忙腳亂地游過另一段行程，同時也還不願意改用仰式這最後一招。我的側泳游得就像蛙式一樣好，而且我之所以能成功抵達這趟的終點，只因為我想方設法說服自己，我並沒有溺水。到這時候，我已經驚慌失措了。

坐在露天看台上看著我的那群軍校生，肯定都感到奇怪，

怎麼我被這項愚蠢的游泳測驗弄得那麼驚慌失措。抵達泳池第二段的終點時，我已經精疲力盡，而且心中的懷疑也達到頂點，不知道自己能不能游完最後一段。我完全想不出其他辦法，只能大膽採用仰泳，因為起立也就表示我必須重新再來一遍，然而這在我心中是萬萬不肯的。

為什麼我以為仰泳會比較容易？我有那種印象的唯一原因，肯定就是他們曾說，我們到最後沒辦法時就可以採用仰泳。唉，那也沒有比較容易：我一翻身並開始移動雙臂，身體就開始下沉。而且現在我是仰躺著下沉，掙扎讓我的臉浮出水面，這樣我才能呼吸。那雙該死的靴子裝滿了水，把我向池底拉去。

然後，我聽到遠方一位年輕軍校生呼喊：「女士！放輕鬆！慢下來！頭盔會漂浮！」

我不確定自己是怎麼聽到他的，畢竟，現場滿是我的潑水聲和自己心裡的尖叫聲，不過他這簡短的幾個字救了我。我弓起後背把頭擺回水面，接著基本上就使用我那頂會漂浮的頭盔，一路前進到泳池最後段落的終點，我從來沒有這麼開心能從水裡出來。

我不希望我的新朋友像我一樣受苦，於是對著泰瑞大喊：「頭盔會漂浮！」

當天稍晚，在直昇機救援訓練之前的一項科目上，一位海軍教官用上了「慢就能順，順就能快」這句話。他指著我說：「妮可，那就是你在泳池最後段落時表現的。」從此它就牢牢

記在我心中。

———— 🌍 ——— 🌙 ——

我是個樂觀主義者。嗯，這樣說好了，我形容自己是個樂觀現實主義者。我傾向相信，每個問題都有解決辦法。

我在航太總署擔任工程師的那段時日，這顆星球上一位我非常喜愛的人，傑伊・霍尼卡特（Jay Honeycutt）教了我一堂這輩子學過有關問題解決的最重要課程之一。傑伊是航太總署甘迺迪太空中心的主管，他是阿波羅計劃和太空梭計劃的英雄人物，也是個可信賴的良師和親愛的益友——傑伊就像我的第二個父親。在他來到甘迺迪太空中心之後所召開的最早幾次全員大會當中，有一次他和我們所有年輕工程師分享理念，他說我們身處一個旨在尋找解決方案來挑戰問題的行業，而且要辦到這點的方法，就是永遠不斷思考，**這樣做我們就能辦到，別去想為什麼我們辦不到。**

這幾個字是那麼單純又那麼有力，如今它們就棲居於一個小標誌，安置在我書桌上，而且自從第一次聽到以來，它們就留在我的內心深處。這個觀點也能與「慢中求快」的策略漂亮匹配——運用我們最好的專業技能，因應我們眼前的問題來採取行動。我們以這種方法上了月球，我們也能以這種方法來解決我們星球的問題。

就連最堅定的樂觀主義者都知道，有些威脅我們這顆星球

的事情是我們制止不了的。舉例來說，約十億年內，我們的太陽就會達到另一個生命階段，於是它會變得十分熾熱，導致地球海洋的水完全沸騰、蒸發，讓我們的星球再無法棲居。[2]隨後再過幾十億年，太陽就會向外膨脹到超過火星軌道，於是地球就會被拖進太陽表面並分崩離析，種種不同的科學模型，分就這些事件的相對時機與進程提出了不同的估計，不過這一百多年以來，這種後果早為科學界廣泛理解，也廣受各界無異議接受。[3]

不管做什麼我們都無力制止太陽的演化，不過我們仍有可能拯救我們自己，我們可以轉變成一個多行星物種，遷往太陽系之外定居。科學家和工程師已經投入探究這種可能性，我們還有一些時間來釐清這點。

然而，正如科學說我們的太陽會在約十億年內煮沸我們的各大洋，科學家也一直警告我們，注意一個更緊迫的星球級挑戰：我們自己行為釀成的後果。科學告訴我們，人類的活動正嚴重損害我們這顆星球繼續維繫生命的能力。壞消息是我們沒有十億年來設法解決，好消息是我們**可以**辦到。

身為人類，我們演化得很擅長應付眼前的威脅，[4]這是很有道理的：倘若我們沒有學會逃避掠食者，或者遠離自然災害，我們這個物種也就無法茁壯成長，我們恐怕已經滅絕了。

不過回到我們逃避掠食者的時代，當時我們能接觸的資訊十分有限，而且我們手頭的資訊，多半是經由我們自己的直接經驗，一手取得的。問題在於，在當今現代時期，我們都遭受

陣陣（往往自相矛盾的）資訊的**轟擊**，它們來自形形色色的源頭，有可能根本很難理解是發生了什麼事情，更別提分辨哪個是真實的眼前威脅，哪個則是遙不可及的、「或許有一天」的威脅。

當涉及氣候變遷等全球挑戰，原本幫助我們作出反應並熬過眼前威脅的那種行為，這時就會對我們不利，我們會以某種方式說服自己，那並不是那麼「眼前」。我們的集體心智仍然沒有釐清，如何確認在十到三十年（或甚至一百年）之外的全球威脅**是個**眼前威脅，甚至當反應不夠快，就有可能醸成一場浩劫。

我是個工程師，不是個科學家，不過我在外太空扮演過這個角色。我成年後的大半時期，始終關注氣候變遷和我們這顆星球的生命保障系統所面臨的其他威脅，而且我也嘗試從我本身的行動和決定的角度，來看待這些問題和威脅。不過我也經常得掙扎了解科學，才得以確認該採取哪些行動，好讓情況改善。我的太空飛行經驗，讓我更加敏銳地意識到，我們的星球就是我們的生命保障系統，而且我不只希望能學到更多，還想發現，回到地球時，我該如何成為更好的乘員。

我為這本書做了很多調查，也發現了能幫助我更深入理解我們的氣候威脅問題的相關資訊，所以我要在這裡和各位分享

我自己版本的氣候變遷導論。

　　稍微退後一步，來到一八九六年，瑞典化學家斯萬特‧阿瑞尼斯（Svante Arrhenius）預測，燃燒化石燃料會影響地球的溫室效應（讓地球表面變暖的自然歷程）。當時大家認為，這種在大氣中增添碳所促成的暖化，甚至還可能對未來世代有益，不過證據很快表明，燃燒化石燃料釋出過多二氧化碳的結果是弊大於利。一九七五年，主要在美國活動的地球化學家華萊士‧布洛克（Wallace Broecker）在他的指標性論文，〈氣候變遷：我們正身處明顯全球暖化的邊緣嗎〉（Climatic Change: Are We on the Brink of a Pronounced Global Warming?）中創制出「全球暖化」一詞。[5]十三年後，到了一九八八年，我開展我在航太總署的事業生涯，於甘迺迪太空中心擔任工程師，協助預備太空梭執行太空任務。也就在那同一年，航太總署戈達德太空飛行中心（Goddard Space Flight Center）的氣候科學家，詹姆斯‧漢森（James Hansen）博士到美國參議院作證。「溫室效應業已偵測確認，而且現在它正在改變我們的氣候。」接著他宣稱，「有百分之九十九的信心，」那種陡峭上升的溫度，是人類活動釀成的結果。[6]漢森博士在航太總署任職期間，以及自從二〇一三年退休並進入哥倫比亞大學地球研究所（Columbia University's Earth Institute）擔任氣候科學、醒覺與解決方案計劃（Program on Climate Science, Awareness, and Solutions）的計劃主任以來，他始終致力探究並保護我們的家園星球——如航太總署本身在原始任務宣言中所述。

漢森一九八八年的參議院證詞，被視為最早對大眾發出的全球暖化警告，說明了大氣二氧化碳含量過高和一種後果存有明確的因果關係，那就是往後天氣模式的頻度和強度，有可能隨時間提增與強化，而且還可能毀掉我們這顆星球。

同一年稍晚，聯合國成立了政府間氣候變化專門委員會，就所有層級為政府與政策制定者提供氣候變遷的定期科學評估——其蘊含影響和潛在風險——並提出適應方案與緩解選項。[7]二十五年過後，到了二〇一五年，聯合國氣候變遷綱要公約（United Nations Framework Convention on Climate Change, UNFCCC）的第二十一屆締約方會議——更通俗的稱法是COP21——通過了歷史性的《巴黎氣候協定》。它的目標是要在二〇三〇年將溫室氣體排放減半，並在二〇五〇年將其減少至零淨值——及時將全球平均氣溫之上升幅度，約束在不超過工業化前水平的一點五攝氏度。[8]

出聲支持COP21活動以及呼應《巴黎協定》所勾勒之行動所號召的眾多群體當中，有一群人是太空人。我很榮幸成為這個國際太空人團體的一員，其中也包括當時待在國際太空站上的兩名成員，與我們的政治領導人分享一種團結、希望以及合作對付氣候變遷的信息。我們的影片標題是《呼喚地球：世界太空人給COP21的一段信息》（Call to Earth: A Message from the World's Astronauts to COP21），並在開幕式上向所有與會領導人播放。[9]

《巴黎氣候協定》是迄今涵蓋度最高的氣候變遷全球協

議——總共一百九十五國簽署協定，迄至二〇二〇年十二月，其中一百八十九國已經批准該協定。儘管並不約束任何國家必須採取任何解決方案，但它要求所有國家都集中力量來減少排放。「《巴黎協定》的擬定方向是要兼具靈活和彈性，」保護國際（Conservation International）的氣候政策專家瑪姬·康姆斯托克（Maggie Comstock）這樣表示，「國家和企業都會繼續採行有意義的行動，因為他們了解，氣候行動不只對地球是明智的——對他們的企業也可以是明智的。」[10]

我想，對許多人來講，包括我在內，我們很難想像，這種看似微小的平均溫度改變，如何觸發對我們所知生命的災難性改變。溫度上下個一、兩度，在我們的日常生活中，似乎沒有什麼大不了，那麼以整顆星球來看，溫度從現狀提高個一點五攝氏度，怎麼會這麼糟糕呢？

這有點令人困惑，因為這個一點五攝氏度的差別，對人類本身來講不見得有重大影響，不過對於地球，對於我們賴以生存的這顆星球的運作而言，那就至關重要了。對我們的存活不可或缺的所有自然系統——地球的生物圈、地圈、大氣層和水圈——都有個共通點：熱量是導致各種系統的微妙制衡失控的因素。這種一點五攝氏度的改變，業經科學判定為一個臨界點，一旦越過這點，我們今天已經見到的氣候衝擊，就會從糟糕轉變為更加糟糕。我在氣候真相計劃（Climate Reality Project）的網頁上發現了對這點的絕佳描述：「了解全球暖化的另一個關鍵事項是，這並不是說，萬事直到一點四九九九

度全都是彩虹和獨角獸以及所有人都有免費冰淇淋。（不過一旦我們越過了一點五度線，天啟四騎士就會一口乾了他們的馬丁尼酒，彼此對看並說：『該走了。』）」[11]

地球氣候添入愈多熱度，這顆星球的生命保障系統失衡就愈嚴重。系統失衡愈嚴重，我們就會經歷更多破壞和苦難。熱浪、更頻繁和更強烈的暴風雨、融化的極地冰層、提昇的海面、珊瑚礁破壞、整個生態系改變——這些事件會繼續強化並干擾我們這顆星球的生命保障系統，而**那**就是為什麼我們面對的是**眼前**的威脅！我學到的另一件事是，那麼頻繁被提起的全球平均溫度提增一點五攝氏度，是根據十九世紀晚期一個基線溫度來測量的，那是工業革命才剛開始，而我們人類也開始燃燒更多化石燃料的時代。這就是為什麼你總是聽人提到，溫度改變是相對於「前工業」水平的變化。

有關全球暖化必須注意的另一件重要事項是，它對全球各地的影響並不完全相同。這顆星球上的部分地方，好比兩極，會暖化得比其他地方快，舉例來說，北極的暖化速率超過地球上的其他任何地區，就算化石燃料不是在那裡燃燒。[12]

所以你相不相信「全球暖化」或者「氣候變遷」的用詞並不是重點，真正重要的是科學證據顯示，我們人類不斷對地球的生命保障系統造成負面衝擊，延續了超過一個世紀，而現在時間已經不多了。我們改變自己舉止之前等待的時間愈久，我們的生命保障系統遭受的損壞就只會愈加惡化。現在我們還可以逆轉我們造成的部分傷害，努力讓增溫變化小於一點五攝氏

度。這就是我們必須做的，才能確保我們的未來並避免觸動某些最壞情況的引爆點。

什麼是「引爆點」？就全球暖化脈絡而論，這定義為一個閾值，一旦越過了，再出現一個微小變化，就可能將地球的各個系統戲劇性地、不可逆地推向一種全新的狀態。[13]艾希特大學全球系統研究院（Global Systems Institute at the University of Exeter）院長，提姆‧倫頓（Tim Lenton）教授提出了非常簡單的描述，想像有個孩子輕輕把自己推上操場溜滑梯的梯頂，接著越過一個定點，這時她就發現，要想停住自己身形已經太遲了，引爆點就像那個定點。或者這也像疊疊樂遊戲——你從高塔取走一個個積木，直到塔再也撐不住自己而翻倒。[14]地球對人類活動和氣候變遷作出反應的時間框架，或許不同於孩子溜下滑梯或疊疊樂高塔崩塌的時間框架，不過它們有個共通特徵，那就是一旦崩潰發生，基本上就不可能制止了。

儘管足以觸發引爆點的氣候變遷精準水平仍然未能確定，但我們知道，隨著溫度升高，跨越多個引爆點的連帶風險也跟著提高了。科學家已經確認了九個有可能被（和氣候變遷相關之）漸增溫度觸發的引爆點，其中特別吸引我注意的是消融的永凍層。「永凍層」又稱「永久凍土」或「多年凍土」，指稱含冰或包含冷凍有機材料，溫度等於或低於零攝氏度，而且至少連續凍結兩年的岩土層（土壤或岩石）地表。事實上，這顆星球的永凍層大半都持續凍結了幾百、幾千甚至數萬年。就北半球而言，永凍層覆蓋約四分之一陸地表面——約兩千三百萬

平方公里，包括廣袤的西伯利亞、阿拉斯加、加拿大北部、西藏高原以及其他高山山脈——深度則從幾公尺到上千公尺不等。永凍層也見於南半球的巴塔哥尼亞局部地帶、南極洲和紐西蘭的南阿爾卑斯山脈（Southern Alps），以及見於北極和南冰洋淺海範圍的海底永凍層。

「那又怎樣？」或許你會問，「我住在佛羅里達，永凍層的變化，和我能有什麼關係？」嗯，確實有關，而且很可怕。就像這顆星球上的一切事物，它全都是相互連結的。永凍層凍結時比混凝土還硬，而且它還有「匯流槽」作用，意思是它能吸收並儲存大量的溫室氣體。當它解凍，這時就會發生可怕的事情。

永凍層包含浩瀚數量的碳——北半球約儲存了一萬五千億噸。那些碳是經歷數千年的化石燃料燃燒以及枯死植物和動物屍骸腐敗累積而來的，這就表示永凍層中儲存的碳，約兩倍於地球整個大氣中的現存數量。當永凍層消融，一切事物都分崩離析。這就像史前科幻恐怖片中建築、道路和城鎮全都沉陷並崩塌。在俄羅斯，數萬噸石油從破裂油槽傾瀉而出，流入周遭陸地和水道當中；東倒西歪的極北「酒醉森林」逐漸沉入下方軟化的地底；湖水向外流洩；海岸瓦解崩塌；整個生態系統劇烈改變。迄今受到最嚴重衝擊的，始終都是仰賴這些生態系統的原住民社區和野生生物，如今他們都被遷走，而且不只是被迫適應新家，還得面對全新的生活方式。

眼前還要加上兩個真正恐怖的轉折來收尾。隨著永凍層消

融，它不再發揮龐大自然貯碳槽的功能，卻轉變成為一個龐大的碳源頭，因為它會把本身貯藏的二氧化碳和甲烷全都釋放出來。接著倘若龐大數量的溫室氣體逸出散入大氣還不夠恐怖，各位坐緊了，請迎接原本困陷在那相同凍結大地好幾千年的古代細菌和病毒脫困。科學家曾在融化的永凍層裡面發現了超過四十萬年之前的微生物。這些新近解凍的微生物已經讓部分現代人類和動物生了重病。根據一項新聞報導：

> 二〇一六年夏天，一波熱浪席捲歐洲，導致北方永凍層消融。在西伯利亞的北極土壤中，細菌開始蠢動——明確而言就是炭疽菌。地面消融移動，露出了一隻一九四一年埋葬、凍結的馴鹿屍骸。屍體所含炭疽孢子乘隙來到了土壤頂層，進入附近水源，隨後便被在那片地區遷移覓食的數千隻馴鹿攝取。超過兩千隻麋鹿很快就受了致命細菌的感染，並傳染給涅涅茨人（Nenets）——這支遊牧民族尾隨麋鹿旅行並以牠們為食。到了八月底，已經有一名十二歲男孩死亡，此外還有起碼一百一十五人入院。[15]

由於北極的暖化速率兩倍於世界其他地區，加上永凍層已經開始消融，科學家預測，全世界約四成永凍層有可能在本世紀末消失。較溫暖的環境會讓永凍層釋出更多二氧化碳和甲烷，而這就意味著更嚴重的暖化，接著這又導致更多永凍層解

凍，並依此類推——惡性循環。引爆點的發生時機就是，肇因於永凍層消融而釋入大氣的溫室氣體數量，超過了我們有辦法從大氣把它抽離來予抵銷的程度。

這絕對是件可怕的事情，不過我樂於見到科學家依然懷抱希望，意味著我們也應該懷抱希望——希望足以讓我們採取行動。有希望是基於目前已經有解決方案，這得看我們要不要採取必要步驟，來大幅減少我們人類對環境的衝擊，而且身為人類，我們擁有獨一無二的能力，來找出更多解決方案，並發展出更多技術來防範更進一步的衝擊，我們只需要**動手去做**。

航太總署衛星和機載系統，正幫助科學家更深入認識我們大氣層以及地球表面的改變。土壤水分主被動探測計劃（The Soil Moisture Active Passive, SMAP）的衛星系統測繪地球表面所有地方的土壤水分，並偵測土壤是否凍結或消融，這些觀測結果能協助科學家了解永凍層解凍的地方和速度。軌道碳觀測（Orbiting Carbon Observatory, OCO）是一套二氧化碳測量系統，位於國際太空站上，它能針對這顆星球上受關注的地點產生出迷你版的二氧化碳地圖，並協助我們更深入認識溫室氣體的源頭和匯流槽。[16]

北極極北脆弱性實驗（Arctic Boreal Vulnerability Experiment, ABoVE）是種空載系統，能測量大氣的二氧化碳、甲烷和一氧化碳含量，並蒐集地表數據，來增進我們對阿拉斯加北極地區碳循環的認識。其測量結果可用於準確預測，有多少二氧化碳和甲烷會隨著永凍層解凍而排放到大氣當中。

如果我們要想生存——不然更樂觀一點，倘若我們還希望茁壯成長——我們就必須繼續更深入了解我們對自己這顆星球所造成的衝擊，並竭盡全力讓全球暖化侷限於一點五攝氏度之下。從科學家角度來看，好消息是我們仍然有時間能夠辦到這點，不過我們必須加緊腳步。拿我們現有的氣候變遷狀況，來與國際太空站上的緊急事故相比。我們身為地球號乘員，必須做的第一件事情是勤奮、審慎地走過粗體必要步驟清單，來穩定我們的環境狀況——接著我們就有時間來「慢中求快」，處理長期的根本問題。所幸我們人類擁有解決複雜問題的非凡能力，就連我們自己釀成的類似氣候變遷這樣的大規模問題也不例外。

那麼我們必須做什麼呢？政府間氣候變化專門委員會的建議是，我們「在二○三○年讓全球溫室氣體排放量降低50%，好讓溫度提增低於一點五攝氏度。」我了解政府間氣候變化專門委員會這句話的意思，不過直到最近之前，我一直都無法理解，那對我個人而言代表了什麼意義，或者我能怎麼做來幫助促成必要的改變。

如同我先前詳述內容，在太空站上，我們有一份粗體檢核清單，註明遇上緊急事故之時，馬上該採行的步驟。處理氣候變遷的粗體檢核清單在哪裡？想像若是我們太空站上的警報聲

響起，於是我們決定使用我們有限的時間詢問彼此我們認為那是不是真的？或者猶豫著該不該作出反應？或者就被警報聲響惹惱，還因為沒有人去把它關掉而感到煩躁？

這讓我再次想起那次海軍游泳測驗。我們事前沒有準備，也沒有受過該如何完成測驗的訓練，就這樣被拋進泳池。我們被留在那裡手忙腳亂設法自己脫困。就大半情況，那就是我們在這顆星球上所面對的處境。我們全都誕生在地球上，這顆在致命太空真空中支持我們生命的星球上。我們的作業手法，為我們的生活方式帶來了高度舒適性與改善，不過也為我們的生存構成了巨大的威脅。

我們沒有操作手冊，沒有人遞給我們粗體檢核清單，也沒有訓練，這就像是全人類在海軍訓練池中手忙腳亂。就氣候變遷的情況，科學就是對我們高喊該怎麼做的海軍軍校生。

在池中注意到那位軍校生的話時，我的手腳就不再胡亂揮舞。當時我弓起背把頭擺回水面，使用頭盔來漂浮其實並不舒服。那個姿勢完全不自然，也不像是我自己所能想出來的動作，不過那樣做很有用！它幫我完成測驗，而且逃過了溺水的威脅。

減少排放就像一頂漂浮的頭盔，而且我們還得後仰踢水。我不會覺得舒服，而且我們大概也不會自然而然做出那個動作，不過那是我們為求生存必須要做的事。有時候，套用另一句海軍座右銘：「痛苦才快樂。」（the pleasure is the pain）

政府間氣候變化專門委員會報告中提出的氣候科學，為我

們指派了任務——「在二〇三〇年讓全球溫室氣體排放量降低50%。」但是該怎麼做呢？

我曾設法改變自己的行為，指引自己的舉動，來減少我的碳足跡，那時我就做了很多研究。我發現，我曾參考過的不同資料來源之間有眾多重疊之處，這點很令人欣慰。其中一本書特別讓我眼睛一亮——《Drawdown反轉地球暖化100招》（*Drawdown: The Most Comprehensive Plan Ever Proposed to Reverse Global Warming*），作者是保羅・霍肯（Paul Hawken）和洩降計劃（Drawdown Project）。

《Drawdown 反轉地球暖化100招》幫我辨識出我在生活中可作的改變，而且我覺得這種改變在個人粗體檢核清單策略框架中，肯定是具有意義的事項。在較高層次，《Drawdown 反轉地球暖化100招》呼籲採取四項相互關聯的行動：減少排放源頭、保護溫室氣體「匯流槽」、推廣全民公平正義來改善社會，還有成為一名有知識且積極參與的公民。這四個領域中各具最高潛力的行動，就是我所稱的我們的粗體檢核清單。底下篇幅，我增添了迄今我的家庭和我為了因應這項行動呼籲所採取的行動：

減少排放源頭：經確認對減少排放源頭最富潛力的行動是避開以化石燃料來發電和產生能源、使用LED照明來提高能源效率、減少食物浪費、改採植物為主的飲食、監測並修復冷媒洩漏、避開日常通勤並轉向在家工作、使用公共交通工具、駕駛電動車輛並改善建築物的絕緣。

儘管目前我們還沒有能力改變家用能源的生產方式，我的家庭從電力公司的供電選項中，挑出了大半仰賴可再生源頭的服務方案；我們更新家裡的所有照明，換用LED；我們改變了購買雜貨的習慣，堅持只在我們有必要時才買我們需要的食品，而且買了就得全都吃完；同時我們也改吃素食（正嘗試嚴守素食主義）；我們每年兩次對空調和供暖系統作檢查，確保系統妥善運作，而且沒有洩漏的情況；我們正在更新我們住家的絕緣材料；我們很幸運能買到一輛電動車，並得以將我們的交通工具減少到只使用一輛汽車。

保護溫室氣體「匯流槽」：溫室氣體匯流槽是能從大氣吸收並儲存二氧化碳的自然系統。陸地是主要的匯流槽，目前經確認具有最高潛力來保護溫室氣體匯流槽的行動是類似林木牧草地（silvo pasture）這種將樹林、牧草地和草料納入單一系統的整合式農耕實踐做法；同時恢復熱帶森林，並在降解的土地上栽種林場。

就匯流槽方面，我們在住家四周設計了本地植栽庭院，一處小小的草本植物園區和菜園，也儘可能多種樹。我們支持本地社區花園以及復育活動，也贊助致力恢復熱帶森林和珊瑚礁生態系統的全球組織。

推廣全民公平正義來改善社會：這裡的前提是，汰換化石燃料，改用乾淨的能源，採行能與排放減量和匯流槽保護相關的氣候解決方案，我們就能直接改善全球各地民眾的生活，包括住在最偏遠不受衝擊地區的居民。讓女孩與年輕女性有更多

機會來接觸更多、更好的教育，業經確認為改善社會並促進公平正義最有效的方法之一。

我們正與學校和組織合作，範圍兼及本地和全球範圍，期能促使女孩與年輕女性接受教育。身為退休太空人，我有幸能與女孩和年輕女性分享我的經驗，而且我希望這能為她們帶來啟示，鼓舞她們追求令人振奮又富有挑戰性的事業生涯，並相信她們有能力對世界產生正向影響。

成為一名有知識且積極參與的公民：我們還希望能在投票時作出更明智的選擇，因為我們知道，除了個人行動之外，我們的選舉權賦予我們促成改變的最大力量。這就意味著不只是為你政黨的每個候選人勾選框格，讓他們當選，還要針對每位候選人的個人功過來斟酌考量。

遴選優秀成員就代表你得為任務尋找最佳人選，花點時間想像，投票時你是在票選你的太空站乘員夥伴。當我這樣想時，我便自問，**我信不信任這個人能說到做到，落實他們的工作？面臨危機處境時，這個人會挺我嗎？**

我建議各位考慮以這種方式來投票，因為不論你是否意識到，其實這也正是我們在做的選擇。唯一差別是我們並不是在太空站上，我們是在地球號上，而且這裡相對沒有內建的責任體系，所以我們必須創制出來。要辦到這點，我們也只能靠投票，然後予以關注並持續參與，還得要求我們選出的官員和議員——我們的代表——履行承諾，追蹤落實當初票選他們來推動的變革。結果令人鼓舞，我見到了我們在家中就個人生活方

式所作的改變，不只嘉惠我們自己的生活，還對周遭旁人的生活產生了正向衝擊。我們努力透過在家裡作出這些改變來盡自己的一分力量，而且這是個很好的開始，不過現在我也意識到，光是這樣都還不夠，我們必須繼續催促自己，走出我們自己的後院。我的家人和我都希望成為更有良心的消費者，所以我們消費的核心是秉持良心並審慎思量，我們買的東西來自何方、如何生產，還有使用壽命終結時，往哪裡去。除了滿足我們自己的需求之外，我們還希望我們的消費選擇方式能夠支持永續未來，並能與為因應氣候變遷所必須作出的必要改變相符一致。

當初要在我自己的生活中作出改變得付出的初步努力，現在就變得比較容易了，而且想起這些改變所能帶來的好處時，都會讓我感到高興。如今我已經更能了解，我自己的行動如何能夠對周遭生命產生正向影響。我很高興能夠分享我們所做的一切，期望其他人也能受到鼓舞，也能作出一些改變並體驗其美好。

在二〇一八年一篇有關政府間氣候變化專門委員會工作進展的文章中，一位參與這項工作的科學家，布里斯托大學（University of Bristol）的保羅・瓦爾德斯（Paul Valdes）表示：「情況表明人類引起的氣候變遷不是種觀點，而是個科學

事實。」他補充說道,「我強烈認為,進步的障礙不再是科學上的。」[17]

　　現在的重點在於喚起意願,致力追求進步來達成《巴黎氣候協定》的目標——在二〇三〇年將化石燃料排放減半。在地方、州、國家和全球層級都有必要就眾多領域作出政策改變,包括個人選擇的轉變,還有透過投票來促成的個人行動,以及更深入的政治參與。我們全都需要找到自己的方式來成為解決方案的一部分,並鼓勵採取行動,從我們的鄰里開始,接著就向外傳遍我們的全球社區。

　　當我們選擇減少溫室氣體排放,我們這顆星球會呈現的相貌,將與不這樣做時所呈現的相貌大相逕庭。我真的很喜歡政府間氣候變化專門委員會報告以簡單圖表來向我們顯示這種差異的做法——以一條紅線代表不改變,並以一條細藍線來顯示我們動手時能有什麼潛力。二〇一九年九月,政府間氣候變化專門委員會在紐約市探險家俱樂部(Explorers Club)舉辦研究發表會,會上科學家說明了「藍線就是希望之所在」。[18]

　　我充滿希望,因為科學家向我們表明,有理由懷抱希望,我充滿希望是由於我們有解決之道;我充滿希望是由於我們**有能力**選擇施行解決方案,不論它是多麼具有挑戰性;我充滿希望是由於科學告訴我們,我們仍有時間作出能夠讓我們轉朝正確方向的困難抉擇;還有我充滿希望是由於我看到許多不同組織和人士(包括在本書露臉的一些人)對這些史詩級挑戰作出反應。他們並不等待別人動手來為他們效勞,他們採取行動,

盡力去做，來鼓舞其他個人、組織、政府和商界採取行動。

由於國際太空站裡面有「國際」兩字，我的國際太空站飛行預備訓練，絕大部分都是在美國境外，在我們的國際合作夥伴設於世界各地的設施進行。在這三年培訓期間，我有超過五成的時間是在俄羅斯、日本、歐洲和加拿大度過，因此我必然也花了很多時間待在班機座位上，往返這些地點，我在這些長途飛行時的例行公事包括：把我的電腦和一支筆塞進座位置物袋以備後續使用，並為我的手機充電；將其他一切物件都擺在上方置物櫃；在我的座位安頓好之後，首要事項就是拿一本飛機雜誌，直接翻到後面玩填字遊戲和數獨，目標是在起飛之前完成，然後睡覺。

二○一七年，有次搭乘達美航班（Delta flight）時，我翻閱航空公司的當期《飛凡》（Sky）雜誌，專刊名稱〈地球計劃〉（Project Earth）。封面照片是一位年齡與我相仿的高大男子站在戶外田野中，雙手插腰，頭髮飄動，面露自信的微笑，身著長袖黑襯衫，外罩巴塔哥尼亞（Patagonia）品牌銀色背心且拉鍊拉上，眼光眺望遠距之外。他的後面是一條水道，地平線上隱約可見某種工業廠房的輪廓。封面的副標題是，〈大自然保護協會執行長馬克・特瑟克的任務是說服世界，環保主義對地球——還有對經濟都有好處。〉

　　這深深吸引了我的注意，於是跳過了填字和數獨遊戲，直接閱讀文章，它的標題是〈野地的呼喚〉（The Call of the Wild）。根據目錄：「一度是位投資銀行家的馬克·特瑟克，如今是大自然保護協會著名的總裁兼執行長——而且他正重新定義企業和環保主義的交叉點。」我十分著迷，把那篇文章讀了好幾遍，連起飛我都沒有注意到。

　　特瑟克強調，我們應該抱持的理念是：「保護自然是**為了**我們好，不是讓自然**免於受到**我們傷害。」他將企業和環保主義拉攏在一起的觀點，似乎那麼完美，甚至還十分簡單。我很驚訝，全世界各地的企業，竟然還沒有採行他的途徑。我覺得那看來就很像所謂的科學、藝術之別，或者左、右腦的劃分，想到這點，我還暗自笑了。（新聞快報：我們必須使用我們的全腦！）讀了那篇文章，我也更深入思索，倘若我們要克服我們的最大挑戰，那麼我們所有人都必須專注尋找共通基礎。於是我投入在自己的生活當中尋找方法，來辨識這種共通基礎，包括專業上的和私人方面的，接著藉由我所做的事情，來將藝術和科學結合在一起。我還注意到，我也開始分享我從特瑟克的哲理學到的心得。（若想更深入領略特瑟克的哲理，我高度推薦他的書，《大自然的財富：一場由自然資本引領的商業模式革命》〔*Nature's Fortune: How Business and Society Thrive by Investing in Nature*〕）我開始希望有一天能有機會親自見到他。

　　那天大約在兩年之後來臨，那是在溫哥華的TED 2019會上。我自己也曾經在好幾次TEDx項目活動上擔任講者（譯

註：TEDx 並非 TED 主辦的大型研討會，而是 TED 鼓舞各地民眾自發組織的類似 TED 風格的活動），於是當下決定，時機終於來臨，我要在那次 TED 大型研討會上，實際體驗現場提報和整體氛圍了。我先生克里斯（Chris）和我們的好朋友，邁克爾和瑪格麗特・波特（Michael and Margaret Potter）多年來都持續參加，然而我對這項投資能有什麼回報，始終抱持質疑。我第一次參加 TED 研討會的第一天時，我的投資回報就實現了。

我們才剛簽名報到，正排隊等著領取「好禮袋」。我一轉身，後面就是特瑟克，我的臉對著他的胸膛（他相當高），我實際上還後退一步來確認，接著才很快回頭轉向克里斯小聲告訴他，我後面是誰（克里斯知道我對特瑟克的故事很感興趣）。既然 TED 完全就是關乎建立網絡並結識民眾，以對世界產生正向衝擊，於是我鼓起勇氣自我介紹，哪怕覺得自己就像個十足的迷妹。過程大概就像這樣：「哦天啊，你是馬克・特瑟克！幾年前我在一本飛機雜誌上讀到了一篇有關你的文章，從此我就一直追蹤你。追蹤，不是偷偷摸摸那種（哈哈……尷尬）……謝謝你所做的一切……很高興見到你……我正在寫一本書……也許我可以找個時間來採訪你……」

儘管我的自我介紹顯得荒誕古怪，他仍然非常友善，於是我們在 TED 應用程式上建立了聯繫。老實講，我還以為他永遠不想再和我講話了。

快轉到當晚由我先生一位朋友作東舉辦的晚宴，各位猜東家安排我坐在誰身邊？是的！這次我沉穩得多了，於是到了當

晚結束之時，感覺上藉由那次晚餐交談我大概已經平反了。馬克告訴我，他期待能收到關於我那本書的消息。研討會的最後一天，我們親眼見識了他起身行動，發表了大自然保護協會的「拯救世界海洋的大膽計劃」（Audacious Plan to Save the World's Oceans）。[19]

就如先前承諾，馬克確實讓我為這本書去採訪他（實際上還採訪了好幾次）。他自稱是個書呆子，也是個晚熟的環保人士。「我在克里夫蘭（Cleveland）長大，」他告訴我，「我當時一直都待在外面，不過那是一座污穢的城市，所以我不是什麼環保人士，也不是個愛自然的男孩。

「不過在我十二歲時，那是在一九六九年六月，我的河著火了。」

當他說「我的河著火了」的時候我愣了一下，我聽對了嗎？一條河（他的河？）著火了？我從來沒有聽說過有任何河川會著火！

結果發現，一九六九年凱霍加河（Cuyahoga River），也就是馬克的河著火時，其實並不是第一次發生，而是第十三次了。這條河第一次著火是在一八六八年，不過由於一九六九年的著火事件點燃了（抱歉用雙關語）清理措施，那便成為了最後一次。

回顧一九六九年，凱霍加河充滿臭水溝氣味，而且是工業廢棄物傾倒場。幾十年來，沒有任何東西能在河裡生存，儘管歷史表明，在一八〇〇年代晚期快速工業化之前，克里夫蘭的水道是「歷來所見最潔淨的一批水道」。[20]

一九六九年的火警是由一列火車引燃，火車過橋時一點火花掉落水面，爆出一股五層樓高的烈焰並席捲整條河川。在那時，全美三分之二的湖泊、河川和岸邊水域都因安全理由不適合釣魚或游泳。這場火成為了「新生環保運動的有力象徵」。[21]

克里夫蘭市長卡爾・斯托克斯（Carl Stokes）在火警隔天就舉辦了一場新聞發佈會，要求州政府協助清理河川。斯托克斯是第一位當上美國大都市市長職位的非裔美國人。他在火警現場現身，也幫忙將原本可能繼續侷限為地方事務的事件，推上了全國新聞版面。當年稍早，美國也發生了好幾起重大環境災變，包括聖塔芭芭拉（Santa Barbara）海岸的一次重大石油洩漏事故，所以這次事件激發了環保人士對於清理和改革的更強烈聲浪，同時《時代》（Time）雜誌也發表了一篇有關於凱霍加河火警的文章。

一個月後，尼爾・阿姆斯壯和巴茲・艾德林踏上了月球。十個月後，第一屆地球日舉辦，接著不到三年之後，政府採取了有意義的行動，美國國家環境保護局成立，並通過了《淨水法案》（Clean Water Act）。

凱霍加河重現生機——有些人甚至還稱它是死裡復活的拉撒路河（Lazarus River）。有趣的是，那條河川依然存有某些

含量高得危險的細菌，不過即便還有這個問題尚待處理，它已經得到了大幅改善，完全看不出就是一九六九年著火的那同一條河川。克里夫蘭市繼續對河流進行彌補工作，而且儘管美國在川普（Donald Trump）掌政時期撤銷了《巴黎氣候協定》承諾，這裡仍然成為全美國四百座奉守協定所訂目標的城市之一（到了本書撰寫期間，美國又已重新加入《巴黎協定》）。這些城市的目標是要在二〇五〇年將溫室氣體排放降低八成，而且實現百分之百的電能產自可再生源頭。

《飛凡》雜誌介紹特瑟克那篇文章開頭第一句就寫道：「我們所有人都有個內在的環保人士，靜等時機綻放盛開。」在我們的訪談當中，馬克回到這個觀點好幾次，而且不單只指稱他自己。「每個人都有個內在的環保人士，」他說道，「我就像『物證甲』。到了生命非常後期我才對大自然產生興趣。接著我內心的生意人便說：『哇，我們可不想糟蹋大自然或者毀了它。如何用我那整套問題解決技能，來應付這些環保挑戰？』我就是在那時成為一位環保人士，而且許多人也都能依循那條路徑去走。不過這有點像一條怪誕狗血的路徑，它並不像地球升起時刻，不過卻很有用。」

就連童年時期在克里夫蘭時，馬克也知道一條河著火並不好。他在訪談時非常清楚說明，他或他太太的成長過程都沒有

沉浸在大自然中，不過當了父母之後，他們就開始覺得這很重要，得讓他們的孩子有機會自行與大自然建立關係。他們一家開始到以自然為導向的處所度過週末和假期。馬克向我描述他們的一趟哥斯大黎加行程，那可以說是非常「地球升起時刻」的敘述方式。

「我們這趟旅遊條件很簡陋，其實根本就是在泥裡打滾。我們有一位很出色的導遊，指引我們欣賞哥斯大黎加生態系統的美好……那裡有某種東西深深契合我心，而且我想這對我的家人也都如此，好比我們一起醒來，身邊環繞著大自然的奇景和歡欣。」

當馬克發現「在壯麗戶外度過時光是多麼美妙」的時候，他已經在高盛（Goldman Sachs）擔任投資銀行家二十年。「哥斯大黎加之旅點燃了我對大自然的熱愛，也激發了我的怪念頭，想要學習我們的生態系統如何運作，還有我們對那些系統造成了哪些衝擊。」

馬克確保他們有專業嚮導引領，不只為他們的家庭旅遊提供很棒的經驗，還分享對那片自然環境的敬畏與面對的挑戰。他開始捐款贊助種種不同保育團體，閱讀環保文獻，並聯絡環保專家來深入討論他所閱讀的內容。有一本書特別能引發他共鳴，《新生態經濟：使環境保護有利可圖的探索》（*The New Economy of Nature: The Quest to Make Conservation Profitable*），作者是史丹佛大學（Stanford University）生態學家格蕾琴·戴利（Gretchen Daily）和記者凱塞琳·埃利森

（Katherine Ellison）。她們這本談生態系統的書是從它們為人類帶來哪些好處、提供哪些服務著眼，並論述保護它們能獲得哪些利潤。馬克對大自然本身的沉浸迷戀，加上他對於保育相關價值學到的心得，激勵他思考如何運用他的高盛商務經驗來「論據說明為什麼保護自然是我們的最明智投資」。

帶著心中這個新的動機，馬克回到高盛集團並闡述他的想法。馬克繼續發展該公司的環保策略，接著在二〇〇五年，他創設了公司的環保市場小組（Environmental Markets Group, EMG）。環保市場小組和各公司、學術機構以及非政府組織建立夥伴關係，共同開發創新市場解決方案，來應付環保和社會挑戰，並安排大規模融資與投資措施，來幫助擴大乾淨能源的市場規模，支持長期永續經濟成長並朝低碳經濟轉移。[22]

馬克還期盼做得更多，於是在二〇〇八年當上了大自然保護協會執行長，期間他支持協會的推廣計劃，促成把大自然當成一種值得投資的資本財，從而幫助協會採行了一種更講求實效的途徑。領導大自然保護協會十一年，協助重塑其他保育團體所採途徑之後，馬克在二〇一九年七月轉換跑道，如今他為成熟公司、初創企業、機構投資人和非政府組織，就環境和組織策略以及就（支持社會和環保理想，同時也滋生財務回報之）影響力投資（impact investing）的機會提供顧問諮詢。他受稱譽為全球保育領導者以及自然是種資本之理念的擁護者，他將這項概念描述為「珍視大自然本身的價值，也根據它為大眾提供的服務來予評價，好比乾淨的空氣和水、肥沃的土壤和

穩定的氣候」。

馬克發現了他內在的環保人士，如今也延續他的使命，幫助我們所有人找出並駕馭我們自己內在的環保人士的力量。「當我加入大自然保護協會，」他告訴我，「我的一項工作是參加我們為感謝支持者成就這麼出色表現所舉辦的所有活動，而我的妻子愛咪（Amy）通常都會隨我出席。許多捐助人和支持者都是老年人，不是所有人，不過他們當中有許多都將近九十歲了。因此我有生以來第一次，開始和老年人共度時光，結果讓我大受震撼，他們非常投入、精力旺盛，看來根本都很年輕。愛咪和我交換意見表示這很費解——他們是老人，看起來卻像年輕人。」

隨著馬克和愛咪更深入認識這些人——與許多都成為好朋友——他們也解開了謎團。「他們決定找到一個他們關切的理想，」他說明，「就這個事例，那是環境，不過那也可以是任何理想。他們為它付出所有，於是當下就發生一件大事，他們並不呆坐擔心自己，他們為別人著想，而且他們很忙碌，他們和年輕人一起工作，他們致力設法解決問題。這些是將近九十歲的人，他們甚至還盡心盡責照顧好自己，保持健全體格，這樣他們才能辦到這點。這就是，」他總結說道，「幸福生活的秘訣！」

當馬克分享他有關生活得有目的能帶來喜悅的這項發現時，我也向他描述了太空站乘員的生活同樣是受到目的和服務驅動，而且也帶來喜悅。「可以的話，我想偷你的那個詞

彙，」他說道，「我可以說我有個朋友是太空人，而且我告訴她，我認為投身理想能帶來喜悅和充實的生活，而你說：『是的，這就像當個乘員。』我認為這很重要，因為外面有很多焦慮和不快樂。」

馬克和我繼續談論這種舉止像乘員的想法時，談話內容也轉向一個現實面，那就是整體來講，我們在地球並非像乘員那樣過生活。我們並不是為了裨益所有生命和這顆星球，來合作操作我們這艘太空船的生命保障系統。馬克告訴我，我所說的像乘員般生活這件事，讓他想起，我們地球人是多麼不像太空船上的居民。「你們〔太空人〕有條不紊，你們是經過遴選的，你們受過訓練。我假定倘若你是個太空人，就算你不是什麼專家，依然必須懂得一切事情是如何運作的……你在你的太空船裡面，然後你碰上了麻煩，接著你就只決定責怪某人……猜猜結果如何？那並不能解決任何問題……你們就有點像是糾纏分不開了。你們必須通力合作，而且在我們這顆星球上，顯然我們也是糾纏不清了……我想你有關當個乘員或者當個乘客的說法是對的。當個乘客，只為了搭乘，是種相當糟糕的生活方式。我想這裡和你的太空船真的很不一樣。」

地球人奉守我們扮演地球號乘員夥伴角色的價值觀的這個類比，和我所曾交談的所有人都能取得共鳴，而且這也是《回到地球》內容的核心信條。儘管人類這個物種仍然沒有想出該如何像個地球人乘員般生活，許多人已經投入致力這樣做。這裡有個例子就是馬克接觸到的老年人群體，他們成為大自然保

護協會的成員並從中找到了生活中的喜悅。還有另一個例子，那就是他自己的工作向我們表明，企業和環保動機如何能夠彙整為一，以實現互惠互利。還有關於他的內在環保人士的發現，同樣是個例子。這些全都是在單獨一個人的生活中，能夠見到「像乘員般過日子」所含價值的方式。

我相信我們所有人都全都蓄勢待發（也或許自己根本不知道）要綻放地球人的光輝，我們只是必須下定決心去做。

馬克和我談到，找出我們可以在日常生活中作出的有意義改變，幫忙抵銷溫室氣體提增，擴大我們在地球共享的生命保障系統的存續能力，對我們所有人來講是多麼重要。不過倘若我們真正打算逆轉氣候變遷的趨勢，單靠個別改變仍然不夠。

「促成環保進步最重要的事項是政府政策，」馬克說，「所以就我們每個人來講，要想影響政府政策，投票絕對是你所能做的最重要事項。所有人都必須提高政治動機，更加積極參與。」

「可悲的是，」他繼續說道，「數字顯示，投票的相對參與度很低，即使是環保支持群眾和表達最多批評並呼籲採取行動的年輕族群也都如此。參與並不意味著批評，別只是批評政治家，多認識他們是誰，還有他們的政策，投票選出能夠促成改變的人士，接著要他們履行政見。」

　　二〇〇九年十一月，我的美國乘員夥伴威廉斯和我在外太空投票。我們架了個小小的投票亭，並拍攝我們投下選票的照片，發給我們在休士頓的郡投票辦公室。選舉事務職員收到照片都相當驚訝、振奮並感謝我們撥冗和他們分享我們的經驗。

　　我很慶幸自己能夠在第一次太空飛行期間行使**投票權**，這讓我意識到，擁有投票權是多麼寶貴的殊榮，還有以投票為優先考量，並讓我們的所有公民都能行使（無論他們身在何處）是多麼重要。

　　在大氣層之外，航太總署太空人不見得都有辦法投票。不過這件事起初還沒有人處理，後來約翰・布拉哈（John E. Blaha）才提醒大家注意。一九九六年當比爾・克林頓（Bill Clinton）和鮑勃・杜爾（Bob Dole）競選美國總統時，他正好住在俄羅斯和平號太空站（Mir Space Station）上，錯失了投票機會。德州參議員麥克・傑克遜（Mike Jackson）得知這事，於是他前往航太總署並透露他想提出一項法案。一九八九年傑克遜曾在總計兩萬六千票的選區以區區七票勝選，「所以我完全贊成讓更多人投票。」他說。國會兩黨的其他議員也都很快加入他的行列，如今傑克遜已從德州立法機關退休。他表示，他同事的第一個反應是「你想做什麼？」不過他們很快就意識到：「怎麼我們之前都沒想到？」[23]

　　感謝德州制定法律，那裡是多數太空人定居的地方，第一位在太空投票的太空人是戴夫・沃爾夫（Dave Wolf），他是在一九九七年待在和平號太空站上時投票。戴夫不記得那年是票

選什麼，不過他記得自己當時是多麼感動。

「我隻身在太空中投票，非常孤單，上面唯一講英語的人，能有英文選票真好，那是美國來的東西，」戴夫說道，「那讓我感到和地球更親近，也覺得地球上的人真的關懷在那上面的我。」[24]

如今在軌道上投票的過程大致都維持不變──而且還非常簡單。任務管制中心向太空人發送一封包含一張缺席選舉人票的加密電子郵件。太空人填答之後寄回地球，信件寄到郡委書記處，由該書記開啟檔案，並將選擇謄寫上一張紙本選票。只有那位書記知道太空人怎麼投。

太空人在太空中從電郵收到缺席選舉人票時，他們的地址是寫成「低地球軌道」。

有時候要讓華盛頓採取行動的唯一方法就是讓夠多公民投票支持改變，迫使國會把民眾的利益擺在企業之上。特瑟克在我們訪談期間多次提到「每個人都有必要投票」這句話。事實上，他好幾次更直接地說：「去投票，該死的！」他對太空人的投票理念印象深刻，因為他們不只考慮到投票的重要性，甚至在執行科學和探索任務登上太空船擔任乘員之時也不例外，而且他們還推動爭取在太空中投票的權力。當我問他，我們該怎樣建立我們的地球號乘員團隊，這時他回答道：「兩件最重要的事情是──投票，還有找出彼此之間的共通基礎。」

馬克的故鄉克里夫蘭那條燃燒的河流已經清理乾淨了，歸功於政府政策《淨水法案》，而且我們呼吸的空氣污染也減輕

了，肇因於為因應政府政策《空氣淨化法》所採行的行動。政府政策以我們經營企業的方式來推動改變，有時要激勵產業和政府採取必要行動的唯一做法就是，有夠多公民投票支持改變，迫使國會將人類的長期利益擺在短期獲利之上。

「我真的很喜歡淨化空氣的故事，」馬克（好幾次）說道，「《空氣淨化法》提出時遭到了汽車產業的強烈反對，他們說：『喔，那是不可能的。那會花費數十億美元，損失數十億個就業機會。』然而空氣品質實在很糟糕，奇妙的是，國會批准了那項法案。既然汽車產業必須遵守這些法規，他們會怎麼做呢？他們發明了催化轉換器。瞧！他們實現了尾氣排放減量，而且把費用考量在內，這就是我們今天能擁有乾淨空氣的原因。

「企業是創新的一個根源，」他繼續說道，「不過他們是絕對不會自願這樣做的。他們沒有選擇，只能遵從，他們發明了讓一切落實的技術。我喜歡乾淨空氣的故事。

「就氣候戰線，那是一團亂，」馬克說道，「我們完全沒有太多相關規則。就像現在，規則容許我們做愚蠢的事情，好比零成本傾倒碳。要不然我們就從讓碳排放污染成為非法或者非常昂貴的政策開始好了？」

「這看來就像個可以合理施行的政策，」我說道，「那看來就像採取《空氣淨化法》途徑來處理碳，政策的改變可以產生推動必要改變所需的力量。儘管政策改變可能很困難，不過這是值得共同努力的事情。」

「我學到的一件事是，」馬克告訴我，「有時候我們會犯下大錯：我們假定不以我們的方式來看待世界的人是壞人，或者他們與我們的希望對立，或者他們很愚蠢，或者他們很貪婪。有些人確實如此，所以你不能忽視這一點，不過我認為，我們把它想得太嚴重了。大半時候我們只須願意對他們的觀點表現出一些興趣，就算你並不認同，仍有必要把它暫時擱置，嘗試進行認真、尊重的對話，找出一些共通基礎，找出你們可以共同努力的事項，接著就從這裡開始。我認為那是個尚未開發的龐大機會。」

包括馬克在內的許多人都認為，氣候變遷是「人類有史以來最難解決的事情」。值得慶幸的是，人類在歷史上也曾為極具挑戰性的複雜問題尋求解決方案。在所有這些解決方案的底層，無論如何總有個受某種更宏大目標所驅使而作出的決定。就以國際太空站為例，那是人類最偉大的工程挑戰之一，那個更宏大目標就是在太空中共同努力，來改善地球上的生活。我們在與其他十五國的夥伴關係中發現的那個更宏大的目標，就是起初把我們帶到一起的原因，也是我們每天所作決定的根本依據，以及促成我們共同成功的功臣。藉由檢視那個共通基礎，我們得出共識，全都認為找到解決方案是很重要的。

想像若是我們無視大家的外表差異，單純從地球升起的視角來檢視氣候變遷（或者其他任何挑戰），那麼我們全都身處同一艘太空船上。誠如巴克敏斯特‧富勒（Buckminster Fuller）所述，「現在我們有了一種方法，能以更大準確度來把整顆星

球視像化，於是我們人類在地球號上面對共同未來之時，也就更有能力來應付挑戰。我們必須學習看向讓我們團結的事項，而不是讓我們分裂的事項。」

讓我們團結的理由是，我們都生活在同一片天空之下，我們全都看到同一顆月亮，而且我們全都有相同的基本生存需求。讓我們團結的理由是，我們有能力和機會，以精確、審慎的方式，來應對我們的最大挑戰。讓我們團結的理由是，我們**可以**共同努力，來確保地球上的生命能永續存活。

如今我們發現自己身處反應時間至關緊要的境地。我們向來十分擅長「放慢腳步」來評估問題，於是我們就讓放慢腳步的那段時間流失了，現在是加快腳步的時候了。我們知道粗體檢核清單，而且檢核動作必須盡快才能讓我們的生命保障系統恢復健全。在太空站上，粗體檢核清單的目的只是要讓情況穩定下來，讓太空站和站上的每個人都安全無恙。接著艱難工作這才開始，得釐清緊急事故的原因，還有應該採取哪些防護措施，以免它再次發生。

在地球上，警鐘敲響已經數十年了，結果我們仍在推敲思量是不是該執行粗體檢核清單。我們放慢腳步已經太久了，現在該開始動了。我們必須執行粗體計劃並採取我們已知且必須採取的行動，來讓氣候變遷緩和下來。唯有到那時候，我們才能「慢中求快」，邁向共有的未來，在這裡我們身為人類要能學會表現出地球人的行為，並與我們這顆星球上的所有生命協同合作，這樣我們才能全體一起茁壯成長。

從發現號太空梭的甲板，遙距引導
我的乘員夥伴阿爾和史蒂夫完成他
們的國際太空站外太空漫步活動。

航太總署

第六章 要腳踏實地

　　把「grounded」這個單詞用在太空人身上，可以代表十分糟糕和十分良好的兩重意思。就不好的方面，這指稱「遭禁飛不能上太空」，代表發生了某種狀況讓你被列入「不得飛行」名單。就好的方面，這也指稱一個人能「腳踏實地」，而這正是確保太空人成功的關鍵。

　　我曾接受的最大讚美之一是被描述為「能接地氣」，不過跟我這樣講的人經常會輕聲發笑，因為他們認為這樣來描述太空人相當好笑。事實上，看到太空人這麼腳踏實地，大家似乎都會感到驚訝。我不禁要想起那種感受的荒謬之處，我的意思是，你能不能想像，倘若你有一票「太空怪胎」負責操作太空站，那會是一場什麼樣的災難？那只有在惡搞電影中才能運作，或許是《空前絕後滿天飛》（*Airplane!*）的下一代版本。

　　腳踏實地對成功的機組運作所含括的一切層面都不可或缺，這些在前面五章已有描述。身為乘員，我們秉持一切都是本地事務的觀點來運作。我們敏銳地意識到，我們的細薄金屬站體——我們太空船上相當於地球細藍線的那層構造——的完整性。我們全心接納乘員夥伴多樣性的價值，還有那種多樣性能為任務成功帶來什麼貢獻。我們明白，我們誰都不能像乘客那樣行事。而且從一開始，我們就依循妥善規劃來進行我們的任務，這樣我們才能夠慢中求快。任務要成功，首先得仰賴一支有良好平衡、有理智的團隊，而且他們都得明白，他們的行動必須有確鑿的證據基礎，他們都彼此熟識也相互尊重，他們了解情況，而且他們都做過心智訓練，能保持放鬆、冷靜，於

是不管周遭發生了什麼事情，他們都能作出反應。

就如我們乘員必須穩定可靠、安全並腳踏實地，國際太空站本身也必須如此。國際太空站是我們在太空中的臨時家園，基本上就是個大小如美式足球場的組合建物，其元件包括具高電壓的帶正電碩大太陽能板和一組依策略配置並由大型電力設備箱組成的金屬結構，這些構造一起在周遭電離層等離子體（太空站在太空中所處位置的獨有特徵）的帶負電粒子群中同步穿行。國際太空站在地球上空約四百公里處繞軌運行，就位於電離層中間，電離層是大氣頂部和太空起點的重疊處。它的名字能恰當地代表在這個高度繞行地球的所有帶負電粒子（離子）。所以，就像我們在地球上的家園，國際太空站也需要電氣接地，才能讓它成為所屬乘員在太空中的安全居處。

電氣接地具有「安全閥」的作用，能以正電荷來抵銷平衡負電荷，並釋放多餘的帶電能量，讓它能有個安全去處，而不是穿過我們太空人，這能大幅降低我們遭遇觸電或失火危難的風險，它還能保護電氣設備免受過量電流以致損害。就我們在地球上的家園，多餘的電荷通常都經由一條從電氣設備連往地下導電金屬棒的電線發散出去。事實證明，地球是個良導體，而且尺寸足以接受或供應為數無窮的電荷，同時其自身的電荷也不會因此失衡。

所幸電氣系統有許多不同的接地方法，其中有些甚至不必和地球做直接實體連接。就待在太空船上的我們來講，這是件好事，因為我們不可能用一條四百公里長的電線，來把我們的

太空站和底下一支插進星球的金屬棒連接起來。

為了讓國際太空站實現電氣接地,我們使用一種名字就像《星艦奇航記》所用道具的設備——電漿接觸器單元(Plasma Contactor Unit, PCU)。[1]

電漿接觸器單元產生出一股離子、電子束,能中和正電荷,將它安全帶離結構並釋入太空中。國際太空站的「接地作業」讓電氣系統能有效作高效率運作,而且它讓乘員得以安全操作,範圍含括太空站內的日常作業以及在站外進行太空漫步之時。

踏實的乘員和踏實的太空船能帶來安全、保障、防護和舒適性,有了這些,我才會感覺國際太空站是我在太空中的家園。我的乘員就像家庭,這種經驗擴大了我對家的理解,也重新定義了家對我的意義。

第一次上太空時,每當我知道我們來到佛羅里達上空時,我都會滿心興奮地飄到窗口。我覺得佛羅里達是我的家,我想從太空來體驗佛羅里達。

每次我觀看時,總是會被某種新奇事物的景象所吸引,而且很驚訝地球那永遠呈現虹彩狀半透明的色彩,藉由映襯著看似無邊無際的極盡漆黑而展現出來。那幅景象總是提醒我,**小妮,你是在一艘太空船上!**

每當我前往窗口瞥一眼地球，我始終都沒辦法「只瞥一眼」。我難免都會被吸引陷入底下的燦爛渦漩當中。我發現有必要為我可靠的OMEGA X33手錶（最好的鬧錶，不論在地表或地外——是的，這是一種背書）設個鬧鈴，提醒我該回去工作。倘若沒有鬧鈴，環繞這顆星球整整一圈的那九十分鐘很快就會過去，而且我完全不會注意到時間流逝。我的雙眼、思想和心靈，對當下的經歷敞開心扉，每次我都會著迷，被我眼前所見迷住。

這顆星球看來就是活的。

彷彿我是啟動了靜音按鈕來觀看地球，白色迴旋暴風雨雲移動跨越海洋，它看來很柔軟卻又波濤洶湧，安靜又美麗。想到這場颶風對身處其間的人來講，肯定猶如天壤懸隔，我心中大感震撼。

我對這顆星球的地理學認識更深了，我不只能看形狀說出眼前是哪片大陸，還能根據顏色和樣式來分辨。我注意到紅海（Red Sea）有一座微小的心形島嶼；亞馬遜河（Amazon River）一處河彎的輪廓就像一頭大象；太平洋中的長串環礁，看來就像海上的足跡；沙漠沙堆圖案看來就像雞群在那裡四處亂跑留下的腳印；星球表面夜間的點點燈火向我表明，哪裡有人，哪裡沒有。我不禁想，上帝肯定有種奇妙的幽默感，而且我們發現這種新視角來檢視我們的星球家園，肯定有其目的。儘管我是在地球上空四百公里處的太空船上，和所有我認識、所愛的人——以及所有我不認識的人——分隔兩地，我卻見識到令人

震撼的真相，那就是我們的相互連結性。和我之前腳踩在地球表面的任何時候相比，我覺得現在我與底下的每個人和每件事物都連結得更為緊密。

雖然我仍想看我的故鄉佛羅里達州，不過很快我就轉向了一個不同的視角：佛羅里達成為了我的家園**星球**上一處我想看的特殊地點。從太空，我不只看出地球是顆星球，而且這顆星球是我的家園。我心懷謙卑，肅然起敬。

在每一趟任務期間，有件事總能讓我在太空中保持踏實，那就是從窗口向外眺望並感受與家園密切關聯的經驗。這就像是一條無形的電線，將我連結到「大地」，到地球，到家園。

二〇一五年，我把自己禁飛了：我作出一個困難的決定，從航太總署退役。從任務派飛的宏觀架構來看，我的下一趟派飛不會等待太久，所以那個決定會讓我自己不再有任何機會以航太總署太空人的身分上太空飛行。

我在想什麼？我在太空中的表現向來很好。在那裡感覺就稱得上很自然，然而我的直覺卻告訴我，該繼續往前了。下達這個決定之前，首先我必須更深入探究，於是我擬出了一系列要考慮的問題。

一、「再一次上太空飛行對我重要嗎？」看來像是個簡單的問題。實際卻非如此——特別是知道上太空飛行是多麼了不

起又能夠改變生命的體驗。然而對**我**來說，再次上太空飛行重要嗎？我就這道問題左思右想了一陣子，最後我終於能簡單、誠實地回答——不，答案是不。大進展！

二、「**沒有在太空中飛行時，我需要繼續從事我在太空人辦公室做的工作嗎？**」太空人99%的工作並不是在太空中飛行，那部分是在地上完成的。擔任太空人的那十五年期間，我只在太空中度過一百零四天。太空人在地面上做的事情至關重要，目的在支援我們送上太空的人和裝備，並設計未來任務使用的硬體設施。這道問題稍微容易回答，不，我不需要待在太空人辦公室來繼續從事相關工作。我知道，即便在太空人辦公室之外，我依然可以在地面從事顧問、諮詢並參與計劃，提供價值並對進展中的事項作出正向影響。

三、「**放棄太空人在地球上能做的其他所有事項，我可以接受嗎？**」我想這道問題是出自一個比較自私的立場，不過我必須接受一項事實，那就是從航太總署退役，也就意味著我得放棄太空人在地球上做的許多又酷又有趣的事情。我再也不能搭乘T38噴射機飛行；我再也不能在中性浮力實驗室（Neutral Buoyancy Lab）潛水練習太空漫步；我再也不能在漂亮的虛擬實境模擬器裡面控制機械臂或者模擬在國際太空站四處爬行；而且我也再也不能每天都和一支我相信是這顆星球上能力最高強、才氣最雄厚，而且具有最超凡本領的人士所組成的團隊並肩工作。雖然很遺憾不再有機會做這些事情，不過我知道自己仍然會與那些人保持聯絡，所以答案是肯定的。

　　花了好幾個月來考慮並回答這所有的問題之後，我感到神清氣爽。當太空人是一份夢想的工作，不過我發現，那不該是、也不能是我生命中的最後目標或最終成就。我為自己完成的工作感到慶幸和自豪。當太空人是種非凡的經歷，它開啟了原本對我來講並不存在的機會。擁有了這些優勢，隨之而來的就是延續傳承的責任。現在也該啟程展開我人生的下一階段任務，而且我知道把自己「禁飛」，並不會扼殺自己，反而會提昇自己，並開啟通往更美妙機會的窗口。

　　斟酌這有可能是什麼樣的機會時，我很肯定一件事情：我必須確定，不論我從航太總署退役之後承擔起什麼任務，它肯定得容許我能以裨益其他人的方式來分享我的太空飛行經驗。由於上太空飛行從多方面來看，都深具衝擊力量，因此我想，找出一種個人的，而且有意義的方式來分享它，對每位太空人來講都很重要。我不斷回頭談起在太空中作畫的經驗——藝術會成為我的下一條跑道嗎？我納悶自己該怎樣把我的藝術創作和我的太空飛行經驗結合起來，並以具高度吸引力的方式，來與原本說不定並不知道有太空站的民眾分享。我相信每個人都應該知道國際太空站，還有那裡為致力改善地球生活所成就的所有工作。而且我希望每個人都能從我們由太空飛行學來的三項簡單教訓獲得裨益：我們住在一顆星球上；我們全都是地球人；還有唯一重要的疆界，就是保護我們所有人的那條大氣層細藍線。

　　我受到一種想法吸引，或許我藉由我的藝術所創造的作

品，可以幫助我實現我許多同事所達成的事項：把我身為太空人時所做的工作，以及我在太空中逗留時期所得到的經驗帶回地球來造福人類。藉由我的繪畫，我打算把我透過太空船窗口所見到的和感受到的分享給大家。我生命中沒有其他哪件事物更能夠讓我深入領略我們和這顆星球，以及和彼此之間的關係。我期望我的藝術能鼓舞所有人，找到他們自己的方法來體驗這種親密連結。

回到地球之後，我也四處尋找能產生類似從太空船窗口眺望經驗的方式。我找到了兩種最接近的地表經驗，一種是冥想（倘若你有機會嘗試，在漂浮艙中冥想，可以讓這種經驗再提昇一個層級），另一種是稱為「接地氣」（Earthing）的練習。我上太空之前從來不曾做過冥想或接地氣，現在我兩樣都做。兩樣都是正念和超越的練習，目的在於把我們藉著所有感官感覺到與經驗到的，來與以我們心智和內心所感覺到與經驗到的連結起來。冥想和接地氣就像從那些太空船窗口向外眺望。

我第一次接觸冥想是在剛從航太總署退役之後不久，那時我正接受澳洲一位紳士，湯姆·克羅寧（Tom Cronin）的訪問。克羅寧是靜止專案（Stillness Project）創始人，那是一項全球運動，旨在激勵十億人每日冥想。我們見面時，他正投入製作一部紀錄片，片名是《傳送門》（*The Portal*），內容有力

地論證了為什麼冥想是達成更美好生活和更美好星球的解答。這種實踐能幫我們在生活中帶來平和與沉靜，於是我們就可以為壓力重重的世界帶來平和與沉靜。這部紀錄片激發觀眾在他們的生活中開闢出靜止的空間——踏實接地氣。影片的標語是「沉靜心智，敞開心胸，轉變世界」（Calm your mind. Open your heart. Transform the world.）。

為了感謝我接受訪問，湯姆提供我三堂指導課程，幫我展開我自己的冥想練習。湯姆人在澳洲，我則是在佛羅里達，因此課程透過我們的電腦螢幕進行。我發現，我一直在描述的那種在太空中的超越經驗，就是種平和及沉靜的體驗。湯姆對我表明，在地球上進行冥想練習，如何有助帶我回到太空，重現當時透過太空船窗口凝望我們這顆星球之美的時候，我心中湧現的那股平靜和有益健康的感受。

接地氣是我在網際網路搜尋瑜伽墊時發現的。這完全就只是脫掉鞋子，赤腳在星球上行走的做法。要意識到你的腳和地球之間的關聯性，你會聯想起你和地球（我們是生活在一顆星球上），以及你和你周遭所有生命（我們全都是地球生物）之間的關聯性。有趣的是，在你的腳和地球之間建立關聯，實際上也就是讓你的身體接地，所以我猜想，電氣接地有時也被稱為接地氣並非巧合。科學研究披露了與地球表面建立關聯，會帶來哪些令人驚訝的正向和被忽視的好處，包括睡得較好，發炎和疼痛緩和，還有壓力水平降低。[2]每天我們都應該花點時間從容和自己共處，並與地球連結，從我們在星球上的位置仰

觀，並對環繞我們的那條細藍線禮贈表達感恩。

待在國際太空站上在太空中飄浮時，我顯然是完全沒辦法讓雙腳踏穩地面或赤腳在草地上行走，不過我能透過太空船的窗口，體驗到與地球的同等超越的關聯性。如今我明白了，當我那樣做，同時也是在體驗一種接地氣。那並不是種實體上的連結，不過那是我從未感受到的獨一無二的連結。

情況對我很明朗，就算我是待在環繞這顆星球的一艘太空船上，我依然是這顆星球的一部分——我依然在家中。我感受到的平靜，讓我在國際太空站上時，能一邊現身在站上的生活和工作中，同時也能藉由與我在地球上的家人聯繫來持續和家庭共處。在太空中以這種方式產生接地感受，讓我得以感到放鬆、平靜並保持醒覺，無論周遭發生什麼狀況，它幫我成為更好的乘員。

在地球這裡，我發現了接地所能帶來的好處，和在太空的情況相同。首先第一步是要了解，這種超越的感受——踏實接地——是產生自一種覺知，意識到你是一個更大整體中有意義的一小部分，而且你個人的健康和星球的健康息息相關，還有我們全都是地球人。

冥想和接地氣是能夠讓我保持踏實接地的兩種做法。這對我們所有人很重要，每個人都得找到某種做法並予以實踐，好在我們的生活中帶來這種超越和平衡。有關保持踏實接地能帶來的共通益處，根據我在對那項主題的研究中發現的（還有我在我自己生活中體驗到的），其中包括了與民眾以及與這顆

星球建立有意義的連結；領略環繞我們周遭那些美麗的和不那麼美麗的現實並據以採取行動；相信每個問題都有解決之道；對地球支持生命的獨有方式心懷感恩；從專注我們自己轉移到專注他人；體驗對我們周遭世界的敬畏與讚歎；還有在生活中找到更高的目標。我知道這實在很多，不過所有這些益處，不論是在太空船上或者是在一顆星球上，都能幫助讓我們更有條件成為最優秀的乘員。踏實接地讓我們對自己的生命任務敞開心胸和心智，並幫助我們找到履行這項使命的方法。

二〇一六年一月，從航太總署退役之後六個月左右，我發現自己投入許多時間到醫院探視——特別是兒童醫院。我的朋友，暱稱「戈多」的戈登・安德魯斯（Gordon "Gordo" Andrews）——我所認識的最富創意又深思熟慮的人士之一——先前已經聯絡我，談到一項以太空為主題的藝術專案，那是他在國際太空站計劃策略通訊群組（Strategic Communications Group）的工作上負責推廣的計劃。我們安排在航太總署詹森太空中心的餐館見面喝咖啡，好讓他能和我分享他的構想。他邀請我結合我對藝術的熱愛和我對太空的熱愛，來協助他和一位藝術家合作在當地一家兒童醫院推動一項以太空為主題的藝術治療專案。

每次我走進醫院，總是有某種原因導致我胃部湧現一股翻

騰不安的感受。我對那處環境超級敏感，我不想接觸那種氣味、光線和沒有生機的塑膠氣息，然而那裡面卻滿滿都是同樣不想待在那裡的民眾。當我以訪客身分來到醫院，那種翻騰感受還混雜了害怕、生氣、無助以及憂慮，擔心我關愛的人必須來到那裡。不過我也感到希望，或許我可以做一些事情來撫慰我去探訪的人，或者幫助那個人康復。基於所有這些「感覺」，我對戈多的專案感到很不確定，同時也覺得很興奮，想得知更多相關信息。

戈多解釋，起初是一位名叫伊恩‧席翁（Ian Cion）的紳士和他接觸，席翁是一位藝術家，在休士頓的德州大學安德森兒童癌症醫學中心（University of Texas MD Anderson Children's Cancer Hospital in Houston）創辦了醫學藝術計劃（Arts in Medicine Program）並擔任計劃主持人。他帶著一個想法來找戈多，想舉辦一個以太空為主題的大規模藝術計劃，讓醫院裡的兒童參與。

伊恩已經和醫院裡的兒童合作了好幾年，共同進行他所稱的「社區」藝術專案。那些孩子知道，他們的個別藝術作品，會成為更大集體作品的一部分，而且往後那件整體創作還會公開展出。伊恩的工作專注在使用藝術來幫助病患應付癌症治療經驗，而且他對於運用藝術來作為減輕疼痛和害怕的工具特別感興趣。

帶著太空藝術的想法來找戈多之前，伊恩已經藉由一些計劃將兒童和藝術聚攏在一起，包括以藝術來包裝市內公車，還

有在醫院牆上創作壁畫、動畫以及一條名叫「波浪騎士奧科亞」（Okoa the Wave Rider）的大龍。奧科亞身長六公尺，高二點七公尺，身上鱗片分別由超過一千三百位患者各自以絢麗色彩創作而成。我問他：「為什麼用龍？」伊恩說道：「龍是保護者。龍代表一種想法，就算面對重大危險，依然存有希望和快樂；憑藉信念、勇氣和愛，人們就能看到創造的美麗和奇蹟，而且看出我們是某種在宇宙中翱翔的更大事物的一部分。」

我不得不佩服伊恩，他也是個胸懷抱負的太空人。起初去找戈多時，他心中的想法是，要公開展出他和孩子們創作的太空藝術，最好就是由他帶著作品飛往國際太空站——終極版的航太總署藝術家駐留計劃。結果讓伊恩失望了——儘管我認為他知道成功指望十分渺茫——那趟飛行尚未成真，不過卻發生了另一件壯闊大事。

跟伊恩與戈多共同研議時，我們判定，採用許多不同孩子個別創作的藝術品來設計太空衣是最好的初步計劃。當時看來，那完全就是象徵太空人和在太空飛行的最顯而易見、也最酷的符號，不過現在想起來，我意識到太空衣也是「保護者」——就像奧科亞飛龍。戈多安排讓伊恩和（負責為我們太空人製造太空衣的）國際乳膠多佛公司（ILC Dover）的太空衣團隊見面，學習太空衣如何製造的所有相關知識，這樣他才能更深入了解如何設計與醫院小孩子合作的工作計劃。

國際乳膠多佛公司的人員很喜愛這個藝術太空衣構想。大衛・格拉齊奧西（David Graziosi）是國際乳膠多佛公司的高級

工程研究員，他協助設計並開發出了當今在國際太空站上使用的航太總署太空衣，還有往後當我們回到月球並繼續前往火星時要使用的款式。大衛是促成國際乳膠多佛公司出手幫助我們製作藝術太空衣的功臣。

現在我們有了計劃，可以開始和安德森兒童癌症醫學中心的孩子們展開合作。這就是我們所稱的太空衣藝術專案計劃（Spacesuit Art Project）的開端。伊恩、戈多、大衛和我投入時間在醫院和孩子一起在小片方形布料上作畫。我們收集了數量足夠多的孩子藝術創作，製作出一套我們稱為「希望」的太空衣。從這所醫院的孩子們為一套藝術太空衣創作的藝術作品開始，到現時已經增加到五套藝術太空衣，分別以來自五十多國醫院和難民中心的兒童藝術作品製造而成。五套太空衣名為「希望」、「勇氣」、「團結」、「勝利」和「探索」——全都為了表彰協助創造太空衣的孩子們的力量與遠見而命名。

勇氣、團結和勝利藝術太空衣都曾往返國際太空站。太空衣在太空中時，我們為孩子們、任務管制和太空站上的乘員舉辦了特別視訊會議，也讓孩子們有機會看到他們的藝術作品上太空，並能與在太空中身著那些太空衣的乘員講話。

隨著太空衣藝術專案計劃擴展到全球規模，我們成立了藝術太空基金會，這讓我們能夠與世界各地的醫院、難民中心和孩子們往來。四名創會董事包括伊恩、大衛、瑪莉亞·拉納斯（Maria Lanas）和我。戈多是航太總署雇員，不能正式加入基金會，不過他繼續擔任我們的駐國際太空站計劃辦公室大使。

若是沒有他，這些工作沒有一項能夠完成。

　　拉納斯是位藝術家，而且她創辦了一個藝術和文化交流專案，稱為「一個世界」明信片計劃（Projekt Postcard "One World"），藉由藝術作品和視訊會議將克羅埃西亞、厄瓜多爾、伊朗和美國的幼稚園生聯繫在一起。計劃執行結果不只是建立了孩子們間的新友誼，還創造出了一組美麗的兒童藝術藏品，並在維吉尼亞州的杜勒斯國際機場（Dulles International Airport）展出三年（二〇一六年至二〇一八年）。

　　二〇一六年，我前往和伊恩見面途中路過杜勒斯，那次會面是要開啟我們的「團結」（Unity）世界巡展——那趟行程我們前往國際太空站各個夥伴國家和各地孩子們一起作畫——當時我在機場就被瑪莉亞的明信片計劃展迷住了。藉由社交媒體的魔力，我和瑪莉亞見了面，而且我們合作創辦了「太空明信片專案」（Postcards to Space Project），專案的藝術作品來自十國超過一千名兒童。自此瑪莉亞就成為我們的藝術太空基金會團隊不可或缺的成員。

　　除了我們四名創辦人，我們很幸運能不斷獲得國際乳膠多佛公司非常慷慨的支持，他們持續幫助我們把孩子的藝術轉變為藝術太空衣；大衛・德拉蘇斯（David Delassus）和他的德國ABlok互動體驗（ABlok Interactive Experiences）團隊，他們從孩子們的藝術作品（好比發往國際太空站的「太空明信片專案」藝術影像）創造出了線上互動體驗；還有團結運動基金會（Unity Movement Foundation），那是我們親愛的朋友阿萊

娜‧庫茲緬科（Alena Kuzmenko）在莫斯科成立的，旨在散播藝術的療癒力量，傳揚太空對於在俄羅斯全境接受癌症治療的兒童和成人的鼓舞作用。阿萊娜以種種方式長期參與我們在世界各地的藝術專案計劃。

藝術太空基金會源自太空衣藝術專案計劃的成果，我們的使命是要藉由對太空探險的敬畏與讚歎，秉持藝術的療癒力量，來團結形成一個全球兒童社區。我們的策略基礎是持續推廣並施行以太空為主題的藝術和療癒計劃，並頒發獎學金與補助金給藝術學生和藝術家，來支持他們的心願，發展本身以太空為主題的藝術治療理念，也記錄並分享我們的工作成果，來支持藝術和療癒領域的長期持續研究。本文撰述期間，我們已經開創了八個全球社區藝術專案，涵蓋了三千多名兒童，來自超過五十個國家的醫院、難民中心和學校——還有就我們眼前名為「跨越」（Beyond）的太空衣藝術專案計劃，我們希望全球所有國家的兒童都能參與。藝術太空衣完成之後，就會在二〇二一年十一月的蘇格蘭格拉斯哥（Glasgow）聯合國氣候變遷第二十六屆締約方會議上展出，說不定有一天（但願）它還能前往國際太空站。

自從和戈多第一次見面以來，我已經參與了多項罹癌兒童的藝術活動專案，那些病童的這種經歷，但願那就是他們這輩子必須應付的最糟糕處境。到現在我依然覺得，「罹癌兒童」這四個字沒道理得擺在一起講出來，可悲的是，它們必須這樣用。世界衛生組織（World Health Organization）報告指出，癌

症是全世界兒童和青少年的一項主要死因，每年有約三十萬從零歲到十九歲的孩子被診斷罹患癌症。在美國，癌症是導致兒童患病死亡的最大起因。[3]美國癌症協會（American Cancer Society）報告指出，在二〇二〇年，美國被診斷出罹患癌症的十五歲以下兒童約有一萬一千零五十人（還有介於十六和十九歲之間的將近六千人）——也就是美國每天都有約四十五個孩子被診斷出罹患癌症。所幸治療方法改善了，兒童癌症的整體存活率也隨時間大幅提高，從一九七〇年代約一成存活，增長到二〇一〇年超過八成。然而，儘管整體存活率改進了，許多罕見兒童癌症的存活率依然遠低於此。還有，同樣在這幾十年間，兒童癌症的診斷率也略有提高。此外，超過95%的兒童癌症倖存者，由於癌症治療本身的相關長期毒性危害，餘生都受到慢性健康問題的嚴重衝擊。[4]

儘管兒童期癌症的起因還沒有完全清楚，不過科學研究不只證明了環境接觸和兒童期癌症的發展存有確鑿關聯，而且驗證了兒童期癌症倖存者比較容易遭受空氣污染等環境風險負面作用的危害。凱瑟琳・梅塔耶（Catherine Metayer）博士是加州大學柏克萊分校（UC Berkeley）公共衛生學院的兼任教授，二〇一六年，她和她的團隊贏得美國環境衛生科學研究所（National Institute of Environmental Health Sciences）的六百萬美元獎助金，挹注研究兒童白血病的起因。

梅塔耶博士的研究已表明診斷率呈上升趨勢，「指出就廣義上『環境』所扮演的重要角色，不論單獨作用或者與遺傳因

素協同作用。」她還指出，「環境中有許多事項已經改變了，許多化學物質被帶了進來，我們全都暴露於許多種類其中⋯⋯研究已經把兒童患白血病的風險牽連到他們接觸到殺蟲劑與油漆、他們父親的吸煙歷史，以及父母雙方在工作中所接觸的化學物質。」梅塔耶博士在她的著述中強調，「有必要制定預防計劃來減少有害環境接觸，推廣健康的生活方式，特別是針對容易受害的族群。」[5]

兒童和青少年癌症依然被視為不常見，在美國只佔所有癌症病例的不到1％。或許這就是為什麼美國每年投入十億美元從事癌症研究，其中卻只有4％直接運用於治療罹癌兒童。

許多癌症相關研究都是在國際太空站上完成的（包括在第一章由國際太空站太空人奧尼翁－錢斯勒醫師提到的那些）。國際太空站上的微重力環境，為研究人員提供了種種新模型來研究疾病和新的治療規劃。例如，表面張力在微重力下的表現，讓科學家能夠進一步改良一種稱為微膠囊化（micro-encapsulation）的治療技術，以此來改進癌症藥物的標靶傳遞表現。化學療法和放射性藥物如此採標靶傳遞，能減輕治療劑所含毒性對身體的不利影響。[6]這是太空研究往後能嘉惠接受癌症治療的兒童的一個例子，不過讓我感到驚訝的是，在國際太空站上進行的癌症研究，到現在還沒有一項是特別著眼於兒童癌症。期盼我們在藝術太空基金會的工作，能協助改變這點。

隨著我愈來愈清楚，和我一起作畫的孩子們和家庭，經歷了哪些折磨，我發現自己總是在問，**為什麼**？統計數字令人震

撼，對它們的反應也令人震撼。我掙扎想要理解，不論有多少兒童罹患癌症或任何疾病，或者遭遇其他任何威脅他們快樂、健康生活的處境，怎麼會有人認為這些都是正常的？我開始愈來愈從星球健康相對於個人健康的立場、從一切事務都是相互連結的觀點來思索這點。我們對我們這顆星球的所作所為，我們也對自己這樣做，更重要的是，對我們的孩子也是如此。

　　當我來到休士頓的安德森兒童癌症醫學中心，前往參加我們的最早期藝術活動之一，我也毫不意外再次湧現那種翻攪的感受，不過這次並不是由於我是來醫院探訪一位老朋友或是一位親人，我到那裡是為了促成我的一項藝術太空衣活動。我們那天到那家醫院是要和兒童協同努力，在布料上創作繽紛畫作，接著這些作品就會與世界各地其他孩子的作品縫綴在一起，構成「團結」藝術太空衣。

　　我參與這些活動時，心中祈求藝術太空基金會的工作能對這些孩子的生活發揮正向影響，而且我們和他們分享的太空飛行的藝術和鼓舞，能帶給他們一些喜悅。我參與時心中明白，我無法真正了解那些孩子和他們的家人所經歷的事情，而且我參與時也心懷感恩並為我兒子的健康祈禱。

　　那天大約有十五名幼童繞桌就座，所有人都正接受癌症治療。有些人的雙親也在場，加上醫院員工、我的幾位太空人和

航太總署同事，以及伊恩、大衛和戈多。

　　我隨便找了個位置，坐在一個八歲小女孩身邊，她因為化療頭髮掉光，戴了一頂色彩鮮艷的帽子。這位很有見識的小女士和我聊起在太空中的生活，她告訴我觀看星星的事情，我們伸手高指想像我們周遭的外太空。

　　接著當她用畫筆沾顏料並在布料上塗抹時，她漫不經心地說：「當個太空人肯定和我的遭遇很像。」

　　我被她的話嚇了一跳，但仍然保持微笑並請她告訴我她的意思。

　　我們不停地畫畫，過了一會兒，她很篤定地把身為太空人和在醫院的治療經驗相提並論。

　　「你沒辦法照以前的方式來見你的媽咪爹地和朋友，你不能隨時想出去就出去，你得吃不同的食物，你的身體在改變，他們對你做種種不同的檢驗，還有我想你也有輻射。」

　　天哪！

　　接著她改變話題告訴我她喜歡在家裡畫畫。我告訴她在太空中作畫的事情，她認為那很酷，並說她希望有一天或許她也能在太空中畫畫。

　　伊恩是這些藝術太空衣背後的藝術大師，他已經對我說過，做這些探訪時，我會聽到這類「超齡智慧」的哲學話語。不過之前我還從來沒有聽過這麼年幼的人，說出這般透澈又深思熟慮的論述。

　　每次我穿著我的太空人制服走進醫院，醫院員工都向我致

謝，並說這對孩子們會有多大的鼓舞。以太空人的身分現身，有可能幫助他們，這讓我感到很欣慰，因為我們努力想做的，就是要幫助這些孩子。然而事實卻是，每次活動結束離開時，我心中總感到，與其說這裡任何一個孩子受了我的鼓舞，不如說是我受了他們的鼓舞，還有受了我在他們每個人身上和他們的家人身上所見到的希望、勇氣和力量的鼓舞。

每次參加這些活動，我總是對這些孩子肅然起敬。我看得相當明白，經由這種藝術和太空的交匯就會出現療癒。每次活動起碼都有一個孩子是爸媽希望他們出席才來，他們悄悄溜進教室，看起來更想回到醫院病床上睡覺。起初當他們一到桌邊就座，我都看得出，他們對畫畫並不是那麼感興趣。不過接著幾分鐘過後，他們稍微坐得更挺，他們開口和鄰座的人聊天，他們開始作畫，想到太空探險他們都變得很興奮，而且他們分享他們自己經歷的故事。我見識了這些孩子超越他們的眼前處境，找到力量讓他們不只能坐得更挺來畫畫，同時還想像他們自己在醫院外的未來。

回想起那名八歲小女孩的深刻話語，我意識到她觸動了我的心。這對我來講是個超越的時刻——我找到了我的「位置」。就在這天，我找到了我人生的下一個使命。她的話語讓我領悟到，我很幸運能有機會上太空飛行，這樣我就能回到地球，和這些孩子一起推動這些專案計劃——將太空飛行的鼓舞作用和藝術的療癒力量結合在一起，帶給全世界的孩子們。如今在我看來，這就顯得非常有意義：我們應該不斷想方設法運用我們

的經驗來改善生活——為其他人，也為我們自己。

　　考量執行火星任務的乘員。以我們目前的推進技術，那得搭乘一艘相對狹窄的太空船航行至少九個月，才到得了那顆紅色星球。接著在火星上逗留至少五百天，才能等到行星再次正確對齊，這時才有機會返回地球，接著回程又是約九個月的航行時間。從事這樣的旅行，你會希望擁有踏實可靠的乘員和太空船。

　　我在醫院的那位年輕朋友說得對，她拿她接受癌症治療的經驗，來與我身為太空人的經驗相提並論——你沒辦法照以前的方式來見你的親友並與他們說話，你不能隨時想出去就出去，你的食物非常不同，你的身體在改變，他們會對你做許許多多的檢驗，還有輻射。還有，就像一個接受癌症治療的孩子無從得知自己的生活會不會恢復正常，在前往火星那段超過六千五百萬公里的航行途中的某個階段，太空人將第一次不再能從窗口看到地球的面貌，因為它會變成一個昏暗的光點。[7]（對比一下，人類上太空航行到達過最遠的地點是月球，儘管到達那裡也並不容易，而那裡是在四十萬公里之外，但和航向火星相比，那不過像跑一趟路口商店那種小事。）

　　在我看來，情況變得很清楚，我們會需要做點處置，讓太空人不論航行到多遠之外，都能感到和地球有踏實的連結——

並讓他們在新家也感到踏實。我們會需要類似醫院病童作畫課程這樣的活動，因為太空人從窗口眺望時，不再會有鮮豔奪目的地球景象。要踏實接地，他們就需要能夠作畫或者播放音樂，或者參與能讓他們在載人太空飛行期間保有人性的活動。不論那是使用iPad來作畫或是播放音樂——或者更好的是，使用《星艦奇航記》裡面的全像甲板——他們必須能夠在旅程途中隨身帶著一小片家園，不論那是多小。

就我的國際太空站任務，我當時能夠攜帶幾件小物品——小片地球上的「我」——隨我上太空。我用我兒子的兩隻絨毛小狗和親友照片來裝飾我的乘員艙房，我有喜愛的書可閱讀，而且我穿了一件高中時期的T袖，並將我先生的婚戒串上一條項鍊。所有這些物品都讓我在太空站上有種家的感受，並幫助我和待在這顆星球老家我所關切的人分享那次經驗。我選擇隨身攜帶上太空的任何東西都十分重要，因此我會希望回地球時也帶著它們回來。我們是地球人，有關在太空中踏實接地，我喜歡的思考方式是，當我們在那裡飛行時，我們就是地球的一個延伸部分——我們來自地球。

當我們從家鄉繼續向更遙遠的地方航行，這種關聯感受還會變得更有必要，超過如今在低地球軌道上太空飛行已有的需求。我很肯定，我們會有能力踏上這樣的航程，不過我們應該深思的，不只是考量航行穿越這種極端環境的宇宙飛船是否符合所需，還得斟酌乘員的情感和心理需求——最後還有健康。和這些任務相關的人類科學，很可能比火箭科學更具有挑戰

性。太空人底下的這些特點會愈來愈重要，他們必須要有良好的團隊合作，要能感受他們的工作是有意義的，還要能靈活運用問題解決方法，而且要對他們的乘員夥伴保持同理心。人類空前未有的航行距離，輻射、密閉空間、長達四十分鐘的通訊延誤，還有我們那位為太空衣作畫的年經癌症患者已經流暢指出的其他所有因素，都會成為這段史詩旅程的一部分。

一九八〇年代後期，研究人員開始集中研究太空旅行有益健康（或者促進生長）的層面。迄今為止，我們從載人太空飛行研究得知的一件事情是，所有接受問卷調查的太空人，都描述了太空飛行所產生的正向改變。大致上他們都描述，自己對於與我們共享這顆星球的生命，還有對我們唯一共享的這顆家園星球，產生出一種新的珍惜感受。一九八七年，我親愛的朋友，太空哲學家及作家弗蘭克・懷特（Frank White）創制出了「總觀效應」（Overview Effect）一詞，如今通常用來描述太空人從太空看到地球所產生出的一種體驗。弗蘭克是在研究未來當人類永久定居地球之外，有可能產生什麼體驗之時，構思出了總觀效應哲理。他是這個領域公認的領導專家，而且他仍繼續鑽研探究總觀效應如何幫助我們人類全體，實現我們的更遠大目標。[8]

弗蘭克起初是在他本人離開地球時，開始考量總觀效應理念。就在飛越國土並從飛機窗口向外眺望之時，他開始想像，永久離開地球在外生活會是什麼情況──住在位於地球和月球中間某處的太空站上，這是仍能提供地球景象的有利位置。從

地表九千公尺高空俯瞰，底下他所見的一切，都顯得很小而且微不足道。

「我知道底下那裡的人，正代理我作出生死攸關的決策，而且下決定時，他們是非常認真地看待自己，」他告訴我，「從噴射氣流高處看來，這似乎很荒謬，他們竟能對我的生活造成影響。那就宛如螞蟻為人類制定法律……不過，我知道，當飛機著陸，機上所有人——包括我在內——的舉止都會像是我們才剛飛越的那些人。」他延續那個思緒，「倘若我〔永久在太空中〕定居下來，我就始終都能總觀地球全貌。我會從遠方看它，而且在我眼中，它是個統一的整體，沒有邊界或藩籬。所有這些體悟，都會轉變成知識，而對於住在表面的我們而言，要想在哲理上或在心理上掌握這點是非常困難的，於是總觀效應這個用詞就在我心頭湧現……

「在太空中生活的人，理所當然會採信地球上的人們花了數千年才醞釀成形的這項哲學洞見。」

弗蘭克為他的總觀效應擬出假設，認為當我們從太空中看地球，我們的觀點就會改變——當我們擁有了「親眼見識地球位於太空中之現實的一手經驗」——這項假設是他搭飛機時的親身體驗，以及他沉思脫離地球永久向外殖民者會有什麼樣的體驗之後才產生的。為更深入探究，他轉而求助於最接近脫離星球在外定居的人士——太空人。弗蘭克的研究，還有其他專研載人太空飛行的研究人員所做研究再再表明，從太空回來後，太空人記述表示普世論層次提高了——也就是更能領略賞

識其他人和大自然。這肯定就是我的體驗，因為我已嘗試藉由自己的地球升起時刻來向外傳達並道出三則簡單真相：我們全都住在一顆星球上、都是地球人、也同樣受到細藍線的保護。[9]

根據姬爾斯滕‧威爾（Kirsten Weir）在她二〇一八年的文章〈火星任務〉（Mission to Mars）所述，研究人員認可太空人藉著凝望地球所體驗的心理效益，文章也引用尼克‧卡納斯（Nick Kanas）博士就長程太空旅行的心理社會議題所作評論，認為好處包括「減輕壓力甚至激發出性靈的或超越的經驗」。卡納斯告誡，這些好處「在五千六百萬公里之外是不會出現的。沒有人知道看著地球成為天空中一個小點，會產生什麼作用。或許它不會有任何作用——不過也或許會。」[10]

由於「或許會」，航太總署和其他國際太空機構仍繼續進行他們的深空航行心理挑戰研究，好來解答與這類旅程相關的人類需求議題。我個人認為，一旦不再能與我們的星球產生視覺連結，我們對太空飛行經驗的人類反應就會出現改變。

這類研究部分檢視運用工具和對策來緩解壓力，並支持情緒強化和恢復，好比虛擬實境、擴增實境、數位療法，甚至還有腦部刺激。[11]這些工具都有些共通特點，包括納入了自然經驗、感官沉浸以及與地球永續保持關聯性的做法。航太總署人類研究計劃（NASA Human Research Program）和貝勒醫學院（Baylor College of Medicine）的太空醫學中心簽了契約，透過一項稱為太空健康轉化研究協議（Translational Research Institute for Space Health）的計劃，請他們協助解決人類深空

探索的種種挑戰。太空健康轉化研究協議致力尋找科學和醫學技術方面最新與最了不起的革新，來協助航太總署把人類送上火星，同時也採用這些創新變革來改善地球上的生活。他們的約定是要探究當前看來遙不可及的構想之可行性，從而向外開拓技術極限。

我很感興趣的一項研究是在南極洲執行的。南極是地球上最超脫塵俗，也最偏遠的地方，研究主持人是一位退休太空人同事，傑伊·巴基（Jay Buckey）博士。傑伊曾在一九九八年搭乘哥倫比亞號（Columbia）太空梭執行STS-90飛行任務，那是一趟延續十六日的科學任務，稱為神經實驗室（Neurolab）。太空人進行這些實驗時，著重探究微重力對於人腦和神經系統的影響。

從二〇〇一年開始，傑伊便在達特茅斯學院蓋瑟醫學院（Dartmouth College's Geisel School of Medicine）擔任醫學教授，並兼任太空醫學創新實驗室（Space Medicine Innovations Laboratory）主任。他的一項研究領域長期投入測試、開發自指導式、自主式、互動式、以媒體為本的行為健康工具和虛擬實境，以供在孤立、密閉環境（好比南極洲研究站和太空站）下使用。他和他的同事投入評估這項技術的用途，看它如何能夠幫助身處禁閉狀況的人們，並處理三項主要問題：衝突解決、壓力管理和情緒改善。

傑伊在二〇二〇年一次受訪時被問起，人們在嚴重特殊傳染性肺炎（COVID-19）疫情期間如何處理隔離問題。「在孤

立和密閉環境下生活是種挑戰，對每個人來講都是，」他確認，「長期關係對我們來講相當重要，這樣我們才能處理衝突、應付壓力、保持情緒，也才讓我們得以妥當因應並維持我們所珍視的關係。」

他補充說道：「在太空計劃中或者在南極站，你的生存必須依靠你的成員同伴以及與你共處的人。我們在太空環境中或者在南極洲當然可以看出這點，不過在我們的日常生活中也是如此。」[12]

澳洲南極考察站目前正針對虛擬實境森林、沙灘和都市進行測試，看是否能為那裡的探勘隊伍提供支持。這項研究還會提供資訊以發展計劃，來支持太空人從事火星任務等長時期太空飛行。二〇一八年一次受訪時，傑伊解釋道，虛擬實境讓人幾乎完全沉浸在自然環境當中——「他們可以在巴伐利亞阿爾卑斯山區，或者他們可以在澳洲沙灘上」——具有類似接觸自然本身所具效用那般的恢復效果：「它能幫助人們緩解壓力，〔而且〕或許還能有助改善注意力和心理功能。」[13]

許多研究項目都試圖更深入探究，我們與自然的連結對我們的健康和福祉有什麼影響，而且由此還產生出了好幾項概念和理論。好比生物理論學家愛德華・威爾森的「親生命」（biophilia）概念就是一例，這是《華盛頓郵報》（*Washington Post*）晚近一篇報導曾經提及的一項假設，認為「數百萬年以來，人類發展出了喜愛蒼翠繁茂環境的演化偏好，因為它們能提供緩解壓力和疲勞的空間。」依循相仿脈絡，一九八〇年代

由瑞秋和史蒂芬・卡普蘭（Rachel and Stephen Kaplan）發展出來的「注意力恢復」（attention restoration）理論則「指稱自然的迷人特質……讓我們得以從注意力渙散以及經常過度刺激的現代生活中恢復過來」。兩位都是密西根大學（University of Michigan）的教授，以就自然如何影響人際關係和健康的相關研究著稱。[14]

其他研究，好比南極洲的那項研究，並非想嘗試了解真實大自然所產生的衝擊，而是要更進一步觀察人類對透過虛擬實境接觸的「大自然」作何反應。這些研究當中有一項是二○二○年完成的，由英國艾希特大學和薩里大學（University of Surrey）的心理學家執行。他們發現，根據協同作者帕特里克・懷特（Patrick White）所述：「虛擬實境能幫我們增進福祉，嘉惠沒辦法即刻接觸自然界的人，好比住院病患或者接受長期照護的人士。不過它也可能協助鼓勵健康族群和大自然建立更深層次的連結，這樣的機制能激發出更多親近環境的行為並促使民眾保護、保存真實世界的大自然。」[15]

就我們在地球這裡的健康和福祉，甚至當我們冒險前往火星這般遙遠的地方來建立我們的勢力，我們依然會尋找（並發現）更多方法來讓我們成為接地氣的地球人。

二○一五年，就在我從航太總署退役的同一天，我飛往紐

約市參加世界科學節（World Science Festival）。就是在那次科學節上，我第一次正式接觸了創作坊（The Studio），那是航太總署噴射推進實驗室（Jet Propulsion Laboratory, JPL）的所屬部門，設於加州帕莎蒂娜（Pasadena）。[16]

我來到紐約大學（New York University）校園裡的古爾德廣場（Gould Plaza），依照安排，我要在航太總署的軌道亭（Orbit Pavilion）發表一場演說，主題是在太空拍攝地球。我不知道軌道亭是什麼，不過我想像那大概就是航太總署架設來舉辦演說的大帳篷。一看到它我就很開心地發現，那並不是帳篷，而是個螺旋狀的大型鋁製結構，讓我想起一顆側向倒扣的鸚鵡螺海貝。這座巨大的互動藝術裝置是由噴射推進實驗室的創作坊團隊設計，而且宗旨是為因應他們自己提出的一道問題：「假使你能夠和十九枚繞行地球的科學衛星接觸，監看它們如何在太空中不斷穿行並研究這顆星球，蒐集從颶風到乾旱影響等一切事物的相關資訊，並將數據傳回地球『接上地氣』，這時你會怎麼做？」

創作坊的答案是將聲音與衛星繞行地球的軌跡結合在一起，讓我們得以「聆聽」它們的運行。每當一枚衛星從頭頂通過，就會觸動在螺旋內的專屬音軌，於是你就能「聽見」衛星的位置。當衛星在太空中移動，那種聲音（有可能代表一枚衛星的衝撞波或者一隻青蛙對另一隻的鳴叫）也隨之移動跨越軌道亭壁內裝設的二十八台揚聲器。創作坊團隊藉由這種構造和聲音景觀，來讓這些衛星「接上地氣」，以供我們所有人體

驗。當天我很榮幸能在這棟龐大的建物藝術內部，發表我從太空拍到的地球照片。我對軌道亭讚歎不已，於是針對創作坊和在那裡工作的人員做了一番研究，由此我也結識了丹・古茲（Dan Goods），古茲是創作坊的創辦人和「視覺策略總監」。

「我熱衷於探究人們生活中的創作時刻，這提醒他們，能活著是種賜予和恩典。」古茲在我們的訪談中這樣表示。那次談話我是在家中「辦公室」開視訊會議，外側就是屋後露台。而古茲則是在他自己的後院，坐著草地折疊椅接受訪問。藉由體驗「來自」衛星的種種不同自然聲音，還有穿過亭子的拼合金屬結構射進來的光線，古茲解釋道：「我們希望民眾能和這批在我們上空、在我們視線之外運行的衛星網絡產生密切關聯，讓這裡成為一處沉思的空間。這是個令人驚奇的物件，當你進入裡面，或許還閉上你的雙眼，並專心注意聲音的位置。眼中有太多事物時，你就不能那麼專心聆聽。走進裡面看到那麼多人閉著雙眼實在是太棒了。」

在他的網站上，古茲描述自己是「一個好奇的人、藝術家、創意總監和公眾演講家……一個創造性問題解決者……尋找能激發心智和靈魂的東西」。或許這就是為什麼每次我看到他，他看來總像是在深思，或許是在設想他的下一項計劃。

從加州帕莎蒂娜的藝術中心設計學院（ArtCenter College of Design）畢業之後，古茲希望將他的設計技能應用於科學領域。他結識了噴射推進實驗室當時的主管查爾斯・埃拉奇（Charles Elachi）博士，那時埃拉奇正在設法更妥善向民眾傳

達噴射推進實驗室的複雜工作。噴射推進實驗室是航太總署的一處研究中心，從事的工作年復一年都獲認可為站在太空探索潛在舉措的最前沿。噴射推進實驗室負責太陽系自動化探勘作業，並操作十九艘航天器和十台主要儀器，分頭執行行星科學計劃、地球科學和太空天文學任務，包括火星上的漫遊車。

「我有大概兩秒鐘來推銷自己，」古茲回顧表示，「於是我說：『讓藝術家來設想太空探勘的新點子不是很酷嗎？』」

「他對我說：『我不是真的明白你是做什麼的，不過我會給你六個月的時間。』」

那是在二〇〇三年，從那時到現在，古茲的團隊已經增加到五人，都是才氣很高的視覺策略師，包括大衛·德爾加多（David Delgado），他稱德爾加多是他的「創意靈魂伴侶」，這份交情可以追溯至藝術中心設計學院時代的同窗情誼。

當你聽到毅力號（Perseverance）等火星漫遊車，或者朱諾號（Juno）木星探測航天器、卡西尼號（Cassini）土星探測器、新視野號（New Horizons）冥王星探測器，或者負責研究星際太空或發現地外行星的航海家計劃（Voyager program）時，那就是在講噴射推進實驗室。古茲的創作坊五人團隊是由具有多重才華的人員所組成，他們不只是藝術家和設計師，也是策略師和思想家，抱持高度熱情來幫助科學家和工程師「想通他們的想法」，從而與他們合作想像出複雜問題的未來和解決方案。他們還協助科學家和工程師與民眾建立連結，給予民眾種種獨特經驗，協助他們認識噴射推進實驗室正在進行哪些

工作，不過更重要的是，讓他們湧現對宇宙的敬畏之情。

　　儘管創作坊的好幾項專案都是軌道亭這樣的大型裝置，他們最令人印象深刻的計劃之一，卻是最小的一項，不過從它的名字，你是猜不出它的尺寸的。那項計劃稱為大遊樂場（Big Playground），以六個房間組成，房中都有大堆砂子，加上一個非常特別的展示：單獨一粒砂子，砂上鑽了個纖小的穿孔。那顆砂粒代表我們的銀河系，砂粒上鑽的纖小穿孔不只代表我們在銀河系中的棲居位置，還代表我們在銀河系中的那個纖小的部分，發現了其他好幾千顆繞行其他恆星的行星。

　　現在想想這點：倘若砂粒代表我們這整個星系，那麼你就需要那六個堆砂的**房間**來容納已知宇宙的所有星系。藉由這個創意展示，創作坊讓我們有機會透過在一粒砂上鑽出的穿孔來看宇宙。（我不得不承認，我還真放不下那個**在一粒砂上鑽個孔的念頭！**）

　　我和古茲分享大遊樂場給我的深刻印象。「它讓我起雞皮疙瘩，」我告訴他，「在此同時，它也帶我回到一個鮮明的童年回憶，那是從《國家地理》（*National Geographic*）雜誌一張抽出式海報讓我『體驗』的記憶，而且它再次為我驗證了在浩瀚宇宙中我們這處微小位置的重要性。」

　　我經常想起那次童年經歷，我那時應該有十歲了，我爸媽就像當年的許多家長，也訂閱《國家地理》雜誌。（我們的書架還擺了一套套百科全書——古時候的網際網路，真希望我把它們保留了下來。）

我和古茲分享那個情景。

「我坐在我臥室地板，把最新一期攤開到中央插頁。我拿到那份雜誌時總是先翻到那裡，因為那裡經常有張很酷的海報。這期是關於太空，而且是的，那張海報很酷。那是一幅黑色和彩色的橢圓型影像，覆蓋了海報白色背景的大半範圍，橢圓形含納的範圍是我們的已知宇宙。如今當我想起它，已知宇宙的概念依然讓我難以理解（或許是由於要思忖**未知的**宇宙還更為困難）。

「十歲時，看著這幅海報，我起初是迷上了它那種美。我在照片上尋找『你在這裡』的位置，接著我轉而盯著照片自問：**已知**宇宙的觀點似乎很合理，不過它周圍那所有白色東西是什麼啊？未知宇宙？天堂？無窮？接著我的目光從白紙邊緣轉移到我臥室地板那大片範圍，並向外來到臥室窗外。」

我和古茲分享這段經歷時他笑開了，因為創作坊團隊就是希望所有人都擁有這種發自內心的「留下永恆記憶」的感覺。

「我在噴射推進實驗室時，最喜愛的時刻之一，」他告訴我，「就是當我拿那粒鑽了孔的砂子（在顯微鏡下）出示給一個可以引導哈伯〔哈伯太空望遠鏡（Hubble Space Telescope）〕瞄向太空各處的傢伙看時，『我可以要它瞄準那個方向，』他告訴我，並哈哈大笑。於是他看著砂粒上鑽出的孔，接著就抬眼望我，盯了幾秒鐘，然後說：『你提醒了我為什麼來到這裡工作。』

「我當時想，這太棒了！身為局外人，你忘了自己身處那

所有細節和所有科層當中，你彷彿遺忘了自己起初想到那裡的那個重大的、很酷的情感上的理由，那真是個美好的時刻。」

我想起噴射推進實驗室的自動化航天器正在進行的所有行星探索，它帶著我們愈來愈遠離地球，並把它的所有發現傳回給我們，在我們和我們周遭的宇宙之間形成一個連結。這當中一個很好的例子是卡西尼－惠更斯號（Cassini-Huygens）的土星任務。經過了二十多年的太空飛行，它在二〇一七年來到了它這段非凡旅程的終點站，帶來了有關土星和它眾多衛星的寶貴科學資訊和圖像。另一項成果是它還讓我們更深入認識了地球與這顆帶了指標性環圈的氣態行星之間的關係——有一幅特別令人讚歎的圖像，顯示了土星和它的環圈以及下方的一顆細小光點，那個光點就是我們。

噴射推進實驗室包括創作坊在內的完整團隊的任務之一，就是發現繞行其他恆星的更多行星，而且他們找到的一些星球，說不定還能支持像在地球上我們這樣的生命。或許你會認為，研究這麼遙遠的地方，會讓研究人員覺得自己不能確定，我們全體在太空中的角色和地位，但事實並非如此。古茲和曾經參與這類探索與研究的其他所有人，在與我談話時都表示，情況恰恰相反——對宇宙認識更深，我們也就更了解自己。

將古茲的故事再次帶回地球，他和我分享了他的地球升起時刻。

「就像是一道閃電打中我，這輩子我都會記得，」古茲說道，「這是發生在我的朋友，歐文·麥克馬納斯（Irwin Mc-

Manus）牧師談到活著是何等恩賜和恩典的時候。他講話時，我心中一直在想工作或其他事情，不過我記得他說的話是如何以某種方式傳達給我。我真的聽到了。

「活著是種賜予和恩典！我該怎麼處理那項知識呢？那是我持續面對的挑戰，那讓我對身邊發生的事情始終滿心珍惜。」

古茲轉動他的攝影機，讓我看到他待在院子的什麼地方，接著他在一處長了一片纖細長草的地方停了下來。「現在我就彷彿看得到草葉隨風搖曳，而且我喜歡看草飄動，這就是為什麼我們在那裡種草。我太太很了不起，這裡〔院子〕的所有事情她全都料理得很好，不過我說：『我們能不能在這裡種一些草，讓它隨風飄動？我想要一些搖曳的草。』所以她就為我把那些草種在外面。」

他描述看著搖曳的草、欣賞它的身影，是如何提醒了他，活著是種恩典，以及提醒他有必要刻意規劃，有必要活在當下，並詢問自己：「我是否有意義地善用我的生命？」

「當我想起『踏實』這個詞的意義，」古茲說道，「我想它帶有一種謙遜的意義。這就意味著你不會認為事情是理所當然的。這意味著你了解活著的賜予和恩典。要懂得並非一切事務都環繞自己發展，還有要能同理、傾聽其他人，考慮到存在其中的人類，並能作出期望結果良好的決定，我想踏實就是那個意思。」

古茲在創作坊的工作是有意義的，它的用意是要引發關注

我們對這個宇宙的敬畏與讚歎，並協助我們在日常生活中擁抱那份敬畏與讚歎。這樣做時，我們也接上了地氣，讓自己的目的和與周遭世界的連結都更為踏實。

———— 🐾 — 🌙 —

上太空帶我回到地球，我了解這樣講有點奇怪，不過這是真的。我上了太空去支援科學、探險的國際任務，然而當我在那裡時，我和家的連結，還有我對我的家園地球的看法，都深化並且擴充了。當我和這顆星球相隔最遙遠之時，我發現自己感覺和我過往任何腳踏實地的時刻相比，我和它的連結都更為緊密。

這種對一顆星球，還有對隨之而來的一切，對於它作為我們家園的體認，既令人謙卑又令人敬畏。就是如此，讓我在太空時依然感到踏實，而且如今我回到了地球，它依然繼續提供一種腳踏實地的深刻感受，讓我更能領略並體認到我們所有人在太空中的共同身分和地位。

如同它對我的作用，保持踏實讓我們能夠以最簡單的方式來承認現實，這樣我們才能以最有力的方式作出反應。那種現實包括我們在太空中學到的三項簡單教訓——我們住在一顆星球上；我們全都是地球人；而且唯一重要的邊界，就是保護我們所有人的那條大氣層細藍線。地球上的生活品質——我們所共享未來的品質——取決於我們在這顆星球上的管理品質。倘

若沒有腳踏實地，我們就變得脆弱，並有可能亂了方寸。對太空船和星球也是如此，就像為國際太空站電氣接地相當重要，我們也必須成為人工生命保障系統的優良管事，因為那是我們創造來在那裡安全、健康生活的系統，同時我們也該妥善管理在地球號上自然維繫我們存續無盡歲月的生命保障系統。

我們如何對待彼此，會影響我們與親友的關係好壞，也影響我們與「疏遠人士」甚至陌生人的關係好壞，這都不足為奇。當我們體貼、友善地對待彼此，通常我們的關係就很健康，並有機會蓬勃發展。我們對待我們這顆星球的方式也是如此，我們必須和我們的星球建立起正向、滋養的關係，如同我們對它所支持的所有生命也必須同等對待。

我又一次想起了醫院裡我那位年輕朋友的明智之言。若是今天我們不好好照料我們的環境，那麼她所描述的醫院生活，也正是我們在不遠的未來料想要經歷的日子——孤立生活，還必須在高度控制的無菌環境中經歷種種治療和檢驗。（本書撰寫期間，我們陷入一場全球疫情已經一年了，這讓我們一瞥類似那種未來的可能相貌——不過我們的COVID-19經驗始終都算溫和，倘若我們的環境整個受損，到時就會出現相形嚴峻的經驗。）單只為求在地球上生存，我們最終或許也沒有什麼選擇，只能過著在火星上那樣的生活。我們的環境狀況影響我們的生活方式。我們如何照顧彼此，如何照顧我們的生命保障系統，能決定我們和家人親友的接觸方式以及頻繁程度，還有手頭能有哪種食物可吃，以及我們的身體會如何因應作出改變。

不可否認，當我們從星球尺度來思考這些理念，當中確實有其根本的複雜性，而且當我們自問「我能做什麼？」之時，也會再次感到不知所措。不過若是把這些簡單的教訓和我們的日常生活連結在一起，並記得小事情也重要的時候，挑戰也就可能變得不那麼令人怯步。

如今業已發現，經常赤足在地上行走，並敞開心胸接受生活福祉的人，往往表達出了更高水平的快樂感受和健康狀況。箇中的科學相當簡單：星球的健康和個人的健康之間，存有不可否認的關聯性。對我們而言，很重要的一點是，必須以能體認我們與世界存有密切關聯的方式來過日子，而且要記得我們是生活在一顆活生生的星球上。

保持腳踏實地能幫助我們解決種種全球挑戰。當我們應付我們的世界持續增長的複雜性和不確定性，正念內觀有助引領我們找出解決方案來應付看似無解的問題。保持心智和心靈開放，找出自己的道路。

我們必須深思熟慮，斟酌投資來照顧我們這顆星球的生命保障系統。透過這種做法，我們就是在照顧這裡的所有生命。這是我們確保當我們離開了孩子們要繼承的這顆星球時，它的狀況能讓我們的孩子們蓬勃發展（並讓他們有機會照顧它，好把它也留給他們自己的孩子來繼承，並依此類推）的最佳方式。還有什麼更好的方法，來表達我們對他們以及對未來世代的愛？

這種正念內觀，這樣腳踏實地，就是對行動的呼籲。

從太空體驗地球的驚歎奇妙之處令人心生謙卑，也讓我感到有責任以有意義的方式來分享。我選擇的分享媒介包括：我的藝術創作和藝術太空基金會的工作、這本書、我的日常選擇和決策，加上某種程度的行動主義，還有在我的本地社區扮演更積極的角色，並把我的星球社區也納入考量。重點是我們所有人都必須投入，致力促成我們日常生活和我們社區中的改變和實踐，層疊累加並造就出有意義的改變。

第一次太空飛行之前，我對於我們住在一顆星球上之實，還從來不曾多加細想，現在我每天都這樣做。我從來沒想過赤腳接觸地球，還有那代表什麼意義。現在我會想了，我希望所有人都有這樣的感受，並知道你不必搭乘太空船來產生這種感受。出自太空飛行以及從太空看地球的這類敬畏與讚歎，也能激勵我們**身處**這顆星球上的每個人。

我的一個朋友、也是我所認識的思慮最周詳的人士之一，克里斯蒂娜・拉斯穆森（Christina Rasmussen），她的著述包括《第二個第一次》（*Second Firsts*）和《你去了哪裡？》（*Where Did You Go?*）兩本書，還創作播客節目《親愛的生命》（*Dear Life*），而且製作第一集時她就邀請我上節目，和我討論我的太空旅行促成變革的本質。從此，每讀到她對我們那次會談的看法，我都會露出微笑。她最近貼出了一幅在她後院拍的漂亮日出照片，並在她的 Instagram 上寫道：

「我只能想像，在一天內經歷十六次日出會是什麼感受。國際太空站每九十二分鐘就完成一趟繞行全球的旅程，太空人

每天都經歷十五或十六次日出。說不定我們在地球這裡，也應該每隔九十二分鐘就暫停一下，來見識一下我們自己。喝杯咖啡或茶，並反思，就像我們在早晨經歷我們唯一僅有的日出時所採的做法。這裡要敬一個週三，以一次隨機能夠尋得的反思暫停來向它致意。」

我強烈附和克里斯蒂娜的提議——每有機會，我們都暫停並反思我們的地位，也分享在地球上的共同生活與未來。

下次你到戶外時——不論那是在沙灘眺望水面、遠望對側地平線，或者在漆黑暗夜來到公園或森林中央仰望星辰（說不定是觀看國際太空站從上空飛越的光點），甚或來到都市中央——花片刻時間來注意自己所處地位。你正身處一顆在外太空自轉的星球上頭，倘若從所在位置，你能見到月球或者太陽（或者同時見到），那麼要體認你是看到兩個或三個天體，而你恰好也站在其中一顆上頭。利用這個片刻來領略這是多麼不可思議，你和我都是在宇宙中一個能提供我們生存所有需求的定點上生活。讓自己踏實體悟那個認識，在你的生活中運用它。

我曾透過我的藝術太空基金會與世界各地的孩童共同合作。在德州一家兒科癌症醫院，我遇見了一位仰望星辰的小女孩。

第七章　不管做什麼，
　　　　總要讓生活過得更好

我準備離開國際太空站時，心中感到一絲留戀感恩，心知自己說不定永遠不能再上太空，不過也知道，能來到那裡是多麼幸福。我知道自己或許再也沒有機會在微重力下飄浮、飛行，同時也心懷感恩，因為自己已經能夠在三個維度中自然地四處移動。我知道自己大概不會再有機會從太空中非常特殊的優越位置，親身見識我們這顆星球綻放光輝的絢麗景象，不過同時我也肯定，此生往後，它的衝擊都會成為我的一部分。

待在國際太空站上三個月後，我搭乘亞特蘭提斯太空梭回家，機上還有STS-129六人任務乘組，由我的朋友共同組成，包括：查理·霍博（Charlie Hobaugh）、布奇·威爾莫爾（Butch Wilmore）、利蘭·梅爾文（Leland Melvin）、蘭迪·布雷斯尼克（Randy Bresnik）、麥克·福爾曼（Mike Foreman）和鮑比·薩徹（Bobby Satcher）。他們是在二〇〇九年十一月十八日飄進國際太空站，接著就和我們已經在站上的六人一起工作了六天。除了任務行事曆的繁忙工作之外，有關我們所有人共處的這段期間，我最喜愛的記憶之一就是我的四十七歲慶生會（他們還送來了藍鈴〔Blue Bell〕香草冰淇淋杯，還有我親愛的朋友兼太空人同伴瑪莎·艾文斯〔Marsha Ivins〕的自製巧克力蛋糕，讓那次慶生更顯得別緻）。

回家前最後幾天，我經常試著多偷看一眼窗外景緻，或者多轉身從太空站一端翻一趟筋斗到另一端。我雙手觸摸太空船，最後一次嘗試抓住這個地方的精髓，以及如今成為我一部分的那種獨一無二的經驗。不過無論何時我也都期盼著回到地

球家中與我家人重逢的喜悅。

我們啟程當天，二〇〇九年十一月二十四日，就在我飄過艙門，離開太空站，進入亞特蘭提斯號太空梭之前那最後幾分鐘，我給國際太空站那群乘員夥伴每人一個又用力又長久的擁抱，接著我們最後一次來個全組擁抱。

當他們放開我，讓我向艙口飄過去，我感到背上受到最後一計猛拍。那是威廉斯在我的襯衫上貼了一張綠色貨品標籤，表明我是返回地球的第九一四號貨品。威廉斯會繼續待著，連同我的其他國際太空站乘員夥伴，馬克斯・蘇拉耶夫（Max Suraev）、鮑伯・瑟斯克（Bob Thirsk）、弗蘭克・德溫尼（Frank DeWinne）和羅曼・羅曼年科（Roman Romanenko），在國際太空站上完成他們的任務。

一登上了亞特蘭提斯號，我們就依循出塢步驟脫離太空站。駕駛員威爾莫爾將亞特蘭提斯號駛離太空站時，指揮官霍博便宣佈：「休士頓和太空站，實體分離。」我看著我們脫離，心中湧現哀傷。從無線電裡，我聽到傳統鈴聲響起，接著威廉斯從國際太空站向任務管制報告：「美國太空梭亞特蘭提斯號乘組暨國際太空站乘員妮可・斯托特離站。」

我的臉龐緊貼窗上經歷所有的過程，看著我們環繞太空站飛了完整一圈，我的目光始終盯著國際太空站，直到我們相隔十分遙遠，太空站縮小成為微小光點，接著就從視線裡消失。

兩天過後，就在準備著陸回地球之時，我們開始為這趟行程著裝。我們用於發射和著陸的橙色太空衣稱為先進乘員逃生

服（advanced crew escape suits, ACES），設計用意是在發射或著陸期間發生緊急事故時保護太空人。在橙色服底下，我們身穿藍色冷卻衣，就像織進了綿密細管網絡的發熱內衣，這讓我們能夠接上一台攜行式冷卻器，用來泵進冷水在管中流動。橙色服本身就是件壓力衣，由一層橡膠襯裡和外側能夠阻燃的諾梅克斯（Nomex）橙色外層組成，整合搭配手套、靴子、頭盔和降落傘，一旦遇上緊急事故，不論是在太空梭中，或者必須跳傘脫離時，這套衣物便具有幫助太空人保命的功能。每位太空人的褲袋中也都裝了一套救生包和無線電。

我們上次穿上這套太空衣物是在離開地球時，抵達軌道之後不久，我們就把這套衣物脫下，安全收納妥當。回想起當初為發射著裝，我就暗自發笑。儘管我們都受過培訓，懂得如何穿上衣物，著裝時依然需要一支高度專業化的團隊人手協助，他們負責確保服裝一切正常，還有我們都正確穿戴妥當。那支團隊十分嚴謹，看來他們是寧願我們完全不碰觸衣物就幫我們穿戴好。

不過上了太空，我們就只能靠自己。儘管我們都盡最大努力，慎重處理衣物並小心著裝，邊飄浮邊做仍給我一種打混戰的感覺。其中一種最奇特的感覺是，當我們掙扎從頸環橡膠圈探出頭來，這時自己就彷彿是被「分娩」出來。

當我們把衣服穿好，東西收拾妥當，也備妥太空梭來載我們返航之時，我們給機艙來一趟「冷浸」。儘管我們很有把握，太空梭外側的熱防護材料能發揮功能，保護結構（和我

們）免受進入大氣層階段摩擦產生的三千華氏度高溫造成毀損，不過我們也知道，那種高熱會讓我們比較難以讓艙內保持舒適的溫度，所以我們調低空調溫度，到最後感到自己像是待在冷凍庫裡面。冰冷溫度有個副作用，那就是當太空人感到清涼、舒適，也就比較不會暈機。

我們把自己繫緊在座位上，接著一邊做系統檢核清單事項，一邊開始「流體加載」（fluid loading）。每人都喝一公升或更多的鹽水——實際取決於體重和待在太空多久時間。流體加載能提增我們的血量，並協助對抗有可能在著陸當天影響太空人的最危險的生理改變之一：直立不耐症（orthostatic intolerance）。罹患直立不耐症（不能保持直立）的太空人沒辦法維持妥當的動脈血壓，導致直立時腦部血流降低，這讓我們比較可能變得頭暈目眩，甚至還可能昏厥——駕駛太空梭搖搖晃晃朝地球降落之時，你可不想出這種狀況。

一小時過後，當我們飛過（位於甘迺迪太空中心著陸位置之地球另一側的）一處定點時，我們點燃幾台微型推進器，把太空梭翻轉過來，讓尾部朝前並進入「離軌燃燒」（deorbit burn）的位置。

一旦進入了尾部朝前的位置，離軌燃燒作業就要點燃太空梭兩台威力最強大的推進器，稱為軌道機動操作引擎，這樣就能啟動我們的離軌作業——向後朝我們的軌道彈道逆向推動的程序，這是為了減慢太空梭直到帶我們推離軌道，並展開我們進入大氣層的下降作業。不幸的是，你不能只簡單用腳踩煞

車。減速的必要機動操作都經精確編排，讓太空梭採取正確角度和速度——稍慢一些，但也不太慢——來安全進入大氣層。我們只有一次著陸機會。倘若速度太快或角度太陡，太空梭就會燒毀或者瓦解；角度太小就會導致太空梭像「打水漂」般彈出大氣層，並完全錯過預定著陸地點；速度太慢會導致我們在跑道前觸地墜毀。

幾分鐘過後，離軌燃燒已經完成，我們把自己翻轉回來，讓太空梭機鼻朝前，這樣才能儘量減少降落時產生的熱。約三十分鐘之後，隨著我們從太空下降，大氣密度也開始提增，我們依然位於地球上空約十三公里處，距離著陸地點也還有八千公里，而且再過三十一分鐘才會著陸，這時我們是以二十五馬赫極速，也就是音速的二十五倍速度行進。

當我們下降到開始進入大氣層時，一切似乎都發生得非常快。那麼快速地穿越大氣層，太空梭外側的摩擦力逐漸增強，於是太空梭周圍也環繞了一團高達三千華氏度的熾熱橙色電漿。所幸梭機外表覆蓋了防護材料，讓熾熱電漿不致燒穿太空船，結果回家行程就變得「火熱」卻又出奇地平穩。

當我們繼續下降，太空梭就從起初像艘太空船那般飛行，過渡成像是架滑翔機，接著「引動幾個G力」，於是我們開始感到重力對身體的作用力。（「G力」也可稱「重力」，指所承受的重力力道：一個G相當於在地球上感受到的重力力道。）起初只引動二十分之一重力，改變幾乎無法察覺，不過約一分鐘過後，我們的指揮官（呼號為「燒焦」〔Scorch〕）宣告

「十分之一重力」，這時我就覺得自己彷彿被推進我的座位，滿心疑惑那怎麼可能只有十分之一。

再次感受身體承受這種重力負荷，是多麼令人印象深刻。在地球上的日常生活中，我們很少考慮到重力，不過從太空回來時，它讓我們承擔的負荷是不能忽視的。著陸前十分鐘左右，我們來到了一個半重力的峰值負荷，接著在著陸時，我們也回到了一個重力。

來到約兩萬五千公尺高度時，速度已經從二十五馬赫降到二點五馬赫（約每小時兩千七百公里），我們和著陸跑道仍然相隔約一百公里，而且離著陸還有五分鐘半時間。隨著我們繼續在大氣層中穿行，飛行速度依然超過音速，這時佛羅里達各區都能聽到一組雙重音爆（相隔不到一秒的兩響清晰霹靂聲），預示我們即將抵達。

離開著陸位置四十公里時，太空梭已經減慢到次音速水平。從這時開始到最後進場期間，太空梭朝跑道接近的下降速率達到每分鐘超過三千公尺，（這個速率約為民航機的二十倍，陡峭斜度則達七倍）。即便我知道我們是以超高速航行，而且根本就是一頭栽進地面，卻是直到在較低進場高度時瞥見雲層從旁邊竄過，我才真正產生視覺感受，察覺到我們的前進速度有多快，還有斜角是多麼陡峭。

一旦太空梭的速度降到低於音速，指揮官便接管採手動飛行，太空梭在跑道上空繞飛並繼續陡峭下降，直到對正跑道並作最後進場。約十一公里遠處，從我們的前窗已經見得到跑

道，而且也已經減速至每小時約六百五十公里，距離著陸也只剩一分半鐘。

我們繼續朝地面前進，不過最後到了六百公尺處時，指揮官陡峭拉起機鼻並減緩降落速率。到了九十公尺處，起落架已經放下，太空梭飛越跑道末端，這時我們已經減慢到了約每小時三百二十公里的著陸速率，接著我們著陸。

太空梭從一萬兩千公尺高度下降到著陸的最後階段只用了三分半鐘。多數民航機在大約一萬一千公尺高度巡航，當機長宣佈「我們要開始下降準備著陸，很快我們就會來到地面」，通常這就表示，你在實際著陸前，仍有二十分鐘或更久時間。現在想像，當民航機駕駛說「很快」時，意思卻是指只有三分半鐘！

著陸之後，我很驚訝地意識到，才一個小時之前，我還在外太空，現在我就這樣回到了地球。

我們在感恩節的隔天著陸。當地面團隊開啟太空梭艙門，外界空氣吹進來時，我的感官超負荷了──新鮮、清涼的乾淨空氣，帶著混合了車輛廢氣的泥土氣味流進了機艙。深秋陽光的金黃氛圍似乎很不一樣，卻又很正常。我覺得非常、非常沉重，沉重得我都笑了（我的乘員夥伴福爾曼和薩徹也都笑了），於是我從座位滾落翻倒在太空梭地板上，這樣我才能穿

著寬大的橙色太空衣爬到艙門。

到了那裡，我受到了一群救援隊伍友善、熟悉臉孔的迎接，在他們鼓舞之下，我使出全力用雙手、雙膝撐著自己站起來。耶！我說「耶」是因為站立這件「簡單」事項，在那時看來卻彷彿不可能辦到。我希望能自力完成，於是想像自己是在健身房做有史以來最困難的蹲舉，接著，**看吧**！我站起來了。我很興奮能夠自行走下太空梭，進入我們的救援車輛。不過我的身體依然感到十分沉重，甚至還得刻意提醒自己抬頭，我們的頭是很重的！

一旦你進入救援車，飛行後測試就開始了。醫學和科學研究人員在太空飛行之前和飛行期間所蒐集的所有數據，現在都拿來和飛行後蒐集的資料進行比對，而且他們絲毫不浪費時間，當下就動手蒐集。艾德‧鮑爾斯（Ed Powers）醫師和凱西‧迪比亞斯（Cathy Dibiase）是我的飛行醫師和護理師，也都是我的朋友，兩人都在救援車輛上，等著迎接我。情況大致如下：大大擁抱和微笑，還有「歡迎回家！」，緊接著就是「這是你的尿液採集瓶。浴室在那裡，需要幫忙嗎？」

這種飛行後檢驗從著陸之後立刻開始，持續了好幾個小時，而且往後好幾個月期間，也經常進行。（事實上，檢驗在我們餘生都不斷進行：每年我都回到休士頓接受一次徹底的體檢。）醫師和科學家收集數據來研究我們的身體因太空飛行而產生的變化，這樣我們就能更深入認識，如何在太空人待在太空時照顧好他們。這些也都是防範於未然的寶貴數據，可以在

設想該採行哪些預防步驟時派上用場，於是我們就能在太空旅行之前防範太空環境對身體造成的衝擊，還有如何能夠改進反制措施，以因應任務期間的這些衝擊，以及我們如何可以在返回時加快救援作業。

每位太空人返回地球時的經歷都稍有不同。有些人的平衡感只遭受輕微影響，也可能感到有些噁心，另有些人則必須被人從航天器上抬下來。事前完全沒辦法知道你會怎麼反應，你的身體在地球上對於雲霄飛車上下起伏或者對於海船翻滾搖擺的反應方式，都無法告訴你從太空返回時的個人體驗。不過有一件事我們全都經歷了，那就是感到十分沉重又疲累，我滿心只想睡覺。

幸運的是，我聽取了同為太空人的朋友，也是當時的太空人辦公室主任佩姬・惠特森（Peggy Whitson）提出的一些建言。佩姬也等在救援車上以大大的微笑和擁抱來迎接我，而且就是她告訴我：「好的，妮可，當他們要對你進行的檢驗全部做完，接著你回到乘員宿舍區跟你的家人相聚，我相當肯定你只會想睡覺，不過別睡。幫你自己一個忙，花點時間走路，去健身房，踏上走步機，設定低速步伐，然後堅持走二十分鐘，我擔保，等你踏下走步機，就會感到好多了。」

老實講，我對於使用走步機走路實在不感到興奮。當我踏上去時，我必須專心思考我的走路方式，還有走直線得有哪些要件。光是把頭抬高，挺立站直，我就必須很努力。還有，我發現，我們耳朵裡面的那些纖小毫毛，同樣得花一些時間才能

幫助我們感受哪邊是上或下並適應重力。任何必須上下移動我頭部的動作，都會讓整個世界繞著我旋轉，還讓我感覺必須嘔吐，卻又吐不出來。

我依然信賴佩姬的建言，並遵照她所講的去做，結果真的，她是對的！我在我丈夫和兒子的護衛下前往乘員宿舍區的小健身房，我走了二十分鐘，結果生效了！幾乎就像奇蹟，當我走下走步機，我耳中的纖小毫毛重新校準了，我不但能走得筆直，連噁心的感覺也消失了。

我很幸運，因為從寬廣頻譜來看，不同人從太空回來之後的當下感受各不相同，我感覺相當好，也表現得不錯。在頭幾分鐘，我就能站起來並自行走動；我能微笑而且和歡迎我回家的人愉快交談；我能到浴室而且自己完成第一次淋浴；我能給我兒子和丈夫大大的擁抱；而且儘管當天我起初感到噁心，不過我相當期盼那片披薩，還有我知道正等著我的媽媽的著名豆角料理。

於甘迺迪太空中心著陸之後，隔天全組人員都與我們各自的家人回到休士頓家中，同一天我就上健身房，展開上太空三個月後為期四十五天的密集復健——所有完成長時期太空飛行的太空人，都必須經歷的事情。

太空人團隊非常幸運能有一支私人教練團，他們的職稱是「太空人力量、體能和復健專員」（astronaut strength, conditioning, and rehabilitation specialists, ASCRs），我們就以那個縮略取同音稱呼他們為「A瑟」（acers）。布魯斯‧內施維茨

（Bruce Neischwitz）是我的「A瑟」，當我抵達做第一次復健課程時，他已經用小小的十公分高橙色三角錐，在健身房地板上架設好一個迷宮。

「那些芭比娃娃三角錐要幹什麼？」我詢問道。

布魯斯要我站在他身邊的第一個三角錐旁站，接著他說：「我要請你這樣做，你要併腳跳過這第一個三角錐，然後⋯⋯」

我的笑聲讓他完全說不下去。「我完全沒辦法把身體抬離地面，併腳跳過這個三角錐！」我說道，「我雙腿下半部分就像有上百磅重！」

他就只是看著我並嘻笑說道：「我跟你講，妮可，你可以做到。」

我也嘻笑回敬並嘗試壓抑我的笑聲，結果聲音更像在鼓鼻噴氣。

「別再笑了，」他繼續說，「然後你接著還要向前走，併腳跳過下個三角錐，向側面走，併腳跳過下個三角錐，向後走⋯⋯」

我一直笑，又繼續和他爭論了好幾分鐘，不過他毫不退縮，最後我跳過了那第一個三角錐。到如今我依然不是真的確定，是否因為布魯斯**知道**我做得到，於是我才設法相信那是有可能的。

若說這次經驗教導了我哪件事情，那就是，就算當我們不相信我們能辦到哪件事情——好比在微重力下待了三個月之後併腳跳過橙色三角錐——我們能夠辦到的，總是比我們相信的

還更多。

　　考慮到我們的身體如何能從太空飛行的影響中恢復過來，我意識到，只要讓大自然有機會復原，那個過程也是同樣迅速。二〇二〇年初，全球才剛由於COVID-19大流行斷絕交流，我們趁機偷窺了一眼，清楚瞧見大自然是如何迅速完成自我修復。科學家見識了空氣品質急遽改善，特別是在隔離地區。例如，和二〇一九年同期相比，二〇二〇年初在中國北部、西歐和美國全境的一種主要空氣污染物質——二氧化氮——的含量都大幅下降了高達六成。二氧化氮是種具有高度反應活性的氣體，一般都是在燃燒時生成，而且它對肺部有許多不利影響。那種氣體通常是從車輛、發電廠和工業活動排放進入大氣，和空氣中的其他化學物質反應時，它就會產生影響深遠的破壞作用，好比形成微粒物質、臭氧（如第二章討論內容）和酸雨。

　　排放量這般明顯、迅速下降是前所未見的。根據大氣學家珍妮·斯塔夫拉庫（Jenny Stavrakou）所述，自從一九九〇年代開始以衛星來監測空氣品質以來，還從來不曾發生這種現象。斯塔夫拉庫任職於布魯塞爾比利時皇家太空高層大氣研究所（Royal Belgian Institute for Space Aeronomy），同時是美國地球物理聯盟（American Geophysical Union）二〇二〇年五月份研究的協同作者。唯一能與之相提並論的是中國排放量驟減的短期影響，肇因於二〇〇八年北京奧運會賽事期間的嚴格規範管制。這些發現讓我們一瞥更嚴苛的排放法規對空氣品質的

潛在未來影響。「或許這種無心插柳的實驗，能用來更妥善理解排放法規。」斯塔夫拉庫說道，並稱之為，在一種原本「非常悲慘情況下」的「一些正向的消息」。[1]

我們永遠不該淡化COVID-19大流行釀成的慘況，不過誠如斯塔夫拉庫博士所稱，它讓我們有機會重新思考，我們的「新常態」會如何發展。與其急著嘗試彌補我們在生產上和利潤上的「損失」，如今我們有機會體認並支持這顆星球自行癒合的能力。

在疫情隔離期間我們的日子過得很不舒適，也經常陷入困境，然而當我們居家隔離並採行其他必要的防範措施，這時製造和運輸業務連帶下降，促成了較乾淨的空氣，並促使許多地區的野生生物活動提增，而且說不定還導致我自家後院的蜜蜂和蝴蝶數量增多。這些變遷和其他改變，都是很好的例子，顯示若是我們改變我們的行為，就算只改了些許，就有可能造成什麼影響。我期盼我們能持續探索新方案來替換老舊方式，不要只是啟動工廠並加足十倍產能來嘗試彌補一些利潤損失。

有些文章讓我讀了都深受鼓舞，好比底下這篇出自「消費者新聞與商業頻道」（CNBC）的〈我們不能在死星球上經營企業：執行長們計劃在後冠狀病毒時代優先考慮綠色問題〉（We Can't Run a Business in a Dead Planet: CEOs Plan to Prioritize Green Issues Post-Coronavirus）。[2]這篇文章提出了從疫情習得的三種「操作模式」（*modi operandi*），採行這些模式我們就能在減緩並逆轉氣候變遷方面取得重大進展：更自由的在家工

作政策、減少商務旅行並增加視訊通話的使用、提高供應鏈的本地化程度。那篇文章展現出一種跡象，那就是企業界歸結認定，財務成長不必然會受到永續性承諾的阻礙。我們的生意門路（還有我們個人所採門路）當中所有對環境負責的轉變，都能使生活變得更為美好。

國際太空站的座右銘，「離開地球，為了地球」描述了將太空中的工作成果帶回地球，著手改善地球人生活的更偉大使命。國際太空站本身可以說是人類所著手從事並成功執行的最富技術性以及政治挑戰性的事業，而且我們已經在外太空建造完成。

儘管國際太空站任務的工程設計和科學焦點核心主要都是技術性的，卻也無心插柳達成了一項效益，那就是它創造出了一種傑出的模式，促成了一次和平的國際合作。為使人類繼續進步並繁榮發展，我們必須設計、建設出一種以國際太空站那樣和平、成功的夥伴模式為基礎的未來。我們的地球任務必須以一項知識為基礎，那就是我們全都有一個共同的弱點，也因此必須保護我們唯一的共同家園。

身為地球號的乘員，我們必須對我們這顆星球所發出的警報聲響作出反應，這樣才能保護我們寶貴的生命保障系統。我們已經知道如何測量我們星球生命保障系統的狀況。事實上，

我們已經在進行測量。現在我們必須使用這筆資訊，不只是要知道我們對這顆星球支持生命的能力造成何等衝擊，還得採取行動。

包括我在內的許多人都論稱，地球許多最大挑戰的解決方案，都來自我們在太空中學習、開發所得的成果。太空研究已經發揮了關鍵角色，阻止了一場重大的環境災害：正是航太總署的一顆衛星發送回數據，披露了南極上空臭氧層日漸擴大的破洞。根據這項資訊所採取的行動，促成了《蒙特婁議定書》，從而凝聚成第一項（也可以說是最成功的一項）為對付全球環境問題而設的國際協議。

太空技術繼續提供必要的關鍵資訊，協助我們了解地球上的許多最重大問題。二〇二〇年九月，世界經濟論壇的太空技術全球未來委員會（Global Future Council on Space Technologies）發佈了一篇報告，〈太空技術造福地球生命的六種方式〉（Six Ways Space Technologies Benefit Life on Earth）。那份報告開頭便論述道：「太空部門對地球生命的價值再怎麼強調都不為過。」[3]那份報告談論太空研究如何支持或影響六個領域——永續發展目標、氣候、連結性、全球安全、負責任的企業，以及全球經濟。簡而言之，地球生命的所有層面，都從太空中發生的事情得利。

如今用來觀測地球的大半技術，起初都是為了前往太陽系中其他行星進行探測任務而開發的。即便我們用來了解（期望有一天能當成殖民地前往棲居的）各行星歷史所採的技術，也

為我們在地球上緩解氣候變遷提供了重要策略。太空技術能幫我們把具有破壞性的危險產業挪到地球軌道或更遠處，借助微重力優勢來製造，並提供乾淨的能源解決方案，好比從月球開採氦礦或者先進的太陽能電池和繞軌運行的太陽能發電站。幾十年來被當成科幻小說來撰寫的理念，已經（而且往後還會繼續）被賦予生機和化為科學事實，並且帶回地球成為我們處理某些最重大全球挑戰的解決方案。引用科幻界最重要的作家之一，拉瑞‧尼文（Larry Niven）的話來說：「恐龍滅絕是因為牠們沒有太空計劃。倘若我們滅絕是由於我們沒有太空計劃，那就是人類活該倒楣！」[4]

我認為太空太陽能是最有指望的技術之一，我們已經掌握了所有的技術竅門，有辦法擺脫化石燃料，並駕馭太陽能來滿足我們的能量需求。我們所有的航天器和衛星，包括會帶我們回返月球或前往更遙遠地方的航天器，全都由太陽能或者核能來提供動力。太空中的太陽能發電站會持續面朝太陽，藉由瞄準地球的輻射，日夜不停且風雨無阻地把乾淨動力發射回來。多年以來，我們早已知道，如何把太陽能發電設施挪出地球，不過目前這依然被視為一種「經濟上令人怯步」的事業，肇因於把原料送上太空來建設發電站的費用。（也或許問題出在「一切照舊」的心態和欠缺促成實現的意願所致。既然在二〇二一年我們能選擇制定一點九兆美元的經濟刺激法案來因應COVID-19疫情，為什麼我們就不能選擇制定約兩百億美元的太空太陽能開發暨實施計劃，來落實一項全球能源解決方

案？）無可否認，這是一項大規模的事業，必須執行複雜的整合、施行期間的技術進步，甚至還可能費時幾十年才能完全施行，不過想想看，我們之前就做過這種事情，就是在國際太空站上！

有些大學院校已經投入為太空太陽能開發可擴充的模組式技術，包括加州理工學院（Caltech）和他們的太空太陽能計劃（Space Solar Project），而且航空航太公司（Aerospace Corporation）與其他企業也都呼籲美國政府，致力與產業和國際夥伴共同開發太空太陽能技術。[5]在美國，海軍研究實驗室（Naval Research Laboratory, NRL）已經處於領先地位。二○二○年，海軍研究實驗室由美國空軍的X-37B軌道試驗飛行器（Orbital Test Vehicle-6）搭載啟動了一項太空太陽能實驗；中國計劃在二○二五年驗證一座低地球軌道一百瓩太陽能發電站。[6]不過最終我們這個全人類共同體，就必須找到方法來將有害的產業抬離這顆星球，讓我們希望我們能及時辦到。

在一條超過國際太空站約百倍距離之外的太空軌道上，有一些地球靜止衛星（geostationary satellite）提供通訊、天氣監測並對我們這顆星球持續進行觀察。二○二○年九月二十一日，一顆海洋觀測新衛星從加州范登堡空軍基地（Vandenberg Air Force Base）發射升空。那顆衛星稱為哨兵6號麥克爾・弗賴利奇（Sentinel-6 Michael Freilich），由太空探索技術公司的獵鷹（Falcon）火箭負責搭載。那顆衛星這樣命名是為了表彰航太總署地球科學部門前主管麥克爾・弗賴利奇博士，他在二

〇二〇年去世前不久曾說：「地球科學可能比任何其他學科都更能表明，夥伴關係對地球未來的重要性。」[7]

哨兵6號正是這類夥伴關係的一個範例，這顆衛星是結合美國航太總署、歐洲太空總署和美國國家海洋暨大氣總署（National Oceanographic and Atmospheric Administration, NOAA）協同執行的任務，預定監測大洋海平面高度以及對流層（大氣中我們居住的一層）的溫度和濕度。測量海洋高度讓科學家擁有一種實時指標，來衡量地球的氣候改變速率。海洋吸收這顆星球暖化氣候所生成的約九成多餘熱量。海水受熱膨脹，致使全球平均海平面上升，佔了總上升量的約三分之一，其餘比例都出自冰河和冰蓋等陸地源頭的融冰。衛星當能為政府和地方管理當局提供寶貴的資訊，讓這些專責機構有所遵循，據以為海平面上升以及因此所產生的（會釀成財物破壞、生命損失和受影響人口永久流離失所的）暴風雨預作規劃。

本文撰寫期間，已經有二十八顆地球觀測衛星在我們這顆星球周圍繞軌運行，測量濕度、空氣品質、臭氧、重力、磁場、煙塵、氣溶膠、甲烷、二氧化碳和二氧化氮，並提供地球的高解析度影像。類似這樣的衛星預計在二〇二六年之前總共要發射十五顆，哨兵6號麥克爾・弗賴利奇就是當中的一顆。這一切讓我們得以測量會危害我們星球生命保障系統的無形威脅，並且提供有形的證據，來顯示我們這顆星球如何隨著時間改變。

除了航太總署和其他政府太空機構在太空探索當中扮演的

可預期角色之外，不斷成長中的私營部門太空產業，也都得仰賴藉太空探索的效益（包括靠航太總署和國際太空機構之間的地球觀測夥伴關係來提供的數據資源）來維持營運的商務事業和非營利組織。

出於利潤的驅使，以及為我們的全球問題推動真正解決方案的願望，商務太空公司正在為我們開發進入太空的新方法，也為更多人開啟上太空旅行的機會，而且他們正在尋找更多有利可圖並且帶來更大裨益的方法，來使用從太空帶回來給我們的技術和資訊。舉例來說，每次你使用導航應用軟體，好比谷歌地圖，你就是在使用三類不同的衛星——通訊、遙感和全球定位系統——來找出你的位置和從 A 點到 B 點的行進指引。

根據金融服務公司畢馬威二〇二〇年的一份報告，太空產業整體全球經濟規模約為每年五千億美元，而且料想到二〇四〇年時，就會增長到將近一兆美元。截至本書撰寫期間，已經有八十個國家擁有太空計劃，美國也報告至少十八萬三千個美國人受聘於太空產業。[8]

類似行星實驗室（Planet Labs）這樣的公司——其座右銘是「利用太空來改善地球上的生活」——已經佈署了有史以來最大的一批低地球軌道地球成像衛星。他們藉由提供高解析度資料和影像給農業、能源、測繪、林業、教育、海事等產業，來協助增進我們對世界的認識並改善地球上的生活。他們還與航太總署合夥提供更多地球觀測數據，來測量世界氣象協會（World Meteorological Association）的基本氣候變量（Essential

Climate Variables, ECVs）。基本氣候變量是物理學、化學或生物學的變量，或是一群相關連的變量，能用來描繪地球氣候的特色。[9]

太空製造公司（Made In Space, Inc.）是派送第一台3D列印機到太空供國際太空站使用的公司，如今已經成為在太空從事製造的領頭羊。它的革新不只讓太空變得有利可圖，還讓我們得以創造出地球之外的永續人類勢力，並利用地球之外的製造作業，來為地球上的解決方案帶來好處。

奈米艙公司（Nanoracks）描述自己是「你通往太空的門戶」（your portal to space），同時以「利用太空來改善地球上的生活」為座右銘。奈米艙是第一家協助商務顧客（公司、研究人員和學生）簡化歷程，方便他們將研究送上國際太空站的公司。它設想了一種在近未來，太空中會出現一些前哨基地，其設計和建造目的是作為工廠、實驗室、溫室和旅館，藉由讓更多人在太空中生活、工作，不只能改善在太空中的生活，也能改善在地球上的生活。

非營利組織也投入宣揚太空飛行和在全球範圍內運用太空技術及資訊的利益所在。兩家在我看來非常突出的非營利組織，他們分別以不同方式成功運用太空資源來解決全球問題，組織名稱為環境保衛基金（Environmental Defense Fund, EDF）和極客無國界（Geeks Without Frontiers）。

五十多年來，環境保衛基金一直是領先世界的環境保護組織之一，致力於保護所有生命都仰賴的自然系統。它的創始可

以追溯至一九六七年，起初是一支由小群科學家以及一位來自紐約長島（Long Island）的律師所組成的團隊，致力投入拯救魚鷹免受有毒殺蟲劑DDT毒害。他們使用科學證據，促使DDT在全國範圍都遭禁用。環境保衛基金擁有超過兩百五十萬會員和積極行動的人士，如今仍繼續使用以科學為本的資料，來驗證確認並施行解決方案和政策，涵蓋了氣候、能量、生態系統、海洋和健康等領域。如今環境保衛基金還進入太空，該組織正在製造一枚衛星，專門用於對全球甲烷氣體排放進行非常精確、高解析度的測量。這枚甲烷追蹤衛星（MethaneSAT）的目標發射日期訂於二〇二二年初（譯注：目前預定發射日期為二〇二三年），其設計功能特別著眼於甲烷排放的位置和規模，監測範圍基本上含括了地球上所有的地方。現在已經判定，減少這類排放量是如今我們能夠從事來延緩全球暖化速率最快也最便宜的做法，即便我們依然繼續責難二氧化碳。

和環境保衛基金相比，極客無國界這個組織比較年輕，規模也小得多，不過在短短十二年間，它已經成為一個屢獲殊榮的社會事業體，其目標是要促使建立一個互聯程度更深的世界。它建立了一個具有全球影響力的平台，實際做法則是開發並推廣寬頻連結的技術，而這就有助於為我們所有人提高健康、教育、性別平等和社會與經濟福祉之標準，不過最重要的是，造福全世界估計達三十五億依然沒有連上網際網路的人口。二〇一九年，極客無國界獲得太空和衛星專業人國際（Space and Satellite Professionals International, SSPI）的認可並

獲頒授更好衛星世界獎（Better Satellite World Award），以表彰該團體結合衛星和智慧手機技術產生創新發明，來對抗發生在東南亞沿海的人口販賣、強迫勞動和非法漁撈，這項工作是代理美國國際開發署（US Agency for International Development, USAID）和私營部門利益關係人來執行。

就像國際太空站座右銘「離開地球，為了地球」，所有這些太空機構、商業公司和非營利組織的共同課題就是承諾，要堅決使用太空探索和技術，來謀求解決我們最重大的全球挑戰，這樣我們才能讓生活過得更好。這些組織每一個都是由一群才華橫溢的人士經營，他們相信他們能讓生活變得更好，他們相信他們能幫忙解決我們這個時代的最大挑戰。他們全都有遠大的夢想，這激發了他們的信念，認定我們可以建立更美好的未來，而我也認同他們這個想法。

倘若你有機會聽我朋友阿努什的提報，你就會聽到她這樣自我介紹：「我是很久、很久以前，出生在一個很遠、很遠的地方。」儘管我並不認為一九六六年是那麼久遠之前，對許多人來講，她的出生地，伊朗的馬什哈德（Mashhad）的確有可能顯得非常遙遠。

阿努什・安薩里（Anousheh Ansari）和我在二〇〇五年第一次見面，當時我們都在俄羅斯星城受訓，為第一次太空飛行

預作準備。她是個真正聰慧又充滿關愛和永遠積極正向精神的人，讓我留下深刻印象。她嬌小卻很強壯（每次在她身邊，我總是感到自己相當巨大，不過她很有可能把我摔倒），而且她長了自然的捲髮映襯著她的美麗臉龐，還有一雙似乎總是放射光芒期待下一趟冒險的眼睛。我很感謝這份友誼，也感謝有機會分享她的一些故事，因為我相信，她是竭盡全力「讓生活變得更美好」的地球人的最佳典範之一。正如既往，我們採訪期間，阿努什也正在路途上，所以我們是在電話上交談。

一九七九年，伊朗伊斯蘭革命爆發，當時阿努什十二歲，隨後是伊朗和伊拉克的八年戰爭。

「那是一段可怕的歲月，」她在我們訪談時回顧道，「我開始聽到槍聲，那是我之前從未聽過的。我們身邊爆發了一場戰爭，許多時候我的家人和我都必須躲起來保平安。」

談到童年時期尋覓避難處所，還有她對夜空的熱愛時，她依然微笑：「在夏天，每有機會我都會到戶外，看著夜空星辰入眠。我想要飛上去觸摸它們，去感受它們是用什麼做的。戰爭期間，我對太空的愛，還有我的想像力，讓我能夠旅行前往星辰，去到一個和平、安全的地方，那裡我可以帶著家人一起去。」星辰下的那些夜晚，點燃了她有一天能「真的」去探訪星辰的夢想。

十六歲時，阿努什跟隨家人一起移民美國。她滿懷期許來到這裡，想像自己會「進入星際艦隊學院，成為企業號星艦的科學官，而且她會成為『史巴克女士』，航向太空到宇宙四處

探索」。

唉，結果讓她洩氣，也同樣讓我們其他許多人大失所望，沒有星際艦隊學院，不過那也沒能讓阿努什停步。她來到美國時還不會講英語，但她的太空探索夢激勵她沉浸在教育當中，並獲得了電子和電腦工程學位。她繼續努力，成為一位創業家，創辦了一家成功的電腦技術公司，接著她在二〇〇一年把公司賣掉。這筆收益讓她得以支持她對太空的熱愛，她所採做法是創建安薩里太空X獎（Ansari XPrize for Space）來激勵商業太空飛行產業，這項大獎由安薩里家庭在二〇〇四年發起，另一項做法就是贊助她自己的二〇〇六年太空飛行，這趟飛行讓她成為第一位伊朗裔暨第一位穆斯林女性太空人，也是第四位航向太空並拜訪國際太空站的私人探險家。

安薩里X獎懸賞一千萬美金給能在兩週內兩次發射可重複使用的載人航天器上太空的第一家非政府組織。這項挑戰促成了維珍銀河（Virgin Galactic）太空公司的成立，並開啟了商業太空飛行的新紀元。

阿努什說，她的三個生命篇章應該命名為〈想像〉（Imagine）、〈化身改變〉（Be the Change）以及〈激勵〉（Inspire）。她能領略想像我們人類享有一種威力強大、獨一無二的賜予。她始終擁有遠大的夢想，從來不害怕採取必要行動來逐夢。她了解分享她的故事相當重要，這是激勵其他人懷抱遠大夢想的一項工具。

阿努什回顧，在發射台上，她和俄羅斯宇航員米哈伊爾·

「米夏」・秋林（Mikhail "Misha" Tyurin）以及美國太空人麥克・「LA」・洛佩茲－阿萊格里亞（Mike "LA" Lopez-Alegria）兩位乘員夥伴在俄羅斯聯盟號宇宙飛船艙內被牢牢繫住：「我們手握手並說：『準備好了……我們出發了！』我感謝神幫助我實現我的夢想，還有祂賜給我的一切。我祈求神能讓所有生靈充滿祂的愛，並將和平帶到我們稱為地球的這處美麗的神造之地。」

阿努什的地球升起時刻，是出現在她前往國際太空站途中，當她透過聯盟號宇宙飛船的窗口看到地球之時。「我們終於進入軌道。先前我們就聽說這時就可以解開安全帶，於是我才真正能夠飄浮起來，來到我座位旁邊的舷窗，我看著窗外，首先看到的就是地球，我滿心敬畏。」

我們兩人是打電話交談，所以我看不到阿努什臉上的表情，不過我能感受到她聲音中的情緒，當她和我分享這段經歷時，她又再次感受到的那股敬畏之情。

「那時我在一處密封艙內，我感受不到熱或任何東西，不過那是種令人驚歎的溫暖和能量的感覺，而且我露出微笑，因為我非常、非常、非常快樂。不過在這同時，我也開始哭泣，完全壓抑不下。就是這種情緒的混合，我就像：『啊，我的天啊，倘若所有人都能看到這種美、這種能量。』這種生命的能量——它是那麼強大。我當時想：『倘若人們能看到這個——地球上的生命就會不同了。』」

阿努什在國際太空站上待了七天，她充分善用了在那裡的

每一分鐘。她以發佈第一個專為分享太空飛行經驗而設的部落格而聞名，她在展開太空飛行之前幾天發佈貼文，接著又每天從太空貼文，和地上的數百萬追隨者分享她的經驗。她還在國際太空站上建立了自己的例行程序，她告訴我：「我最喜歡的事情是當每個人都在睡覺的時候（因為我的時間非常有限，也不知道自己能不能再回到太空站上），所以當每個人都關燈睡覺的時候，我就來到身旁的窗口懸浮著。我把我的睡袋擺放妥當，安置在一扇窗旁邊。我從窗戶向外眺望，看著地球移動過去。然後我就嘗試設想民眾心中經歷什麼處境，思考他們如何過自己的生活，還有如何被日常生活的喧囂所吞噬。」

她告訴我，她有一種「不可否認的相互連結和相互依存感受。你和地球相互連結，而那就是你的故鄉星球，這樣你就和它成為一體，那就成為你的家園。我開始注意自然之美，以及氣象變遷，還有當我從太空觀看時，也開始注意它如何有可能影響我底下的事務，而且回到地球之後，那也在我身上延續下來。我感到彷彿我們有時能提昇自己，從不同的視角來看待事物，我們能提昇我們自己凌駕喧囂，不被小事所淹沒，然後我們就能真正過上更美好的生活。」

我們都同意，太空視角是我們希望所有人都能擁有的體驗，而且我們還評述道，倘若全世界的領導人都有機會體驗這種視角——全都在太空站一處窗口前一起飄浮，凝望底下我們這顆統一的星球那種令人讚歎的奇妙景象，那麼它能帶來何等益處。真能如此的話！

　　阿努什長期肩負一項任務，甚至在她親自飛向太空之前，她都致力要讓愈來愈多人有能力接觸太空飛行，因為她知道這是種能促成變革的體驗。自從上太空飛行以來，她的工作完全建立在她兒時的星際旅行夢想之上。如今她依然專注於這項任務，同時也藉由分享她自己的故事，致力激勵年輕女孩和成年女子。

　　阿努什參與了許多支持社會創業精神的論壇，她特別堅毅投入確保全世界女性都能享有自由並支持女性創業家。她明白她的體驗如何能成為一種楷模，供世界各地掙扎克服經濟障礙、文化壁壘的人士仿效，而且她倡議擁護理工科教育和年輕人賦權。

　　二○一八年，她肩負起 X 獎基金會執行長領導角色，如今這個基金會已經成為「舉世設計、管理激勵競賽來解決人類重大挑戰的領導者」。[10] 這類競賽稱為「挑戰」，就太空、海洋、學習、健康、能源、環境、運輸、安全和機械人等相關技術領域提出懸賞獎勵。X 獎的資金由捐助人和倡議人提供，如今已經為它的任務頒發了超過一千四百萬美金，期使社會創業家能藉由技術發展，為人類帶來根本性的全球變革，而其目標則是要帶領我們朝向更好、更安全、也更能永續發展的世界前進。

　　當阿努什與我分享轉職消息，說明她就要從她的家庭企業，普羅迪亞系統（Prodea Systems）公司執行長轉任 X 獎執行長時，在我看來那完全合情合理。在知道這段歷史的所有人眼中，X 獎的成功是建立在安薩里太空挑戰 X 獎的模式之上，

擔任那個領導角色似乎是阿努什的完美選擇。

當阿努什一談起，她從X獎工作能想像出哪些可能性的時候，她幾乎完全無法約束自己。我問她，太空探索對地球生命的影響。

「你可知道全球定位系統（GPS）是如何因為〔蘇聯的〕史普尼克號（Sputnik）〔人造衛星〕才開始的嗎？我以前並不知道，」她說，「那是約翰斯‧霍普金斯應用物理學實驗室（Johns Hopkins Applied Physics Lab）兩位科學家的好奇心，當時他們是在尋找來自史普尼克號的嗶嗶聲響，接著他們的好奇心轉變為一項專案計劃，並轉變為GPS。GPS徹底改變了我們生活中許許多多的不同部分，更別提沒有它，我們哪兒都去不了。我們的所有通訊系統、我們的銀行業務系統，一切全都仰賴太空計劃。」

阿努什還告訴我：「我感到十分興奮，因為我們能夠以種種創造性方法來利用太空，把我們擺進大氣中的碳大量排除。」她描述一種減少我們碳足跡的方法，「我真的很感興趣……很希望能把大型資料中心擺在太空中。把冷卻資料儲藏設施所產生的排放量從這顆星球挪開。」從實務上來看這種可能性，二〇一六年，據報全世界資料中心使用的電量，超過了英國的電力消耗總量。資料中心耗用全球的百分之三電力供應，溫室氣體排放量約佔了全球總量的百分之二，留下的碳足跡和航空業相等。[11]

「X獎讓我們得以將這類挑戰公諸於世，並找出真正具有

創意的大膽解決做法。」

其他 X 獎挑戰還包括：兩千萬美元徵求二氧化碳轉換法、一千萬美元徵求雨林保育法、一千萬美元徵求人類化身轉移法（avatar human transport）、七百萬美元徵求海洋發現成果（二〇一九年頒發，獎酬深海測繪成果）、五百萬美元徵求以人工智慧來解決全球問題、五百萬美元徵求 COVID-19 快速檢測法、五百萬美元徵求新工作場所的技能再培訓法，還有一百萬美元徵求提高成人識字率。阿努什藉由她的領導角色，每天投入協助改善地球上的生活。

倘若我們有機會啟程回到太空，我知道阿努什會希望和我比肩繫牢在座位上，不過我們也都知道，你不必上太空也能讓地球的生活變得更好。

要創造出能讓地球上所有生命都茁壯成長的未來，我們所有人就必須通力合作，讓生活變得更好。身為地球人，我們有機會也有責任挺身承擔起我們身為地球號乘員的角色，並致力以改善所有人的生活為目標。

目前仍有重大障礙，那就是我們身為地球人、身為人類，必須**下定決心**這樣做。就像國際太空站的成功，取決於所有參與方分攤一項共同任務，我們在地球上也有機會協同合作，專注於我們的共通利益。還有哪項共通利益比我們的生存還更重

要呢？

我們必須決定共同努力，從個人層級和集體層級來改善地球上的生活。我在本書各個篇章的內容中已經彰顯出一些實例，提到目前正進行中的個別和大規模努力，其中大部分各位也都可以參與，就看各位如何決定。參與可以是發起或加入一項運動，也可以像在地上看到垃圾就撿起來並妥善拋棄或予以回收那麼簡單。任何這些行動和其他許多類似行動，都讓你的生活和其他人的生活也都變得更為美好。這類行動做得愈多，我們也就受到更多激勵去做。當我們可以見到並感受到身邊的這類正向影響，我們就會決定做更多。我們有能力選擇前進的路徑，由此來確保我們不只能夠生存下來，還能茁壯成長。

考量這點：當我們談到「我們這顆星球的脆弱性」和「拯救這顆星球」時，其實我們所關切的是，我們自己的脆弱性和拯救我們自己。儘管地球在某些方面都很脆弱，而且這些對我們的生存都可能產生重大影響，它四十五億年的歷史卻已經證明，地球本身已經抵受住了種種重大破壞，程度遠遠凌駕過去二十萬年左右人類出現以來所造成的破壞。這裡提一個簡單的數學：我們出現迄今的時期只佔了這顆星球總生命期的0.004%左右。從我們這顆星球總生命期的壯闊尺度來看，我們是大象背上的一隻跳蚤。

現在請考量，我們出現在這顆星球上，起初並沒有導致我們環境的大規模劣化，那是一直到工業時代開始才出現的。

誠如已故諧星喬治‧卡林（George Carlin）的著名說法：

這顆星球熬過了許多比我們更糟糕的經歷……數十萬年彗星、小行星和流星的轟擊、世界範圍的洪水、潮浪海嘯、世界範圍的火災、侵蝕、宇宙射線、反覆出現的冰期……這顆星球哪兒都不去，是我們要離開！我們離開之後，這顆星球還會待在這裡很久、很久、很久遠的時間，而且它會自己療癒。[12]

儘管這是種尖刻可笑又嚴苛批判的呈現方式，卻道出了我們的真相。卡林的信息很清楚：我們不必拯救地球，地球遠比我們還更強韌。我們必須做的是保護地球維繫生命的相關事項，從而拯救我們自己。我們要生存就必須改變**我們**的做法，改變我們對待地球和與我們共享地球的其他所有生命的做法。好消息是，我們擁有技術和專門知識，有辦法採取必要措施來抵銷工業時代的負面影響並擴大其效益。

我們必須把「拯救這顆星球」這個說法改成拯救我們自己，這就得採取必要措施來療癒並維護保障生命的生態系統，從而確保我們的生存。我們必須考慮到這顆星球上所有生命的重要性——從最纖小的生命型式到環繞我們的大氣圈。我們的未來取決於我們對於我們的生命與地球上其他所有生命，以及與這顆星球本身之間的相互連結性。

當學生掙扎想釐清他們這輩子想做什麼，來找我徵求建議時，我就會說：「要如同太空人設想他在國際太空站上的生活那般設想你在地球上的生活，考慮一下在地球號上當個乘員而

不是乘客代表什麼意義。作為一個地球人，身處這顆共享的星球上，並在細藍線保護之下的你會怎麼做，該怎樣讓所有人的生活變得更好？你會怎麼做，來確保你的乘員得以存續？」

我想我們每個人都必須自問的問題是：倘若能夠如你所願，擁有你希望自己和你的孩子，以及這顆星球上所有生命都能擁有的未來，那個地球上的未來會是什麼樣子？我不相信有人會回答：「我希望我的孩子活在一個反烏托邦的《銀翼殺手》（Blade Runner）般的未來。」才不──那不是我們為自己或者為未來世代夢想的未來。就像阿努什和她的星艦學院夢想，我們許多人回答那道問題時，都會引述科幻素材提到《星艦奇航記》的未來。

我們待在太空的那段期間，太空人的作業態度，我總喜歡把它想成一種以事實為根據的樂觀主義。我們知道，為求生存，我們就必須仰賴我們的乘員夥伴，仰賴我們從航天器接收的數據，仰賴我們周圍的環境，也仰賴我們的任務管制團隊。我們對於基礎科學的依賴，讓我們得以保持樂觀，並推動任務成功。我們相信，即使是最富挑戰性的問題，也都有個解決方案，於是我們處理這些挑戰所秉持的哲理便是，「這是我們能做到的方法」，而非「這就是為什麼我們辦不到」。

我要坦承，從航太總署退役之後，我發現「外界」不見得總在心中懷抱這套哲學理念來運作，而這讓我有點震驚，畢竟，秉持這種以事實為根據的樂觀態度，地球號上的所有生命，也才能過得最好。不論你是否上過太空，我們全都被給予

了一種對我們這顆星球的視野，而那也應該能激勵對我們未來的樂觀視野。安德斯拍攝的〈地球升起〉照片挺過了時間的考驗，如今依然是提醒我們所有人，在這顆星球上一起旅行穿越太空的我們是誰的唯一最佳照片。這種地球升起的觀點是當我們為這道問題尋求解答時的最佳考量視角：我們在地球上的未來，會是什麼樣子？

在這幾章篇幅當中，我提出了民眾如何積極主動處理我們一些最重大挑戰的故事。底下七則建議的用意，並不是要當成任何待辦事項清單，而是要為各位指明我們幾十年來在太空計劃中成功施行的一些方式。請把它們看成給所有地球人的宏偉粗體檢核清單。

要處理如今我們面對的星球級威脅：

- 將一切視為地方事務來行動（因為本來就是）
- 尊重那條細藍線
- 日子要過得像個乘員，別只像個乘客
- 千萬別低估蟲子的重要性
- 慢中求快
- 要腳踏實地
- 不管做什麼，總要讓生活過得更好

我們一起努力就有力量來實現一個美好的未來，到時我們這顆星球上的生命，就如同從太空觀看那般美麗又和平。我期

望當讀完這本書之後，你會衷心把一個真相銘記在腦中，那就是我們全都一同存在於我們這顆星球上，並讓這個真相引領你每天的行動，來讓生命更加美好。

我們有顆最美好的星球，請隨我一起加入成為它的乘員。

這幅令人震撼的亞特蘭提斯號太空梭剪影是從國際太空站拍攝的，捕捉了我完成第一趟國際太空站任務之後返家搭乘的載具。

航太總署

結語

　　這是個充滿新生命和新希望的夜晚。

　　二〇二〇年八月九日，滿月才剛升起，身著水肺潛水裝備的科學家在佛羅里達礁島群的庫克島（Cook Island）岸外等待。成員帶著攝影機和樣本採集裝備，貼著海床懸浮，身邊環繞著短短五年之前一次復育計劃所栽植的部分珊瑚露頭，他們焦急地等待一場劃時代的排放。接著有史以來第一次，他們目睹了復育的星狀珊瑚（star coral）大量排放。這次歷史性事件留下的影像顯示了排放歷程：一片細緻的纖小白球暴風雪，數十億珊瑚精子和數百萬珊瑚卵子迸發、消退並順著水柱優雅升起，如陣風雪花般流動展現的美妙芭蕾。[1]

　　科學家為之狂喜。

　　珊瑚精卵排放不只是自然界最壯觀、神秘的事件之一，同時珊瑚這種性行為同步現象，也為我們的珊瑚礁以及人類象徵了新生命和新希望。

　　「釋放型排卵」排出合子並提供精卵結合之最高可能性，結合後便形成微小的泳動幼體，合子也開始在水中向著水面亮光浮升。這些細小的幼珊瑚稱為實囊蚴（planulae），往後幾週都在水流中「游泳」，直到在海床上安頓下來。它們找到能附著的東西，接著一、兩個月後，就可能成長到針頭般看得到的大小。新的群體非常緩慢地繼續增長，每年速率不足一英吋。

　　佛羅里達這種星狀珊瑚的大量精卵排放特別重要，因為這些珊瑚早先都是在實驗室中培育，接著採用一種稱為「微觀碎片化和融合」（micro-fragmentation and fusion）的方法移植，

這是它成長之後第一次留下紀錄的排放。這種移植法出自我的朋友大衛・沃恩（David Vaughan）所稱的他的「尤里卡錯誤」（eureka mistake）：無心插柳發現了一種促進珊瑚增長和礁岩復育的做法。

當我展開這段著書旅程，我決定採訪一些在地球這裡從事精彩工作的人士，來展現在我們的星球上像個乘員一般過日子是什麼樣子。我完成的第一次訪談是與沃恩博士會面，他是知名的海洋生物學家，終身奉獻要把那項「尤里卡錯誤」轉變成一項任務，一次養育一隻珊瑚蟲，投入恢復我們的珊瑚礁，來保護我們這顆星球的生命保障系統。

在第一章我原本想介紹與沃恩博士的這次訪談，不過後來我決定保留到最後，因為情況對我已經變得明朗，他的故事不只闡明了一切都是地方事務之實，對本書所含七章的各項課題也都有所著墨。此外，沃恩博士的工作和我介紹的其他個人與組織所做的工作都有著相當有趣的連帶關係。

二〇一九年春天，我來到佛羅里達州西嶼（Key West）機場，很興奮能有機會面見沃恩，而且來到了他的自然棲息地：美麗的薩默蘭礁（Summerland Key），就位於西嶼以北不遠處。沃恩博士露出燦爛的笑容擁抱歡迎我，並要我直呼他戴維（Dave）。他看來完全就像是我從照片所料想的模樣——灰色

長髮、滿臉濃密鬍鬚、一雙含笑的眼眸。他穿著人字拖、鈕扣襯衫，頭戴寬邊遮陽帽，帽上印著他的非營利基金會「種植百萬珊瑚」（Plant A Million Corals）的彩色標誌。他帶了一種悠閒的自在和自信，這是你料想一個終身衝浪人士會散發出來的氛圍，進入大自然讓他們感覺像回到家中。我看得出我們會成為要好的朋友。

戴維從一九七〇年代在他的海洋科學事業生涯早期就投入水產養殖的前沿研發工作。身為佛羅里達州維羅海灘（Vero Beach）海港分支海洋學研究所（Harbor Branch Oceanographic Institution）的水產養殖主任，他創造了突破性技術，讓蛤蜊養殖得以在擴大規模時兼顧永續經營，而且迄至二〇一八年，該產業在佛羅里達州的規模已經達到每年四千萬美元。[2]

從機場開車這一路上，戴維告訴我，蛤蜊養殖業已經「蓬勃發展並讓佛羅里達州成為美國第二大的蛤蜊養殖州，我就是號稱打亂紐約和紐澤西蛤蜊價格的傢伙。」

他使用蛤蜊養殖系統的部分相同技術，發展出一套能永續經營並對環境友善的做法，來採收觀賞魚類（我們在水族館裡面見到的那類）。這種創新提供了一種替代手法，不必再使用具毒性的技術（好比在野外以氰化物等化學物質來毒魚）。那種傳統手法不只不人道，也會很大程度殺死周遭魚類，而且會危害珊瑚礁。

觀賞魚類採收成功之後，戴維的一項後續步驟，就是開始為水族業養殖珊瑚，進行期間，他有機會帶領小菲利普‧庫斯

托（Philippe Cousteau Jr.）和雅莉珊卓‧庫斯托（Alexandra Cousteau）參觀海港分支，兩位嘉賓是海底探測先驅雅克‧庫斯托（Jacques Cousteau）的孫子女。菲利普得知戴維成功養殖珊瑚之後，有次他停步看著戴維，然後說：「你完全搞錯了，戴維，倘若你能為水族業養殖珊瑚，那為什麼不為海洋礁岩養殖呢？」

戴維追憶這段評述時邊咯咯發笑：「感覺當時就像那種『但願有台V8來錄影！』的那種時刻。」接著他手拍額頭來闡明他的反應。

這次會面之後不久，戴維解釋道，他離開海港分支那個崗位，進入地球回音國際（EarthEcho International）和庫斯托們共事，並加入珊瑚復育倡議工作團隊。

從西嶼機場，我們直接開到莫特海洋熱帶研究實驗室（Mote Marine Tropical Research Laboratory）的水濱設施，戴維從二〇〇二年起就在那裡工作了，到了二〇〇五年，他在那裡創辦了珊瑚礁研究部並擔任部門主管，隨後到了二〇一九年初，他才在任上退休。在莫特期間，戴維的工作重點是復育珊瑚礁，由於氣候變遷，珊瑚礁正以前所未見的速率不斷消失。

「珊瑚生活在水面底下，所以就多數人而言，它們都在視線之外，也就沒有放在心上，」戴維說明，「我們的海洋為我們提出不可否認的確鑿證據，表明人類對我們這顆星球保障生命的能力，構成了何等衝擊。」

一個明晰的徵候是我們從珊瑚看出的毀滅性改變。在佛羅

里達和加勒比海區，自一九九〇年代以來，珊瑚覆蓋率下降了五至八成；在澳大利亞，從二〇一四年到二〇一八年這四年期間，大堡礁便損失了一半。

我想我們全都聽過珊瑚白化，不過就像我一樣，許多人說不定也並不是真正明白，那是什麼意思。結果發現，珊瑚對溫度變化極端敏感，當海洋溫度上升，珊瑚裡面的海藻開始加速生產氧氣，由於珊瑚蟲排除過量氧氣速率不夠快，於是它們便將海藻剔除。問題在於：海藻是它們的食物來源。

「珊瑚寧願餓死也不願吸氧過量。排除海藻之後，它就轉為白色，接著死去，而這就稱為『珊瑚白化』。」戴維解釋。

我是個海底世界愛好者，我在佛羅里達海濱區長大，我熱愛水肺潛水，我還曾經在水瓶座海底基地待了十八天，為太空飛行預作準備。除了享受探索海底世界的機會之外，長期以來我也一直倡導要保護海底——或許我對海底世界的熱愛，正是我成為倡導者的**原因**。不過我和戴維在一起的時間讓我見識到，我還有很多東西要學。

當我們在莫特各處設施參訪，我的珊瑚礁課程也開始了，首先由戴維向我出示一塊塊長在實驗室槽中的珊瑚碎片。「珊瑚是種動物、植物、微生物和礦物質，而且它們都以一種共生關係一同生活。」他告訴我。

當時我只保持沉默，不透露自己對這些真相一無所知，後來也就坦承，儘管我知道這當中似乎牽涉到一種動物，不過就像多數人，我也以為珊瑚是種類似岩石的大塊結構。結果，那

種動物原來是種珊瑚蟲，由透明的纖小組織，加上一批還更纖小的觸手，以及一張嘴所構成。植物（海藻）住在珊瑚蟲體內，它們以光合作用來生產氧氣，還提供珊瑚蟲養料，同時為系統帶來一種類似抗生素的防護免疫作用。這一切都在一起生長並形成一個克隆群體，能分泌碳酸鈣來營造出一個共享的岩質骨架。

我很震驚，怎麼自己是這般無知，這麼不了解珊瑚的複雜性，還有珊瑚對於我們海洋中生命的存續——也因此對於我們本身的存續——扮演何等關鍵的角色。海洋覆蓋了這顆星球三分之二的面積，而珊瑚礁則覆蓋了不到1%的海床面積，然而它們支持了全球高達五成數量的漁產。

「珊瑚礁對於海洋生物就像沙漠中的綠洲。它們為我們的海岸線提供一道防護屏障，而且它們還為漁撈、潛水、浮潛和旅遊帶來豐厚的經濟效益。」戴維說明。據估計，單只佛羅里達的礁岩，就具有每年八十五億美元的經濟價值，並創造了超過七萬個工作崗位。[3]

接著戴維直視我的眼睛問道：「我們為什麼要關心珊瑚？」

我根據他告訴我的事情，胡亂提出幾項半理性半瞎扯的理由，就此他非常有耐心並很有禮地回答：「你想要呼吸嗎？」

「當然囉！」我說，「誰不想呢？」

「嗯，珊瑚礁就像水下的雨林，」他說，「我們呼吸的氧氣有五到八成是出自海洋，而其源頭則包括浮游植物和海草等海生植物，以及珊瑚裡面的海藻。你每呼吸兩次氧氣，至少一

次是出自海洋和它的珊瑚。」

戴維向我描述，當他在我們當天參訪的那家實驗室工作之時，是如何與他的莫特同事，生物學家克里斯托弗‧佩吉（Christopher Page）偶然發現了一種方法，能使珊瑚的生長速度達到在野地之四十倍。不只如此，這種珊瑚還恰好更能夠耐受如今我們海洋中的那種較高溫度與酸度。這一切的起點是他開創了一種能激勵珊瑚排放精卵的實驗室技術。

在莫特實驗室中，他們製作出了戴維所稱的「第一批試管珊瑚嬰兒」。這是種革命性的成功歷程，不過也「緩慢得令人失望」。戴維解釋道：「養殖珊瑚需要一年它才能從微小幼蟲成長到像鉛筆橡皮擦那般大小。接著又需要三年，它才能長到二十五美分硬幣般大小，或甚至於模樣開始像珊瑚。」

「我們意識到這不會是有效的珊瑚礁復育方法。」戴維說明。莫特團隊放棄那項技術，當他們開始收拾這些實驗，戴維也動手清理實驗室，必須把槽中部分珊瑚碎片從一處位置挪到另一處。「好幾塊小碎片斷裂，細小珊瑚蟲掉到了槽底，」戴維說，「我心想，**唉，它們完蛋了。**」

幾週過後，經過那個水槽時，戴維注意到，那些個別珊瑚蟲已經增長了十二倍，增長到了它們脫離的那原有碎塊大小。

「我知道我必須弄清楚發生了什麼事，」他的聲音中充滿了興奮，「我們重複了那次『錯誤』，我們從珊瑚折下細小碎片，看著它們短短幾週內就增長到一般需時好幾年的大小。結果發現，珊瑚增長得很緩慢，但受損時例外。那是種美妙的自

然療癒歷程。尤里卡（我發現了）！」

由於戴維和他的團隊培育的種類，最能耐受變動環境以及逐漸上升的海洋溫度，現在就有可能把這些小塊珊瑚重新一起種在海中已死珊瑚丘的上頭，接著在短短幾年間，就復育出一塊金龜車大小的珊瑚，而在自然狀況下，這就得花兩百五十年才長得出來。

就像其他許多讓世界變得更好的偶然科學發現，好比X光、心律調節器、盤尼西林和胰島素。戴維那次如今稱為「微觀碎片化」的「尤里卡錯誤」，正逐漸改變珊瑚礁復育的世界。

對於從二〇一四年迄今，總體已經有75%珊瑚礁白化的星球來講，戴維的工作帶來的不僅只是個希望，還是個簡單、有效的解決方案，能以凌駕自然本身的更高速率來復育我們的珊瑚礁。[4]

「我們可以重新種出大圓石尺寸的巨大腦珊瑚和山丘珊瑚，並以之為建材來造出珊瑚礁結構，它們就像森林中的巨型楓樹和橡樹。對珊瑚礁來講，還有對我們而言，這都能造成大幅改變。」戴維說明。

二〇一九年初，當戴維從莫特退休，他和他的太太唐娜（Donna）創辦了「種植百萬珊瑚」非營利基金會，它的使命是，嗯，種植一百萬塊珊瑚。

戴維的「尤里卡錯誤」之前，培育出六百塊珊瑚來供種植需時六年，現在就有可能**每天**都培育出六百塊珊瑚。從他在莫特工作到與國家海洋暨大氣總署和大自然保護協會等組織搭檔

合作，到了二〇一九年，在佛羅里達礁島群以及加勒比海各區，總共已經種下了超過二十萬塊珊瑚。藉由分享這種程序並擴大規模，在礁島群和世界各地導入更多珊瑚復育，栽植一百萬塊珊瑚，已經有可能在兩年內實現，價格也能壓低到一百萬美元。

兩年過後，種下了一百萬塊珊瑚、每塊花一美元之後，我們的海洋的珊瑚礁，說不定就這樣踏上了復原之路。在我看來，這是完全不費吹灰之力，而且為了因應世界珊瑚敲響了幾十年的緊急警報聲響，這正是現在我們應該支持的事情。

藉由種植百萬珊瑚完成的工作，戴維和他的團隊得以透過一項項珊瑚復育活動，來把他的實驗室發現向佛羅里達礁島群之外的地區推廣，包括維京群島（Virgin Islands）、波奈（Bonaire）、貝里斯（Belize）和哥斯大黎加。基金會持續與大自然保護協會和希望的碎片（Fragments of Hope）基金會等其他組織搭檔合作，往後當能更進一步將它的珊瑚復育活動拓展到全球。

戴維的故事讓我想起，我為本書採訪的其他所有人之間的相互關聯，以及我從他們身上汲取的靈感。所有人都肩負一項使命，要運用他們的終身經驗，他們的才華和他們的時間，來改善地球上的生活。儘管他們沒有人見過戴維・沃恩，他們的

使命和故事全都和他連結在一起,而且現在他們全都彼此認識了。就如同所有這些人的工作全都與戴維‧沃恩以及他的珊瑚復育努力連結在一起,他的故事也成為了這些篇章中所描述各項教訓——存在的方式——的典範。

珊瑚礁劣化帶來的影響不只及於那些珊瑚礁所在的海岸社區,還影響了我們所有人。地球是一顆星球,所以一切事物**全都是地方事務**,所有生命都仰賴這些生態系統的健康。

珊瑚礁和整個海洋環境共同作用,就我們的大氣循環以及溫室氣體的吸收,扮演至關重要的角色——它能發揮關鍵功能,負責維繫包繞我們這顆星球並保護我們所有人免受太空致命真空危害的**那條細藍線**。

構成巨大珊瑚礁的珊瑚物種,是地球上總數估計達萬億的不同生命物種之一。不論這些纖小珊瑚蟲是多麼渺小,它們都**有扮演乘員的角色**,而且我們**永遠不該低估**它們在維繫星球生命多樣性方面的重要影響。

戴維的微觀碎片化方法的發現,以及他的珊瑚復育工作成果,是**「慢中求快」**途徑的美好例證。一旦我們知道了問題出在哪裡,也設計了優良的解決方案來予以解決,我們就必須趁還有時間迅速採取行動,好讓情況恢復均衡。

就像珊瑚,我們作為個體,作為人類,作為一顆星球,或多或少也都需要復育。環繞並仰賴健康珊瑚礁的生命,也展現出一種會激發敬畏與驚歎的高明表現。置身其中就是**接地氣**,能夠讓我們更加深入認識,我們這顆星球上所有生命的相互連

結性。

　還有，戴維和我所採訪的每位人士正在進行的工作的一切相關事項，也完全都是受了**讓生活變得更美好**的動機所驅使。

　這些意料之外的關聯，展現出我們當中每個人採取行動來克服氣候變遷等最艱難挑戰的能力，我們的行動能對其他千百萬種行動作出貢獻，所有事項全都算數。

　最後，我之所以把重點放在戴維的珊瑚復育故事上，是由於我相信它反映了本書背後的整體動機——提醒我們所有人，日常生活中環繞我們身邊令人驚歎的奇觀；驗證了三則簡單的真相，我們全都住在一顆星球上、都是地球人、都受了同一條細藍線的保護；也激勵我們每個人採取一致行動，表現出我們覺得自己被要求表現出的舉措。

　我們共處的一天就要結束，訪談也已完成，戴維和我在他住家的露天平台上，和他的家人共進晚餐並享受悠閒時光。太陽以最壯麗的佛羅里達風格下山時，戴維指向水道對岸莫特海洋實驗室的所在地，也就是這些年來他的工作地點，接著他不經意地對我說，他以往每天都屏住呼吸操槳划過水道去上班。

　「這只是我減少自己碳足跡的另一種做法，」他說，「小事情會累積。」當我們坐在一起欣賞我們周遭的美景，戴維繼續說道，「我們的星球名字起錯了，其實它應該稱為『海球』

（Planet Ocean）。」

這時太陽朝著地平線的邊緣墜落，他瞇眼看了一眼最後一道陽光。

「你知道嗎，外太空和內太空有很多雷同之處。你有幸能向外進入太空並回頭反觀，我則是有幸能潛入水下好幾千英呎，回升並從底下看到相同的事物。多大的海洋，多大的宇宙。」

我認識的所有太空人，全都分享了地球升起視角為他們生活帶來的衝擊：他們如何敞開理智和心胸來接納從太空船窗口眺望我們家園的觀點。我希望所有人都能有從太空看地球的經驗，因為所有人都能受惠。我很感謝戴維能夠認可他的內太空和我的外太空觀點的相互雷同之處。他很明確地理解我希望分享的最重要信息之一，亦即，你不必從太空看地球，也能體驗地球升起時刻。

在我訪問的人士當中，只有少數曾經從太空看地球，然而他們全都經歷過地球升起時刻，即便他們並不這樣稱呼它。地球升起時刻警醒你去注意我們是誰的真相和重要意義，並意識到一件事實，那就是我們全都一起住在太空中我們的唯一星球家園上，還有我們全都分攤隨之而來的責任。事實上，我的太空人朋友都曾與我分享，在他們回到地球之後，由於他們敞開

心胸，接納身邊令人驚歎的奇妙之處，於是他們都曾經多次體驗這樣的時刻。

我為本書採訪了許多人士，他們在慷慨與我分享他們的地球升起時刻之時，對於我們與地球的關聯，還有對於彼此之相互連結方面，都表現出相當多的深刻洞見。他們分享時，我從他們每個人身上都體驗到了一種類似靈感的火花，一種地球升起時刻。

奧尼翁－錢斯勒曾評述，在國際太空站上執行細胞生物學實驗時，她總是在照料細胞時提醒自己，它們是「最渺小的生命形式……它們就像與我們共同生活的細小乘員」。她很驚訝，它們的細胞艙室很溫暖，讓她「感覺就像家」，帶給她一種與她的地球家園的連結。

亨索恩在探索太平洋最偏遠角落時，會在夜間仰觀星辰，並思考「這艘載著女孩們一道飄洋過海的渺小船隻，從外面遙遠太空看來會像什麼模樣呢」；在此同時，她的「全世界感覺起來也就只像那艘船，以及在任意時刻環繞她們周邊的五公尺範圍水域」。這讓她產生一種新的體認，感到「沒有**遠離**這回事」，而且我們也全都真正相連。

拉里貝代以一名「人道主義太空探索者」的身分度過他在國際太空站上的時光，而且他身肩一項使命，要提高大家對於影響地球上那麼多人的用水問題的警覺。在他眼中，這顆星球「就像一盞明燈矗立在黑暗中」，然而它的生命保障系統也受到它的居民的威脅。他就逕自向他的地球人同伴提問：「我們來

幫它解決好嗎？」

　　哈里森提醒了我，地球升起時刻不見得都是美麗的——有時那是猛然得知人類苦難何等慘烈所帶來的震撼。他說，第一次去非洲時，他就意識到，他「之前還從來沒有遇見過像這樣大規模或這麼大群的民眾，遭受這樣的集體苦難」。斯科特大為震驚，怎麼有那麼多人不能用上乾淨的飲水，而他以往在紐約市主持活動時，還隨意向民眾收取「每瓶十美元」費用。就像拉里貝代，斯科特的地球升起時刻震撼也激使他採取行動，如今，促使民眾和地球的救命資源連結在一起，已經成為他的終身職志。

　　利茨瓦格藉由他「想認識世界組成方式的渴望」，每時每刻都在體驗地球升起時刻。他很想寫一篇有關「世界究竟是如何造出一朵花」的故事，他一直期盼能體驗「當我看到或聽到美的事物時，後腦杓那種可愛的發麻感受」，就像和章魚對視並領略那種「相互觀望」的驚歎奇妙體驗。

　　特瑟克談到和家人在哥斯大黎加旅遊時「發現了我的內在環保主義者」。「所有人裡面都有個環保主義者等著被發現。」他說。為克服像氣候變遷這樣的全球挑戰，他認為「你需要全世界一起來打球……來找出我們的共同點」。「嘿，各位，」他提議道，「就像來自太空的太空人，你也可以採取不同方式來看待這顆星球。」

　　古茲對於生命的觀點以及就如何有目的地生活的整體看法，在對於傳教士的訓誡幡然醒悟之時也就突顯了出來：「我

們所有人在生命中都應該明白一點，那就是能活著是種賜予和恩典。」

安薩里從她的太空船窗口向外眺望，眼中景象讓她心生敬畏，讓她感到自己「親眼見識了生命的能量」。她心想，**天啊，倘若所有人都能見到這等美景，這股能量……地球上的生活就會有所不同。**

最近我看到一次氣候遊行的照片，一位遊行人士舉著一面牌子，上頭寫著：氣候正在改變，我們也該如此。就像沃恩、我訪問的人士，各個都針對他們的地球升起時刻做了一些事情——改變他們的生活方式並因應處境採取行動。他們表現出類似乘員夥伴的舉止。

最近戴維產生了一種想法，他表示：「若是所有人每天都能花幾分鐘，讓他們自己與大自然和整個宇宙連結在一起……不論是看日落、每晚觀看某顆星出現，或者進入林間，看溪流河川和植物的週期循環，我想我們都會做得更多來維護自己所擁有的。」

我自己也沒辦法講得更好。

我們全都可以依循戴維的前例，不只是領略我們身邊的大自然之美，還要意識到我們對我們環境的衝擊，並採取個人行動來改善情況。

當我想到珊瑚礁，還有它如何生長，我對人類就充滿了希望。每隻珊瑚蟲本身都是一種生命形式的渺小團塊，要發展出巨大的礁岩，每一隻都至關重要。這是個引人注目的實例，說

明了一群看似微不足道的個體，可以凝集眾力、團結創造出比牠們自己更宏大的事物，我相信我們人類也能做到這點。

二〇二〇年八月那個明亮月夜，佛羅里達礁島群那起劃時代的珊瑚精卵排放事件，就發生在我採訪戴維不過一年後，而且位置就在我們那次岸邊談話地點的外海幾公里處海域。回想起來，我心中就充滿敬畏與讚歎。這片珊瑚一直以史無前例的速度成長，而它使用的方法，則是產生自戴維的「尤里卡錯誤」所導致的一種成果。這些珊瑚是由人類栽植在海中，如今它們自行排出精卵，而且所費時間極短，若是沒有微觀碎片化帶來的效益，它長到成熟所需的時間就遠遠更久。（這點很重要，因為就珊瑚來講，大小至關重要。能影響珊瑚達到性成熟，養成自行排放精卵能力的因素是尺寸而非年齡。）這一切都是由於好幾個人決定在地球號上表現出像乘員夥伴的舉止才得以成真。

身為地球人，我們每一個人都能作出抉擇，也必須選擇分攤我們的工作，來克服我們的最大挑戰。我們可以把國際太空站上的工作視為一種模型，讓我們見識到，若能不考慮種族、性別或原籍國家為何，只以一個乘員身分共同努力並投身一項任務，致力克服會威脅地球上所有生命存續的種種挑戰，這時會展現出什麼相貌。我們可以引用國際太空站的座右銘「離開

地球，為了地球」並把它帶回地球。我們可以看到我們自己的真實身分：地球人。這些地球人共享一顆在太空中自轉的星球，有機會也有能力來為我們的共享未來帶來新的生活和新的希望。

從國際太空站觀看我的家鄉佛羅里
達州和周圍的熱帶水域。各位在照
片框格中還可以見到國際太空站的
一些太陽能板。

航太總署

謝辭

「太空，最後的疆界。」

寇克船長在《星艦奇航記》每一集開頭都會分享這段代表性台詞。這是我最早童年記憶的一部分，也已經伴隨我終身。我想這段話對我之所以一直很重要，是由於那部影集，還有這些詞句，為在地球上（和之外）的生活啟發了一個正向未來的願景。我感謝《星艦奇航記》在片中為我們展現的未來影像，因為它幫助我領略將想像轉變為現實的力量。我想它幫了我們所有人相信，人類有可能克服看似不可能的挑戰——甚至能夠飛上太空執行類似以阿波羅登月和發射太空梭等任務，並在國際太空站上生活。

我要感謝阿波羅八號太空人，謝謝他們與我們所有人分享他們從太空看到的地球奇景。他們的〈地球升起〉照片，依然是有關我們這單一共享太空家園最發人深省的展現。

對我來講，任何旅程重要性的衡量標準，最後都取決於我們拿它來和誰分享，而結束一段美妙旅程的最佳方式，始終都是回家。旅行前往太空是一段美妙的旅程，我很感恩能把我的經驗帶回地球。我衷心感謝一路上支持我，與我分享旅程，以及歡迎我回家的所有人（而且這些人還相當多）。

若是我在本書正文中提到你，請把這段文字視為我的謝意，以及對於你的支持和你的友誼的真心感恩，也感謝你展現在地球號擔任乘員夥伴角色的熱忱。

我要謝謝底下人士在我成為太空人這一路上提供的協助，非常感謝霍尼卡特、提普‧塔隆（Tip Talone）和肯‧科克雷爾（Ken Cockrell），回顧一九九七年當我申請太空人職位時，他們接聽了我的電話並願意擔任我的推薦人。（他們甚至還願意在兩年之後再做一次。）我希望他們知道，要不是在航太總署甘迺迪太空中心擔任工程師時，從他們每人身上學到的事項，我也就不會有條件來要求他們推薦。

我要謝謝喬治‧阿比（George Abbey），謝謝他的友誼，還有他為人類太空飛行計劃所完成的（以及迄今繼續進行的）所有事項。麥克‧卡蘇特（Michael Cassutt）在二〇一八年為喬治寫了一部傳記，書名是《養成太空人的推手》（*The Astronaut Maker*），在這裡面我發現了許許多多有關於喬治的事情。我高度推薦這本書給有興趣認識航太總署歷史、了解太空人遴選事項的任何人。我在這本書中發現的最令人驚訝的事項之一，對《回到地球》故事也極其重要，原來負責為阿波羅八號船員篩選他們所拍攝影像的航太總署雇員就是喬治，而他也選出了後來稱為〈地球升起〉的那幅照片。我記得自己第一次讀到這點，盯著頁面發呆。接著反覆讀了一次又一次，隨後才繼續後面的篇幅。我知道，倘若我對喬治說：「你從來沒有告訴我，是你選出〈地球升起〉的照片。」然後他就只會看著我，用他轟鳴般的平和嗓音微笑答道：「嗯，你也從沒問過。」

我的二〇〇〇年蟲子太空人班級知道，要不是有喬治‧阿比，根本也不會有二〇〇〇年的太空人班級。謝謝你，喬治。

對我的蟲子班級全體同學，還有太空飛行和海底成員夥伴，以及他們的家人，還有我所有全世界的太空人、宇航員同儕，還有乘員支援、訓練和任務管制界的朋友們——感謝你們讓「成為一名太空人」關聯到遠比只上太空飛行還更為重要的事項。

現在我已經從太空人轉換到我的後航太總署生活，我很感謝我的藝術太空基金會團隊——伊恩、蘿莉（Loli）、大衛·G（David G.）、戈多、阿萊娜和大衛·D（David D.），謝謝他們的友誼，也感恩他們幫我發現我接下來的生命任務，並成為一個更好的地球人。我們還有很多美好的工作要一起進行。感謝我們的星座（Constellation）計劃成員——蓋伊、克里斯托弗（Christoph）、傑里米（Jeremy）、雅各布（Jacob）、簡（Jan）、阿努什、利蘭和羅恩（Ron）——我期盼能與你們所有人共事，繼續宣揚地球升起的信息，把它的力量傳遍世界。感謝弗蘭克·懷特，謝謝你以總觀效應哲理來啟迪我們所有人。謝謝阿曼達·法爾肯伯格（Amanda Lee Falkenberg），我對我們的寶貴友誼滿心感恩，感恩在我們推動《回到地球》進度之時，能有機會協助讓你出色的《七衛星交響樂》（MOONS SYMPHONY）成真。

這裡要特別感謝我在太空飛行和藝術方面的兩位英雄，他們在我預備從航太總署退役的那段期間進入我的生命，成為我的良師益友——太空人及藝術家艾倫·賓（Alan Bean）和艾爾·沃爾登（Al Worden）。這兩位出色的地球人分別在二〇一

八年和二〇二〇年英年早逝，離開了我們。賓在阿波羅十二號任務期間成為第四位登上月球的人；從航太總署退役之後，他成為全職藝術家，投身作畫並致力與全世界分享他的太空飛行經驗。沃爾登是阿波羅十五號的乘員，擔任指令艙駕駛員，他隻身繞行月球三天。艾爾還執行了第一次深空太空漫步，他生前還是位詩人。他們兩位不只是以友誼和支持，幫助我更從容地應付從太空人轉變為藝術家的過渡階段，而且地球上的生活，也因為他們而變得更為輕鬆。

若非我稱為「書眾」（book people）的一群出色人士，這本書也不會出現。排在榜首的是我的丈夫克里斯，他說服我，這是本應該寫的重要書籍，而且他始終是我的頭號啦啦隊長，實際動手寫作時我經常很難順利進展，然而他總能心平氣和地忍受我的「行為」。感謝李維麟（Will Li）成為我的朋友，也介紹我認識你的朋友及著書教練，蘿賓．柯魯奇（Robin Colucci）。（各位請幫自己一個忙，讀讀李維麟的書，《逆轉疾病的科學食療聖經》〔*Eat to Beat Disease*〕。）我把蘿賓稱為我的「單女任務管制團隊」，謝謝你，蘿賓，感謝你這一路相伴相隨，在每個步驟都給我指引並信任這段故事，感謝你發揮魔力協助我讓這段故事綻放生機，還有由這一切所滋生的友誼。再次謝謝李維麟，讓我和文學著作法天才，小名「艾克」的約翰．威廉斯（John Taylor "Ike" Williams）建立聯絡。謝謝你，艾克，感謝你指引我走過寫書過程的簽約層面，這讓我得以安心專注於寫作本身。我喜歡我們那幾次交談，希望你喜

歡這本書。

感謝我的朋友阿努什·安薩里、西蒙娜·耶茨、羅伯特·庫爾森（Robert Kurson）、簡·魯特（Jane Root）、琳恩·謝爾、弗蘭克·懷特和約翰·扎雷拉（John Zarella），當本書還只是一段概念敘述之時，他們就給我支持。你們相信我有能力講述這段故事，這對我意義重大。感謝你，羅伯特，謝謝你邀請我這個「火箭女」來為你的「火箭男」精彩著作，撰寫一篇簡短推介文，來宣傳你的《火箭人：阿波羅八號的奧德賽大膽漂泊和完成人類首次登月之旅的太空人》（*Rocket Men: The Daring Odyssey of Apollo 8 and the Astronauts Who Made Man's First Journey to the Moon*，這本書我也大力推薦），謝謝你在我時機成熟動手撰寫本書時提供協助，也感恩將我介紹給斯特靈·洛德文學出版（Sterling Lord Literistic）的團隊，他們歡迎我成為客戶並指派珍妮·斯蒂芬斯（Jenny Stephens）擔任我的著作經紀人。

珍妮，非常感激你的耐心幫忙，帶領我悠遊先前未知的書籍出版神秘領域。從我們的第一通電話開始，我就覺得和你有種貼合自在的密切關聯。你對於我是誰的感受，以及你對於我寫這本書所抱持目標的認識，幫助《回到地球》在阿歇特圖書集團（Hachette Book Group）旗下席爾出版社（Seal Press）的優秀出版團隊找到一個歸宿。

這裡還要特別感謝愛咪·伊坎達（Emi Ikkanda），我的席爾出版社編輯。愛咪，謝謝你的振奮激情、指導和質疑，這幫

助我勾勒出一段更引人入勝的故事。從我們在紐約市阿歇特辦公室第一次見面起，很明顯你已經詳細讀了我的提案，了解我的故事的重要意義，對太空探索和太空科學真心感到振奮，而且也有深入的認識。我也要感謝愛咪邀請才華橫溢的羅傑·拉布里（Roger Labrie）加入我們的出書團隊，也謝謝羅傑與我分享他精湛的文句編輯專門知識。羅傑，謝謝你以嶄新眼光審閱手稿！這裡也要感謝梅麗莎·維羅內希（Melissa Veronesi）和辛蒂·巴克（Cindy Buck）在編輯階段一絲不苟地檢視細節，幫助我將這般高品質的手稿付梓印行。我也要謝謝麗茲·韋策爾（Liz Wetzel）、傑西卡·布林（Jessica Breen）、卡拉·奧傑布博（Kara Ojebuoboh）和整支公關及行銷團隊，發展出一個漂亮的策略來推廣這本書。我對我的全體「書眾」帶給《回到地球》團隊的卓越表現深感敬佩。

誠如我在書本裡面所提，我不是個科學家，不過我在太空站上扮演了那個角色。感謝許多人出手支持我為寫書所做研究，謝謝我的科學家朋友，還有我主動尋求或結識而且如今已經成為朋友的人士——謝謝你們，麗茲·沃倫（Liz Warren）、羅傑·韋斯（Roger Weiss）、威爾·斯特凡諾夫（Will Stefanov）、蘇·朗科（Sue Runco）、艾琳·安東尼（Erin Anthony）、雷切爾·巴里（Rachel Barry）、克里斯·希基（Chris Hickey）、邁克爾·羅德里格斯（Michael Rodriggs）、多里特·多諾維爾（Dorit Donoviel）、瑞秋·登普西（Rachael Dempsey）、加里·斯特蘭曼（Gary Strangman）和丹尼斯·鮑

爾森。你們接到了我針對故事背後科學問題向各位請教的電郵，儘管內容滿是瘋狂的突發奇想，感謝你們依然全都細密思考並作出回應。

這裡還要特別感謝的是聯合國教科文組織生物圈的曼島團隊。我早已愛上了曼島，不過喬‧奧弗蒂（Jo Overty）、理查‧塞爾曼（Richard Selman）、蘇菲‧科斯坦（Sophie Costain）、莎拉‧默瑟（Sarah Mercer）、尼科爾‧塞萬提斯（Nikole Cervantes）和蘿玟‧亨索恩也全都殷勤地與我分享了更多有關這處獨一無二美好土地的種種。我希望各位都喜歡我以這種方式來分享曼島的故事，鋪陳它如何當之無愧，贏得美名，成為唯一獲認證為聯合國教科文組織生物圈的國家。

謝謝我的朋友，提姆和蘇西‧巴特（Tim and Susie Barth）、朗恩和卡梅爾‧加蘭（Ron and Carmel Garan）、邁克爾和瑪格麗特‧波特（Michael and Margaret Potter）、傑米‧賈維斯（Jamie Jarvis）、瑪麗‧貝索爾（Mary Baysore）、茱莉‧芬格（Julie Finger）、艾莉森‧希基（Alyson Hickey）、特里‧李（Terry Lee）、卡羅阿姨和彼得叔叔（Auntie Carol and Uncle Peter）、傑伊和佩吉‧霍尼卡特（Jay and Peggy Honeycutt）、提普‧塔隆、邁克和珍‧麥卡利（Mike and Jane McCulley）、喬和莫琳‧萊曼（Joe and Maureen Rhemann）、珍妮‧萊昂斯、大衛‧馬丁（David Martin）、凱文‧梅利特（Kevin Mellett）、娜迪亞‧卡利尼娜（Nadya Kalinina）；此外也要特別感謝一個女生所能擁有的最棒的同輩姻親，葛雷格‧

羅克托夫和麗茲（Greg Rocktoff and Liz）、布萊恩（Bryan）、詹姆斯（James）以及安妮・斯托特（Anne Stott）。不論我們相隔遠近，我感覺各位全都能提振我奮發向上。

最後，不過也同樣重要的是，我要大大感謝我的家人。感謝我的父母，他們和我分享了他們所愛，並讓我走上了這條道路。感謝我的爸爸，他從一個地球之外的觀點帶給我對生命的一些最初見解，還有謝謝我的媽媽，她用力量和愛支持我沿路上的每一步。感謝我的妹妹，雪莉和諾艾兒，謝謝她們在生命中選擇的有意義的道路，還有她們的愛，以及她們每一天在照顧家人上所表現出來的愛。（諾艾兒，也謝謝你陪著我前往西嶼並繕寫所有訪談內容。）感謝我的先生克里斯，也謝謝我的兒子羅曼，**一切**盡在不言中。

最後，也要謝謝各位親愛的讀者，感謝各位選擇閱讀我的書。希望各位很高興讀了這本書。

如何參與

本書中我分享了一些故事，講述啟發人心的變革者，還有他們如何在地球號上扮演乘員夥伴的重要角色。請上網至www.backtoearthbook.com瀏覽這些人物和他們所屬組織的其他相關資訊，這裡面也納入了我所發現並支持的其他機構。各位在這裡還會發現一些我認為很有用的資訊和見解，這是當我持續探求如何改善我自己身為乘員夥伴和地球人的技能時所產生的發現。我希望各位也覺得這對你們很有幫助，也期望各位能把這個網站當成一處論述空間，分享各位就我們保護這處星球家園共同使命之所見。

註釋

第一章：將一切視為地方事務來行動（因為本來就是）

1　Bill Anders, "50 Years After 'Earthrise,' a Message from Its Photographer," Space. com, December 24, 2018, www.space.com/42848-earthrise-photo-apollo-8-legacy-bill-anders.html.

2　United Nations, Sustainable Development Goals, "UN Report: Nature's Dangerous Decline 'Unprecedented' ; Species Extinction Rates 'Accelerating,' " May 6, 2019, www.un.org/sustainabledevelopment/blog/2019/05/nature-decline-unprecedented-report/.

3　Josie Glausiusz and Volker Steger, "The Intimate Bond Between Humans and Insects," *Discover*, June 25, 2004, www.discovermagazine.com/the-sciences/the-intimate-bond-between-humans-and-insects.

4　EarthSky, "How Much Do Oceans Add to World's Oxygen?" June 8, 2015, https://earthsky.org/earth/how-much-do-oceans-add-to-worlds-oxygen.

5　Florida International University Institute of Environment, "Facilities and Vessels," https://aquarius.fiu.edu/dive-and-train/facilities-and-assets/aquarius-undersea-laboratory/index.html; NASA, "About Aquarius," March 28, 2006, www.nasa.gov/mission_pages/NEEMO/facilities.html.

6　Kaneda Toshiko and Carl Haub, "How Many People Have Ever Lived on Earth," PRB, January 23, 2020, www.prb.org/howmanypeoplehaveeverlivedonearth/.

7　Tony Phillips, "Space Station Astrophotography," NASA Science, March 24, 2003, https://science.nasa.gov/science-news/science-at-nasa/2003/24mar_noseprints.

8　James D. Polk, principal investigator, "Vision Impairment and Intracranial Pressure," NASA, www.nasa.gov/mission_pages/station/research/experiments/explorer/Investigation.html?#id=1008.

9　Karina Marshall-Goebel, Steven S. Laurie, Irina V. Alferova, et al., "Assessment of Jugular Venous Blood Flow Stasis and Thrombosis During Spaceflight," *JAMA Network* 2, no. 11 (November 13, 2019), https://jamanetwork.com/journals/jamanetworkopen/fullarticle/2755307; "LSU Researcher Was Lead Author of

Study on Astronaut Blood Clot Risk," *The Advocate*, January 3, 2020, www. theadvocate.com/article_59b85012-2e5d -11ea-9c92-d3cd7a667555.html.

10 "How Does Spending Prolonged Time in Microgravity Affect the Bodies of Astronauts?" *Scientific American*, October 6, 2003, updated August 15, 2005, www. scientificamerican.com/article/how-does-spending-prolong/.

11 NASA, "Space Station Research Explorer," www.nasa.gov/mission_pages/station/ research/experiments/explorer/; ISS Program Science Forum, *ISS Benefits for Humanity*, 3rd ed., NP-2018-06-013-JSC, www.nasa.gov/sites/default/files/ atoms/files/benefits-for-humanity_third.pdf.

12 Serena Auñón-Chancellor, "Angiex Cancer Therapy in Space," NASA, YouTube, August 21, 2018, www.youtube.com/watch?v=AyfMCNfcWSc &feature=youtu.be.

13 Deborah Borfitz, "Space Is the New Frontier for Life Sciences Research," *BioIT World*, September 16, 2019, www.bio-itworld.com/2019/09/16/space-is-the-new-frontier-for-life-sciences-research.aspx.

14 "Crystallizing Proteins in Space to Help Parkinson's Patients on Earth," ISS National Laboratory, April 2, 2019, www.issnationallab.org/blog/crystallizing-proteins-in-space-to-help-parkinsons-patients-on-earth/; Allison Boiles, "LRRK2 Science in Space: 'The Key to Curing Parkinson's May Be Out of This World,'" Michael J. Fox Foundation, January 18, 2019, www.michaeljfox.org/news/lrrk2-science-space-key-curing-parkinsons-may-be-out-world.

15 Michael Johnson, "Keeping an Eye on Algae from Space," NASA, December 11, 2019, www.nasa.gov/mission_pages/station/research/news/b4h-3rd/eds-keeping-eye-on-algae.

16 Henry George, "The Unbounded Savannah," in *Progress and Poverty* (1879); Adlai Stevenson, "Strengthening the International Development Institutions," speech before the United Nations Economic and Social Council, Geneva, July 9, 1965.

17 Buckminster Fuller, *Operating Manual for Spaceship Earth* (Carbondale: Southern Illinois University Press, 1969), 54-55.

18 "Learn About Earth's Spheres," Generation Genius, www.generationgenius.com/ earths-spheres-for-kids/.

第二章：尊重那條細藍線

1 Michael Johnson, "Plant Growth on the International Space Station Has Global Impacts on Earth," NASA, March 10, 2020, www.nasa.gov/mission_pages/station/research/news/b4h-3rd/hh-plant-growth-in-iss-global-impacts.

2 Mark Garcia, "Space Debris and Human Spacecraft," NASA, September 26, 2013, www.nasa.gov/mission_pages/station/news/orbital_debris.html; Maya Wei-Haas, "Space Junk Is a Huge Problem—and It's Only Getting Bigger," *National Geographic*, April 25, 2019, www.nationalgeographic.com/science/space/reference/space-junk/.

3 Elizabeth Bourguet, "Despite International Efforts, Scientists See Increase in HFC-23, a Potent Greenhouse Gas," *Yale Environment Review*, August 4, 2020, https://environment-review.yale.edu/despite-international-efforts-scientists-see-increase-hfc-23-potent-greenhouse-gas.

4 Mario Molina, "The Nobel Prize in Chemistry 1995, Mario J. Molina— Biographical," The Nobel Prize, November 2007, www.nobelprize.org/prizes/chemistry/1995/molina/biographical/.

5 Fiona Harvey, "Mario Molina Obituary," *The Guardian*, October 12, 2020, www.theguardian.com/environment/2020/oct/12/mario-molina-obituary.

6 US Department of State, "The Montreal Protocol on Substances That Deplete the Ozone," https://2009-2017.state.gov/e/oes/eqt/chemicalpollution/83007.htm.

7 Lee Thomas, "Clearing the Air About Reagan and Ozone," *Wall Street Journal*, October 9, 2015, www.wsj.com/articles/clearing-the-air-about-reagan-and-ozone-1444338641; Space Center Houston, "Mission Monday: Reagan Launches NASA's Mission to Build a Space Station," Space History Houston, January 20, 2020, https://spacecenter.org/mission-monday-reagan-launches-nasas-mission-to-build-a-space-station/.

8 World Air Quality Index, "World's Air Pollution: Real-Time Air Quality Index," https://waqi.info/#/c/10.047/27.706/2.1z.

9 EXXpedition, "About Us," https://exxpedition.com/about/about-us/.

10 Attribution unknown.

第三章：日子要過得像個乘員，別只像個乘客

1 Nelson Wyatt, "Cirque Founder Hosts Show for Earth from Space," *Toronto Star*, October 9, 2009, www.thestar.com/news/world/2009/10/09/cirque_founder_hosts_show_for_earth_from_space.html.

2 Aaron Rowe, "Cirque du Soleil Founder Headed to Space," *Wired*, July 4, 2009, www.wired.com/2009/06/cirqueduspace/.

3 One Drop, "Our Impact: Making a Difference, One Drop at a Time," www.onedrop.org/impact.

4 NASA, *International Space Station Benefits for Humanity*, 3rd ed., 89, www.nasa.gov/sites/default/files/atoms/files/benefits-for-humanity_third.pdf.

5 NASA, "About Sustainability Base," www.nasa.gov/ames/facilities/sustainabilitybase/about.

6 NASA Earth Applied Sciences, "Enhancing Water Management," https://appliedsciences.nasa.gov/what-we-do/water-resources; Aries Keck, "When It Comes to Water, You Have to Think Global," NASA, April 20, 2020, www.nasa.gov/feature/when-it-comes-to-water-you-have-to-think-global/.

7 Steve Graham, Claire Parkinson, and Mous Chahine, "The Water Cycle," NASA Earth Observatory, October 1, 2010, https://earthobservatory.nasa.gov/features/Water.

8 NASA Jet Propulsion Laboratory, "Welcome to ECOSTRESS," https://ecostress.jpl.nasa.gov/.

第四章：千萬別低估蟲子的重要性

1 Bob Granath, "NASA Helped Kick-Start Diversity in Employment Opportunities," NASA, July 1, 2016, www.nasa.gov/feature/nasa-helped-kick-start-diversity-in-employment-opportunities.

2 Richard Paul, "How NASA Joined the Civil Rights Revolution," *Smithsonian Air & Space*, March 2014, www.airspacemag.com/history-of-flight/how-nasa-joined-civil-rights-revolution-180949497/.

3 Margot Lee Shetterly, *Hidden Figures: The American Dream and the Untold Story*

of the Black Women Mathematicians Who Helped Win the Space Race (New York: HarperCollins, 2016).

4   Society of Women Engineers, "SWE Fast Facts," https://research.swe.org/wp-content/uploads/sites/2/2018/10/18-SWE-Research-Flyer_FINAL.pdf.

5   Elizabeth Howell, "Apollo-Soyuz Test Project: Russians, Americans Meet in Space," Space.com, April 25, 2013, www.space.com/20833-apollo-soyuz.html.

6   Smithsonian, "Bug Info: Numbers of Insects (Species and Individuals)," www.si.edu/spotlight/buginfo/bugnos#:~:text=In%20the%20world%2C%20some%20900,from%20present%20and%20past%20studies.

7   Smithsonian, "Bug Info."

8   Francisco Sánchez-Bayo and Kris A. G. Wyckhuys, "Worldwide Decline of Entomofauna: A Review of Its Drivers," *Biological Conservation* 232 (April 2019): 8-27, www.sciencedirect.com/science/article/pii/S000 6320718313636?via%3Dihub#f0005.

9   Damian Carrington, "Fates of Humans, Insects Intertwined, Warn Scientists," *Guardian*, February 20, 2020, www.theguardian.com/environment/2020/feb/20/fates-humans-insects-intertwined-scientists-population-collapse; Pedro Cardoso et al., "Scientists' Warning to Humanity on Insect Extinctions," *Biological Conservation* 242 (February 2020), sciencedirect.com/science/article/pii/S00063 20719317823?via%3Dihub#bb0910.

10   Carrington, "Fates of Humans, Insects Intertwined."

11   Alex Ruppenthal, "Fearing the 'Insect Apocalypse'? Renowned Entomologist Says 'Get Rid of Your Lawn,'" *WTTW News*, October 2, 2019, https://news.wttw.com/2019/10/02/fearing-insect-apocalypse-renowned-entomologist-says-get-rid-your-lawn.

12   GrrlScientist, "Scientists Again Warn About Global Insect Decline—but Will We Act?" *Forbes*, February 14, 2020, www.forbes.com/sites/grrlscientist/2020/02/14/scientists-again-warn-about-global-insect-declinebut-will-we-act/?sh=171b3862356a; Dominique Mosbergen, "Insects Are Dying En Masse Risking 'Catastrophic' Collapse of Earth's Ecosystems," *Huffpost*, February 11, 2019, www.huffpost.com/entry/insect-population-decline-extinction_

n_5c611921e4b0f9e1b17f097d; Sánchez-Bayo and Wyckhuys, "Worldwide Decline of Entomofauna."

13 Philip Mella, "The Road Not Taken: The Amazing World of Insects," *Pikes Peak Courier*, February 20, 2019, updated June 25, 2020, https://gazette. com/pikespeakcourier/the-road-not-taken-he-amazing-world-of-insects/ article_9e1b2c00-2f14-11e9-ab9d-930da7d2cc50.html; Mary Hoff, "As Insect Populations Decline, Scientists Are Trying to Understand Why," *Scientific American*, November 1, 2018, www.scientificamerican.com/article/as-insect-populations-decline-scientists-are-trying-to-understand-why/.

14 Pheronym, Inc., "Space the Final Frontier—for Nematodes," *EINPressWire*, August 10, 2020, www.einpresswire.com/article/523499160/space-the-final-frontier-for-nematodes.

15 E. O. Wilson Biodiversity Foundation, "E.O. Wilson," https://eowilsonfoundation. org/e-o-wilson/.

第五章：慢中求快

1 Otto Steinmayer, "Desiderius Erasmus: *Adagia* II, 1, 1: Festina Lente," University of Birmingham, Philological Museum, September 12, 2001, http://people.virginia. edu/~jdk3t/FLtrans.htm.

2 Jillian Scudder, "The Sun Won't Die for 5 Billion Years, so Why Do Humans Have Only 1 Billion Years Left on Earth?" PHYS.org, February 13, 2015, https://phys.org/ news/2015-02-sun-wont-die-billion-years.html; Eric Betz, "Here's What Happens to the Solar System When the Sun Dies," *Discover*, February 6, 2020, www. discovermagazine.com/the-sciences/heres-what-happens-to-the-solar-system-when-the-sun-dies.

3 "Hertzsprung-Russell Diagram," Cosmos: The Swinburne Astronomy Online Encyclopedia of Astronomy, https://astronomy.swin.edu.au/cosmos/H/ Hertzsprung-Russell+Diagram.

4 Matthew Wilburn King, "How Brain Biases Prevent Climate Action," *BBC Future*, March 7, 2019, www.bbc.com/future/article/20190304-human-evolution-means-we-can-tackle-climate-change.

5 Kate Ravilious, "Thirty Years of the IPCC," *Physics World*, October 8, 2018, https://

physicsworld.com/a/thirty-years-of-the-ipcc/.

6   "Congressional Testimony of Dr. James Hansen, June 23, 1988" (transcript), www. sealevel.info/1988_Hansen_Senate_Testimony.html; Oliver Milman, "Ex-Nasa Scientist: 30 Years On, World Is Failing 'Miserably' to Address Climate Change," *The Guardian*, June 19, 2018, www.theguardian.com/environment/2018/jun/19/ james-hansen-nasa-scientist-climate -change-warning.

7   Intergovernmental Panelon Climate Change, www.ipcc.ch.

8   Jonathan Lynn and Werani Zabula, "Outcomes of COP21 and the IPCC," *World Meteorological Organization Bulletin* 65, no. 2 (2016), https://public.wmo.int/en/ resources/bulletin/outcomes-of-cop21-and-ipcc.

9   Association of Space Explorers, "Call to Earth: A Message from the World's Astronauts to COP21," *Planetary Collective*, December 5, 2015, YouTube, https:// youtu.be/NN1eSMXI_6Y.

10   Shyla Raghav, "5 Questions You've Wanted to Ask About the Paris Agreement," *Conversation International News*, updated November 4, 2019, www. conservation.org/blog/5-questions-youve-wanted-to-ask-about-the-paris-agreement?gclid=EAIaIQobChMIq-uM8uvm6gIVIgiICR3prggNEAAYASAAEgJ6j_D_BwE.

11   Climate Reality Project, "Why Is 1.5 Degrees the Danger Line for Global Warming?" March 18, 2019, www.climaterealityproject.org/blog/why-15-degrees-danger-line-global-warming.

12   Ed Struzik, "How Thawing Permafrost Is Beginning to Transform the Arctic," *YaleEnvironment360*, January 21, 2020, https://e360.yale.edu/features/how-melting-permafrost-is-beginning-to-transform-the-arctic.

13   Robert McSweeney, "Explainer: Nine 'Tipping Points' That Could Be Triggered by Climate Change," *Carbon Brief*, February 10, 2020, www.carbonbrief.org/ explainer-nine-tipping-points-that-could-be-triggered-by-climate-change.

14   McSweeney, "Explainer: Nine Tipping Points."

15   Melody Schreiber, "The Next Pandemic Could Be Hiding in Arctic Permafrost," *The New Republic*, April 2, 2020, https://newrepublic.com/maz/article/157129/next-pandemic-hiding-arctic-permafrost.

16 Esprit Smith, "NASA's Orbiting Carbon Observatory-3 Gets First Data," PHYS. org, July 15, 2019, https://phys.org/news/2019-07-nasa-orbiting-carbon-observatory-.html.

17 Ravilious, "Thirty Years of the IPCC."

18 Chelsea Gohd, "New Climate Report Is Sobering but Strangely Hopeful," Space. com, September 27, 2019, www.space.com/ipcc-2019-climate-report-sobering-hopeful.html.

19 The Audacious Project, "The Nature Conservancy," https://audaciousproject.org/ideas/2019/the-nature-conservancy.

20 Tim Folger, "The Cuyahoga River Caught Fire 50 Years Ago. It Inspired a Movement," *National Geographic*, June 21, 2019, www.nationalgeographic.com/environment/2019/06/the-cuyahoga-river-caught-fire-it-inspired-a-movement/.

21 Lorraine Bossoineault, "The Cuyahoga River Caught Fire at Least a Dozen Times, but No One Cared until 1969," *Smithsonian*, June 19, 2019, www. smithsonianmag.com/history/cuyahoga-river-caught-fire-least-dozen-times-no-one-cared-until-1969-180972444/.

22 Goldman Sachs, "Environmental Market Opportunities: Center for Environmental Markets," www.goldmansachs.com/citizenship/environmental-stewardship/market-opportunities/center-for-environmental-markets/.

23 Marina Koren, "The First American to Vote from Space," *Atlantic*, November 8, 2016, www.theatlantic.com/science/archive/2016/11/voting-from-space/506960/.

24 Koren, "The First American to Vote from Space."

第六章：要腳踏實地

1 NASA, Glenn Research Center, "Plasma Contactor," in "Powering the Future," September 20, 2011, www.nasa.gov/centers/glenn/about/fs06grc. html#:~:text=Under%20these%20conditions%2C%20the%20space,Plasma%20Contactor%20Unit%20(PCU).

2 Gaétan Chevalier et al., "Earthing: Health Implications of Reconnecting the Human Body to the Earth's Surface Electrons," *Journal of Environmental and Public*

Health (January 2012), www.ncbi.nlm.nih.gov/pmc/articles/PMC3265077/.

3   World Health Organization, "Cancer in Children," September 28, 2018, www.who.int/news-room/fact-sheets/detail/cancer-in-children.

4   American Childhood Cancer Organization, "Childhood Cancer Statistics," www.acco.org/childhood-cancer-statistics/.

5   Collaborative on Health and the Environment, "Environmental Contributors to Childhood Cancers," June 3, 2020, www.healthandenvironment.org/webinars/96518; US Environmental Protection Agency, "Research Grants: NIEHS/EPA Children's Environmental Health Centers Center for Integrative Research on Childhood Leukemia and the Environment (CIRCLE)," Research Grants, www.epa.gov/research-grants/niehsepa-childrens-environmental-health-centers-center-integrative-research.

6   Michael Johnson, "Cancer-Targeted Treatments from Space Station Discoveries," NASA, March 27, 2019, www.nasa.gov/mission_pages/station/research/news/b4h-3rd/hh-cancer-targeted-treatments.

7   Deborah Byrd, "How Far Could You Travel and Still See Earth?" *EarthSky*, September 4, 2018, https://earthsky.org/astronomy-essentials/in-space-how-far-away-can-you-see-earth.

8   Frank White, *The Overview Effect: Space Exploration and Human Evolution* (Reston, VA: American Institute of Aeronautics and Astronautics, 1998); NASA, "The Overview Effect," Gary Jordan interview with Frank White, *Houston We Have a Podcast*, episode 107, edited by Norah Moran, recorded June 11, 2019, www.nasa.gov/johnson/HWHAP/the-overview-effect.

9   Peter Suedfeld, Katya Legkaia, and Jelena Brcic, "Changes in the Hierarchy of Value Preferences Associated with Flying in Space," *Journal of Personality and Social Psychology* 78, no. 5 (October 2010): 1411-1435, https://pubmed.ncbi.nlm.nih.gov/20663027/.

10   Kirsten Weir, "Mission to Mars," *Monitor on Psychology* 49, no. 6 (June 2018), www.apa.org/monitor/2018/06/mission-mars.

11   Baylor College of Medicine, Center for Space Medicine, "Ar/VR 2019 Workshop: Augmented/Virtual/Extended Reality for Improving Health in Space," www.bcm.

edu/academic-centers/space-medicine/translational-research-institute/news/arvr-workshop-2019.

12　Catherine Thorbecke, "Confined in a Small Space Due to COVID-19? Here's Some Tips from an Astronaut," *ABC News*, April 9, 2020, https://abcnews.go.com/Health/confined-small-space-due-covid-19-tips-astronaut/story?id=70018745.

13　Matt Johnston, "Australian Antarctic Division Launches Virtual Space Station," *iTnews*, October 10, 2018, www.itnews.com.au/news/australian-antarctic-division-launches-virtual-space-station-513761.

14　Lewis Gordon, "Can Virtual Nature Be a Good Substitute for the Great Outdoors? The Science Says Yes," *Washington Post*, April 28, 2020, www.washingtonpost.com/video-games/2020/04/28/can-virtual-nature-be-good-substitute-great-outdoors-science-says-yes/.

15　James Kingsland, " 'Virtual Reality Nature Boosts Positive Mood," *Medical News Today*, October 21, 2020, www.medicalnewstoday.com/articles/virtual-reality-nature-boosts-positive-mood.

16　David Delgado and Dan Goods, "The Studio at NASA's Jet Propulsion Lab," SCI-Arc Channel, December 6, 2018, https://youtu.be/8rGZGuacQ9s; NASA, Jet Propulsion Laboratory, "The Studio at JPL," www.jpl.nasa.gov/thestudio.

第七章：不管做什麼，總要讓生活過得更好

1　American Geophysical Union, "COVID-19 Lockdowns Significantly Impacting Global Air Quality," *Science Daily*, May 11, 2020, www.sciencedaily.com/releases/2020/05/200511124444.htm#:~:text=They%20found%20that%20nitrogen%20dioxide,the%20same%20time%20in%202019.

2　Lucy Handley, " 'We Can't Run a Business in a Dead Planet' : CEOs Plan to Prioritize Green Issues Post-Coronavirus," *CNBC*, August 10, 2020, updated August 11, 2020, www.cnbc.com/amp/2020/08/10/after-coronavirus-some-ceos-plan-to-prioritize-sustainability.html?__source=instagram%7Cmain.

3　World Economic Forum, Global Future Council on Space Technologies 2019-2020, "Six Ways Space Technologies Benefit Life on Earth," briefing paper, September 2020, www3.weforum.org/docs/WEF_GFC_Six_ways_space_technologies_2020.pdf.

4 GoodReads, "Larry Niven: Quotes: Quotable Quote," www.goodreads.com/quotes/16687-the-dinosaurs-became-extinct-because-they-didn-t-have-a-space.

5 Caltech, "Space Solar Power Project," www.spacesolar.caltech.edu/.

6 Debra Werner, "Aerospace Corp. Calls for Collaboration in Space Solar Power," *Space News*, October 27, 2020, https://spacenews.com/aerospace-space-solar-power-collaboration/.

7 Timothy "Seph" Allen, "Sentinel-6 Michael Freilich to Stand Vigilant of Rising Sea Dangers," NASA, November 20, 2020, https://appliedsciences.nasa.gov/our-impact/news/sentinel-6-michael-freilich-stand-vigilant-rising-sea-dangers#:~:text=%22Earth%20Science%20shows%20perhaps%20more,for%20NASA's%20Science%20Mission%20Directorate.

8 Michael Sheetz, "The Space Economy Has Grown to Over $420 Billion and Is 'Weathering' the Current Crisis, Report Says," *CNBC*, updated October 2, 2020, www.cnbc.com/2020/07/30/space-economy-worth-over-420-billion-weathering-covid-crisis-report.html?ct=t(04102020_TheBridge_AnsariAnniversary).

9 World Meteorological Organization, "Essential Climate Variables," https://public.wmo.int/en/programmes/global-climate-observing-system/essential-climate-variables.

10 XPrize Foundation, www.xprize.org.

11 Charlotte Trueman, "Why Data Centres Are the New Frontier in the Fight Against Climate Change," *Computer World*, August 9, 2019, www.computerworld.com/article/3431148/why-data-centres-are-the-new-frontier-in-the-fight-against-climate-change.html.

12 George Carlin, "The Planet Is Fine," Genius, https://genius.com/George-carlin-the-planet-is-fine-annotated.

結語

1 Mote Marine Laboratory and Aquarium, "Mote's Restored Coral Spawns on Florida's Coral Reef," August 12, 2020, www.youtube.com/watch?v=Xsgphgb0-JU&feature=youtu.be.

2 Charles Adams, Leslie Sturmer, and Alan Hodges, "Tracking the Economic Benefits Generated by the Hard Clam Aquaculture Industry in Florida," FE961, University of Florida, IFAS Extension, October 2014, https://edis.ifas.ufl.edu/pdffiles/FE/FE96100.pdf.

3 Florida Keys National Marine Sanctuary, "Coral Reefs Support Jobs, Tourism, and Fisheries," https://floridakeys.noaa.gov/corals/economy.html#:~:text=By%20one%20estimate%2C%20coral%20reefs,full%20and%20 part%2Dtime%20jobs.

4 NOAA Office for Coastal Management, "Fast Facts: Coral Reefs," December 15, 2020, https://coast.noaa.gov/states/fast-facts/coral-reefs.html.

US 002

回到地球

Back to Earth: What Life in Space Taught Me About Our Home
Planet — And Our Mission to Protect It

作　　者　妮可·斯托特（Nicole Stott）
譯　　者　蔡承志
責任編輯　黃家鴻
美術設計　張福海
美術協力　陳豐心、郭宇芳

總 經 理　伍文翠
出版發行　知田出版 / 福智文化股份有限公司
　　　　　地址 / 105407 台北市八德路三段 212 號 9 樓
　　　　　電話 / (02) 2577-0637
　　　　　客服信箱 / serve@bwpublish.com
　　　　　心閱網 / https://www.bwpublish.com
法律顧問　王子文律師
排　　版　陳瑜安
印　　刷　富喬文化事業有限公司
總 經 銷　時報文化出版企業股份有限公司
　　　　　地址 / 333019 桃園市龜山區萬壽路二段 351 號
　　　　　服務電話 / (02) 2306-6600 #2111
出版日期　2022 年 12 月　初版一刷
定　　價　新台幣 520 元

ISBN　978-626-95778-4-2

回到地球 / 妮可·斯托特（Nicole Stott）著；蔡承志譯.
-- 初版 . -- 臺北市：知田出版，福智文化股份有限公司，
2022.12
　　面；　公分 . -- (US；2)
　　譯自：Back to earth : what life in space taught me about
　　　　　our home planet—and our mission to protect it.

　ISBN 978-626-95778-4-2 (平裝)

　1. CST: 斯托特（Stott, Nicole）　2. CST: 太空人
　3. CST: 傳記　4. CST: 美國

785.28　　　　　　　　　　　　　　　111018358